KB261085

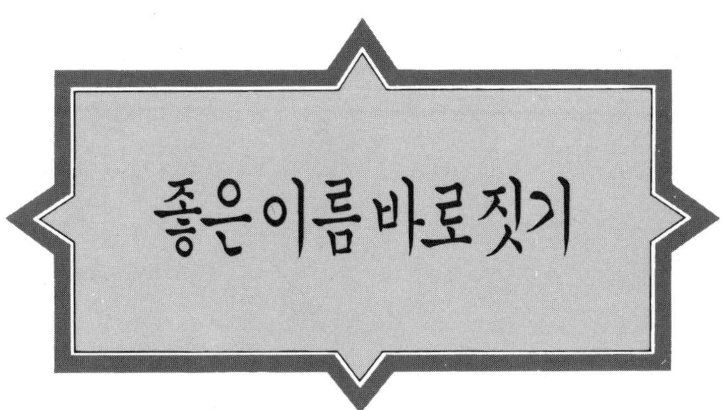

좋은 이름 바로 짓기

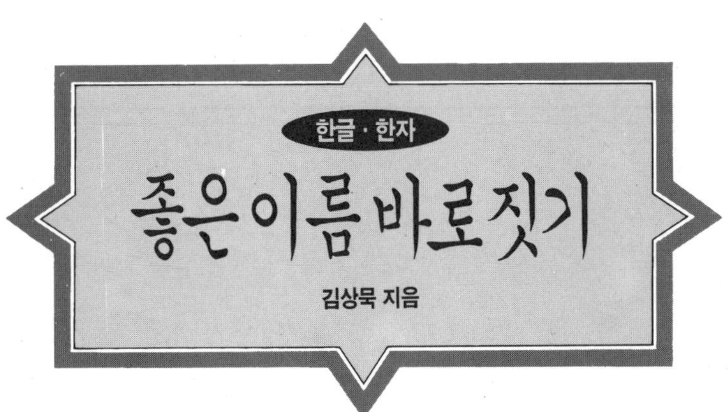

한글 · 한자
좋은이름바로짓기
김상묵 지음

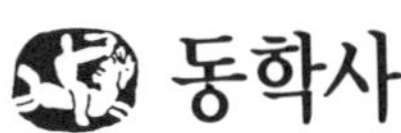

동학사

더 좋은 이름, 더 밝은 미래를 위하여

누가 한 말인지는 확실치 않으나 필자가 기억하기로 '非·理·法·權·天' 이란 造語가 있습니다.

— 비행[非]은 이치(합리)를 이길 수 없고 이(理)는 법도를 이길 수 없으며 법(法)은 권력을 이길 수 없거니와 권(權)도 하늘(天 : 천심은 민심 = 天은 民 : 곧 민심)만은 이길 수 없다.

바로 이 비슷한 논리입니다.

'세상살이'를 이렇게 함축한 말도 드물지 않을까 하여 나는 이 말을 늘 염두에 두고 있습니다.

또 좋아하는 말로서 '莫交三公 愼吾身 : 삼정승 사귀기를 말고 제 몸 스스로 신중히 가지(행동거지)라' 는 것도 있습니다.

가령, 도둑질을 본업으로 하는 자가 경찰서장이나 민완형사 내지는 판검사 수십 명을 알아두거나 친구삼기보다 오히려 저 자신이 그런 행위를 하지 않음으로써 '평안히 사는 일'에 마음을 기울이라는 경고쯤으로 이 말을 이해하고 있습니다.

더 나아가서는 '인류 최고 · 최상의 경전'인 『성경』에서 '고명한 사람은 고명한 일을 도모하나니 그는 항상 고명한 일에 서리라

(이사야 32장 8절)’는 예언보다 좋아하는 말씀도 없습니다.

— 생각이 반듯해야 행동이 옳고 행동이 옳아야 결과도 좋다.

이런 뜻으로 여기기 때문입니다.

그러나 왠지 ‘이 세상’은 사람의 생각대로 되지가 않고, ‘칭찬’보다는 ‘비판’이 ‘득세’하거나 ‘이론 : 이상’보다는 ‘행동 : 현실’을 중요시합니다. 당연한 얘기입니다.

사람이 사람과 어울려 사람끼리 살기 때문입니다.

그런 인간사에, 〈생각 → 행동 → 결과〉 말고도 뭔가 있지 싶었습니다.

참담하지만, 선하게 사는 듯한 사람도 문득 천박, 고단한 지경에 처하는 경우가 허다했고, 우매·무법한 이들 중에도 떵떵거리며 사는 예를 많이 보아왔기 때문입니다.

물론, 이름 하나만 좋다고 다 좋을 리 있겠습니까? 교도소에서 세월을 보내는 이 중에도 이름이 그럴싸한 사람이 많고, 성인군자연하거나 나라를 이끄는 이들 중에도 흉명이 적지 않다고 보았기 때문입니다.

그러나 자세히 살펴보노라니 강아지, 들새를 기르는 이들에게서도 ‘국가운영’에 못지않은 갸륵함과 ‘행복과 기쁨’이 있고, 재벌이며 고관 대작 중에도 노비 못지않은 ‘슬픔과 고뇌’가 있더라는 것입니다.

‘같은 값이면 다홍치마〔同價紅裳〕’라는 말이 있듯이, ‘그 이름대로 심성과 행동을 바꾸라’는 뜻에서 이 원고를 맡기로 했습니다.

〈얼굴 - 마음과 생각 - 행동 - 결과……〉 그 어떤 공식이어도 좋으며 조금이라도 도움이 됐으면 합니다.

다만, ‘학설’이 너무 많고 대개 편중한 나머지 지나치게 한쪽만 강조한 책들이 많기에 여기서는 '한자권'에 사는 입장에서, 또 동양 삼국 사람이면 누구나 다 긍정하고 이해하는 '가장 큰 원칙'을 바탕으로, 천학비재하나 현대인이 가장 잘 알아보기 쉬운 언어로서 설명하되, 저간의 학설, 이론 중 확실하고 내용이 충실한 예로서 진행하였습니다.

그러나 이름은 '그 장본인이 활동하는 시기와 나이'에 걸맞아야 한다고 보기 때문에, 이미 쇠퇴하고 있는 '한글식 이름'(배척하지는 않음)이나 교묘한 '서구식 이름' 등에 대하여는 기초이론만 제시하고, 전래적이면서도 현실적인 '한자식 이름'에 더 치중했음을 전제합니다.

아울러 전문적이고 깊은 연구를 따로 요하는 사주며 학술적 역학 분야는 생략하고 현대인의 감각에 부응하도록 힘썼음도 밝혀 둡니다.

1997. 8.

金 尙 墨

차례

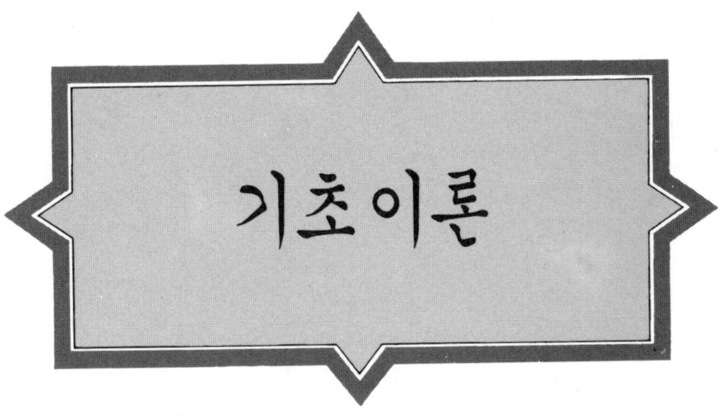
기초이론

1. 한국인과 이름

요즘에는 누구나 호적초본에 등재된 이름 하나로 자신을 나타내며 살아가기 때문에 특별한 경우 외에는 이름이 하나뿐이지만, 불과 1백년 전쯤만 해도 이름의 사용이 아주 복잡했다.

가령, 어렸을 때는 아명(兒名)으로 불리었고 스무 살이 된 남자에게 '어른'이 되었다는 표시로 관례(冠禮)를 치르면서(요즘의 성인식에 해당함. 남자는 관을 쓰고 여자는 머리에 쪽을 찌던 예식) 아명을 버리고 관명(冠名)을 지어 불렀다.

이는 원래 유교적 전통인데, 대개 15~20세 때 관례를 치르는 게 보통이었으나 원칙적으로는 20세에 치르게 되어 있고 혼례를 겸하기도 했다. 이때 대개 항렬(돌림)자를 써서 지은 이름을 갖도록 했던 것이 곧 관명(본명)이다.

이어서 자(字)와 호(號), 나아가서는 휘(諱)와 시(諡)가 있었고, 최근까지만 해도 호적 이름과 족보의 이름이 따로 있는 사람이 적지 않았다. 글쓰는 이는 아호(雅號)나 필명(筆名)을 따로 갖기도 했으며 추사(秋史) 같은 이는 수도 없이 아호를 바꾸기도 했다.

특히 자(字)라는 것은 이름에 특별한 의미를 두고 함부로 부르지 않던 사상에서 출발한 것으로, 이름 대신 부르도록 했던 일종의 별칭이었다. 휘와 시는 존경 의미로 붙이거나 사후에 부르게 돼 있었다.

그러니 아이 적부터 죽은 뒤까지 수없이 이름을 바꿔온 셈이다.

가령, 조선조 선조 때의 정치가 이원익 선생을 예로 든다면 다음과 같다.

— 자는 공려(公勵), 호는 오리(梧里), 시호는 문충(文忠)….

이순신 장군을 '충무공(忠武公)'이라 하는 것도 시호로서의 이름인 것이다. 또 왕실에서는 사당 이름(묘호 : 廟號)까지 갖추게 돼 있었다.

이토록 우리나라에서도 전통적으로 이름을 중요시 여겼거니와 일찍이 중국에서는 더욱 엄격했었다. 예컨대 공자(孔子)의 경우, 이름은 구(丘), 자는 중니(仲尼), 공자는 존칭이다.

노자는 성이 이(李) 이름은 이(耳) 자는 담(聃) 또는 백양(伯陽)이었고, 장자(莊子)는 이름이 주(周), 맹자(孟子)는 이름이 가(軻) 자는 자거(子車), 증자(曾子)는 이름이 삼(參) 자는 자여(子輿)였으니 노자, 장자, 맹자, 증자는 모두 이름을 부르지 않기 위해 존칭의 의미로서 자(子)를 성자 밑에 붙인 것이었다.

그러니 우리가 흔히 '강태공'이라고 알고 있는 이는 성이 강(姜)이고 이름이 상(尙)이며 속칭은 태공망(太公望)이라 어떤 것을 불러야 바른 것인지 혼돈이 될 지경이다.

더욱이 역대 임금님의 이름에 쓰인 글자는 불경스럽다 하여 일반 백성이 함부로 쓰지 못하게 법제화돼 있어서 궁중대신들은 일부러 까다롭고 일반인이 잘 쓰지 않는 글자를 골라서 임금님의 이름으로 붙이기에 골몰해야만 했다.

세종대왕의 이름자가 도(祹)라거나 영친왕이 은(垠)자를 썼던 예가 모두 이런 이유에서 였다고 볼 수 있다.

이집트의 파라오[바로]나 서구에서 루이 13세니, 헨리 몇 세니 하고 좋은 이름은 대를 이어 붙이던 것과는 아주 다른 격식이요 전통인 것이다.

그러나 여성에게는 아예 이름조차 없거나 '개똥이 엄마', '진천댁' 따위로 평생을 살아야 했던 것이니 이는 남존여비의 사상에서 비롯된 결과다.

막내[莫女], 딸고만이[達古萬]에 비하면 꼭지[曲知] · 이쁜이[立粉]는 상당히 진전된 예라 하겠다.

또 일반 평민들은 아이가 별 탈 없이 건강하게 자라려면 이름이 천해야 한다고 생각해서 돼지, 부뜰이, 오쟁이, 개똥이 등으로 부르다 나중에야(그가 어린 시절에 죽지 않고 잘 자란 뒤에) 정식 이름을 붙여주는 바람에 그가 어른이 돼서도 이미 동네 사람들의 입에 굳어버린 이름 때문에 상대방이 본의 아닌 실수를 하게 되거나 우스갯감이 되기도 했다.

이를테면 '김××씨'나 '아무개 아버지' 또는 '누구 할아버지'로 불려할 사람이 여전히 '개똥이'로 불려지기 십상이었기 때문이다.

이름이 복이 있느니, 이름으로 출세했느니 하는 일화도 그래서 셀 수 없이 많다.

따라서 동양 삼국(한국 · 중국 · 일본)에서는 일찍이 '작명법'과 '성명학(판단법 포함)'이 유행하게 되고 급기야는 독특한 한 분야의 학문으로서 문화를 구가하기까지에 이른 것이다.

혹자는 일찍이 유사한 동방문화권에 해당하는 중동, 그것도 성경에서조차 하나님과 예수님이 똑같이 사람의 이름을 바꿔줌으로써 의식과 운명을 바꿔놓지 않았느냐고까지 한다.

예컨대 '아브람〔아버지〕'을 '아브라함〔열국의 아버지〕'으로, '사래〔어머니〕'를 '사라〔열국의 어머니〕'로, 또는 '야곱〔사기꾼〕'을 '이스라엘〔하나님과 겨루어 이긴자〕'로 바꾸신 하나님과, '시몬〔갈대〕'을 '게바〔반석 : 베드로〕'로 바꾼 예수님의 생각이 무엇이었겠냐는 것이다.

매일매일 '어미〔사래〕씨'라고 부르다가 이름이 바뀌고부터는 '중전〔사라〕'이라고 불린 아내나, '아비〔아브람〕'로 불려오다가 '폐하〔아브라함〕'로 불리는 남편이라면 그들은 여전히 초야에 머물러 있다 해도 이미 궁중에 사는 왕의 신분으로서의 긍지가 넘치게 될 것이고 아울러 그런 큰 소망에 불타는 사람이 아니겠는가?

'바람에 휘날리는 갈대〔시몬〕'를 '반석〔크고 넓은 바위 : 게바＝베드로〕'이라 했던 예도 그 내용은 유사하다.

중동의 모래벌판에 사는 이들에게 '반석'은 참으로 든든한 '요새'요 의지의 '기반'이겠기 때문이다.

아무튼 이만큼 이름이 중요하다는 것이다.

그래서 어떤 이는 '자두〔李 : 오얏나무〕'가 '계수나무〔桂〕'를 '이뤘으니〔成〕' 그가 왕이 될 것은 이미 번연한 일로서 그 이름 글자 속에 벌써 장래가 보장돼 있었다고 보기도 하매, 성명에 쓰이는 글자 또한 중요시하지 않을 수 없겠다는 뜻일 것이다.

설령 이름 안에 반드시 운명이나 복이 들어 있는 건 아니라고 여기더라도 부르기 좋고 내용이 아름다운 이름을 가진다는 것은 아무튼 바람직한 일이 아니겠는가.

또 좋은 이름 때문에 복받는 이가 많아지고 나쁜 운명이 좋은 운명으로 바뀌게 되어 사회까지 밝아진다면 금상첨화격이라고 하겠다.

이런 의미에서, 흥미 차원이든 취미 차원이든 더 나아가서 학구 차원이든 일단 한번 이름에 관심을 가져보는 것도 좋은 일이 아닐까 싶다.

그렇다면 일단 다음의 '상생상극의 원리〔오행원리〕'부터 알아두도록 하자.

● 오행의 원리

A. 상생

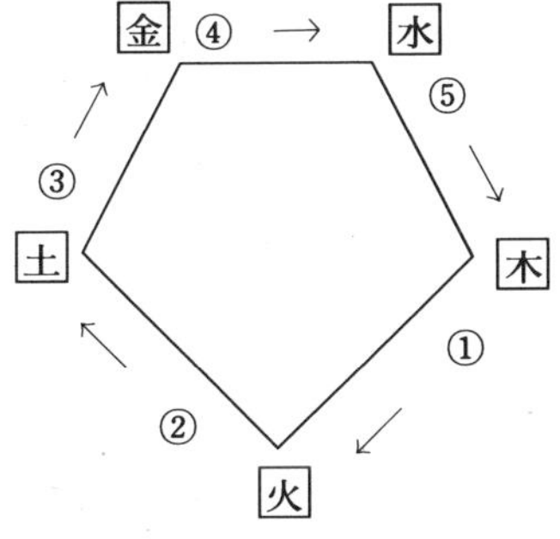

〈원리〉
① 나무가 불을 발한다.
② 불이 흙을 더한다.
③ 흙에서 쇠가 난다.
④ 쇠에서 물이 난다.
⑤ 물이 나무를 기른다.

B. 상극

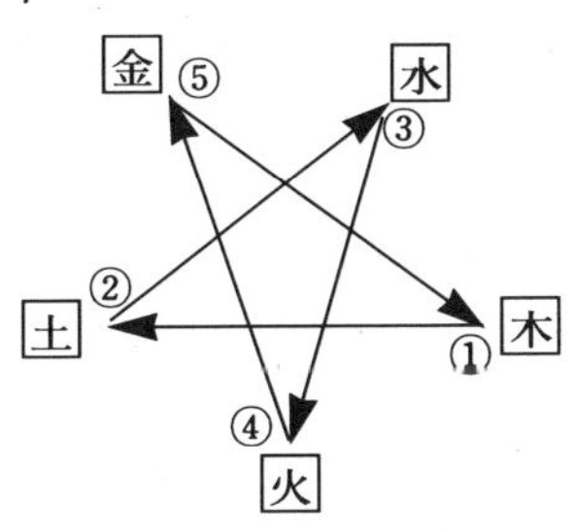

〈원리〉
① 나무는 흙을 마르게 한다.
② 흙은 물을 막는다.
③ 물은 불을 제한다.
④ 불은 쇠를 녹인다.
⑤ 쇠는 나무를 자른다.

※ 자기 위치에서 마주 걸리는 화살표 방향과 극한다〔예 : 木의 경우 金〕

2. 가문과 항렬(돌림자 문제)

　한국인이라면 대개 각자 그 고유한 성씨마다 일찍이 조상들이 짜맞춰놓은 일정한 항렬(돌림자)이 있게 마련이다.
　성씨와 가문에 따라 독특한 방법의 순서와 글자가 있을 수 있으나 대체적으로는 다음과 같은 예가 가장 일반적이다.

순　서	할아버지	아버지	나	아들	손자
항렬자	○ 植	炯 ○	○ 培	鍾 ○	○ 沼

　말하자면 木 → 火 → 土 → 金 → 水(오행 : 상생)의 연속이자 반복인데, 할아버지의 항렬자가 이름 끝자(木 = 植)였다면 아버지는 이름의 앞자〔火 = 炯〕가 항렬이 된다.
　이렇게 계속되어나가다 손자〔水 = 沼〕의 이름 다음에 오는 증손자는 자동적으로 '水 →木'의 원리에 따라 나무목(木)이 들어

가는 글자를 쓰게 되는데 이때는 그 위치가 할아버지(植)의 반대, 즉 이름의 윗글자로 자리잡게 되며 글자만 바뀌게 된다(예 : 株· 柄·柱 등).

그런데 사실은 이 항렬자에 함정(걸림돌)이 있다는 것이 필자의 견해이다. 가령, 항렬자가 성(姓)의 글자와 작명학상 무리가 없다면 나머지 한 글자만 잘 갖춰 지으면 되겠지만, 대개의 경우 아무리 좋은 글자를 채워넣어도 '수리오행'이 맞지 않거나 '소리〔音〕오행'이 결여되어 도무지 좋은 이름이 산출되지 않는 예가 너무도 많기 때문이다.

그래서 주의 깊게 살펴보면, 특정한 어느 성씨를 짚어놓고 따져볼 때 어떤 항렬자를 쓰는 형제·친척계열의 대(代)에서는 크게 번창하여 이름나고 높은 관직에 부자 소리를 듣는 이가 많이 나는가 하면 어느 항렬의 대(代)에 가서는 뚜렷이 알려진 이조차 없을 만큼 침체하는 경우를 확인하게 되는 것이다.

따라서 반드시 족보상 예고된 글자(항렬=돌림자)를 꼭 써야 될 경우가 아니라면 굳이 그 글자를 고집하지 않는 게 현명하다고 말하고 싶다.

이를테면 항렬자를 사용하지 않는다고 해서 조상을 욕되게 한다거나 거스르는 것이 아니라는 것이다. 또 그 집안의 자손이 안되는 것도 아니라는 이야기다.

오히려 작명학상 그 항렬자가 길하지 못하다거나 융통성이 결여되었다면 과감히 다른 글자를 써서 부르기도 쉽고 내용도 좋은 이름으로 발전시켜나가는 현명한 지혜가 필요하지 않을까 하는 것이다.

이름은 한번 지어 호적상 등기를 마치면 쉽게 고칠 수 없다는 것도 염두에 두어 처음부터 심사숙고하여 지을 필요가 있다.

'호랑이는 죽어 가죽을 남기고 사람은 죽어 이름을 남긴다' 라
고까지 하지 않았던가.

3. 사주와 이름의 관계

'사주(四柱)'란 '팔자(八字)'라고 속칭하는 바 '네 기둥'에 '여덟 글자'라는 의미다.

곧 태어난 해(태세)와 달(월건), 날짜(일진), 시간(각)의 간지 사성(干支四星)을 일컫는다.

그래서 결혼예식에 앞서 '사주단자(四柱單子)'라는 걸 보내는 풍습도 있는데 이는 신랑의 '생년월일시'를 사성으로 적은 쪽지로, 혹시 궁합을 맞춰보려면 신부의 사주와 함께 보라는 뜻이 들어 있는 편지인 셈이다.

'사주팔자는 속이지 못한다'든지 '피하지 못할 운명'으로 여겨 온 전래 풍설에서 비롯된 이 사주관념 또한 동양 삼국사회에서는 이미 깊고 오랜 역사를 지니고 있다.

하지만 일반인이 자녀를 낳고 그 이름을 짓는 데 있어서 새삼 사주공부까지 해야 한다는 건 아주 큰 무리가 아닐 수 없다.

또 사주에 의한 궁합 없이 연애결혼을 하고도 잘사는 이가 비

일비재하듯이, 사주와 무관하게 잘 지은 이름만을 가지고도 출세·영달하고 부귀·발전한 이가 수없이 많더라는 게 필자의 경험에서 얻은 결과이다.

예를 든다면, 법학을 공부하고서도 가수가 되는 이가 있고 의학을 공부하고서도 배우가 되는 사람이 있는가 하면, 코미디언을 하다가도 국회의원을 하는 이가 있고 배우를 하다가도 대통령이 되는 게 세상이다.

가령, 우리나라는 어언 고학력 사회로서 대다수가 대학 출신이라는데, 자기의 전공과목을 살려 직장을 갖거나 출세하는 이가 몇 퍼센트나 되겠는가를 생각해보라.

사주는 전적으로 전문가의 손에 맡기자는 이유가 이러하다.

예를 들어, 의학을 배워야 하는 사주에도 뛰어난 정치가가 있고 법학 쪽에 기울어진 운명(사주)이라 하더라도 제조업체 사장으로서 성공하더라는 것이다.

그러기에 이 책에서는 이 분야에 대해 일단 접어두는 것을 원칙으로 하려 한다.

가방이 크다고 공부 잘하는 것도 아니고 결석을 하지 않는다고 장학생이 되는 것도 아니라는 이치를 좀 널리 수용했으면 하는 것이다.

4. 좋은 글자 선정 및 배치

이름을 짓기에 앞서 먼저 고려할 것은 자기의 성씨 글자이다.
모두 몇 획이며 홀수인가 짝수인가부터 염두에 두어야 한다.
획수에 따라 오행이 결정되기 때문이다. 오행의 예는 다음과
같다.

오 행	木	火	土	金	水
획 수	1 · 2	3 · 4	5 · 6	7 · 8	9 · 10

같은 '木'이라 하더라도 許〔11획＝1＝木〕의 경우와 黃〔12획
＝2＝木〕의 경우가 다르고 같은 '金'이라 하더라도 李(7획)의 경
우와 林(8획)의 경우가 다르기 때문이다.
'홀수'의 글자를 양(陽)이라 하고 '짝수'의 글자를 음(陰)이라

하는 바 그 예를 들면 다음과 같다.

陽의 글자	山, 千, 戊, 成, 宣, 敬, 愛 …
陰의 글자	又, 毛, 任, 東, 洙, 桓, 福 …

　말하자면, 성의 글자가 홀수이면 나머지 이름 글자는 짝수와 짝수, 또는 짝수 홀수 등으로 섞여야 하고, 성의 글자가 짝수이면 다시 이름 글자가 홀수와 홀수, 또는 짝수와 홀수 등이 적당히 섞여 구성되어야 한다(수리오행 참조).
　다음의 예로 참고해보자.(□ 홀수, ■ 짝수)

잘 구성된 예	□ ■ □	□ ■ ■	■ □ ■	■ □ □
잘못 구성된 예	□ □ □	■ ■ ■	□ 　 □	■ ■ ■ ■

여기에다 '소리오행'의 구성을 동시에 참작하도록 한다.

오 행	木	火	土	金	水
발 음	ㄱ, ㄲ, ㅋ	ㄴ, ㄷ, ㄹ, ㅌ	ㅇ, ㅎ	ㅅ, ㅈ, ㅊ	ㅁ, ㅂ, ㅍ

　다시 한번 정리하자면, 홀수 짝수의 성에다 적당한 수리의 글자를 섞어서 배정하되 소리(음성)오행도 배려한다. 더욱 구체적인 것은 다른 장(章)에서 언급하도록 하고, 우선 오행상의 배합표

만을 예시하기로 한다.

●잘 배합된 오행(상생배합)

'수리오행'이나 '음성(발음)오행' 모두 같이 적용되며 첫오행은 성씨 문자(획수)와 발음에 해당된다(木·火·土·金·水).

木	木木水	木木火	木水木	木水水	木火木	木火火	木火土	木水金
火	火木木	火木水	火木火	火火木	火火土	火土金	火土火	火土土
土	土金金	土金水	土金土	土火木	土火火	土火土	土土金	土土火
金	金金水	金金土	金水金	金水木	金水水	金土金	金土火	金土土
水	水金金	水金水	水金土	水木木	水木水	水木火	水水金	水水木

●잘못 배합된 오행(상극배합)

木	木木木	木金木	木金火	木木金	木木土	木水火	木木土	木火金
	木土金	木土木	木土水	木土火	木水水	木水火	水土土	木金土
火	火金金	火金木	火金水	火金火	火金木	火水金	火水木	火水火
	火水土	火火金	火土水	火土木	火木金	火水水	火木水	火火金
土	土金木	土金火	土木金	土木木	土木水	土木火	土木土	土水金
	土水木	土水水	土水火	土水土	土火水	土土木	土土水	土火金
金	金金金	金金木	金金火	金木金	金木木	金木水	金木火	金木土
	金水火	金水土	金火金	金火木	金火水	金火火	金土木	金土水
水	水金木	水金火	水木土	水水水	水水火	水水土	水火金	水火木
	水火水	水火火	水火土	水土木	水土水	水土火	水土土	水木金

옥편 찾기와 획수 계산

글자의 예	찾는 부수	필획수	작명적용수	총획수
洙	洙 (水)	3	4＋6	10
性	性 (心)	3	4＋5	9
打	打 (手)	3	4＋2	6
狗	狗 (犬)	3	4＋5	9
羅	羅 (网)	5	6＋14	20
初	初 (衣)	5	6＋2	8
道	道 (走)	4	7＋9	16
芬	芬 (艸)	4	6＋4	10
腦	腦 (肉)	4	6＋8	14
隊	隊 (阜)	3	8＋9	17
鄭	鄭 (邑)	3	7＋12	19
者	者 (老)	4	6＋4	10
珉	王 (玉)	4	5＋5	10

天 · 地 · 人〔수리〕 뽑기

● 특수한 이름(외자 이름 및 두자 성씨 등) 계산법

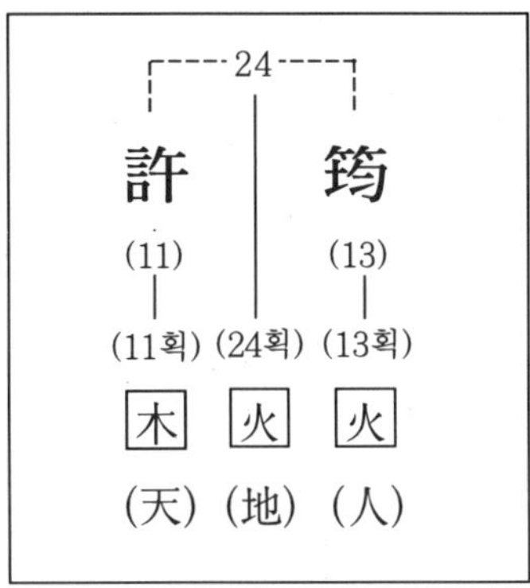

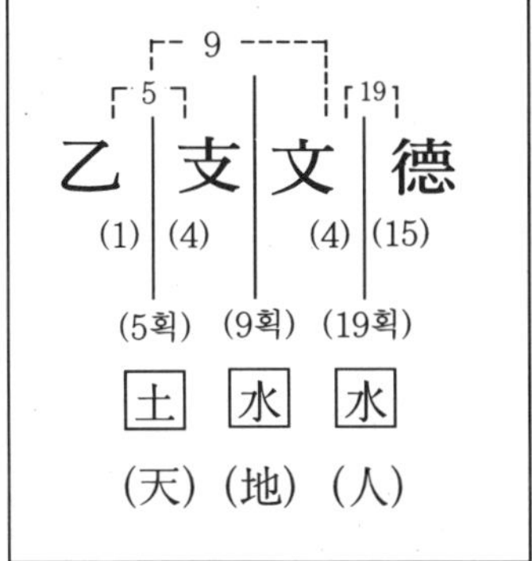

● 보통 이름 계산법

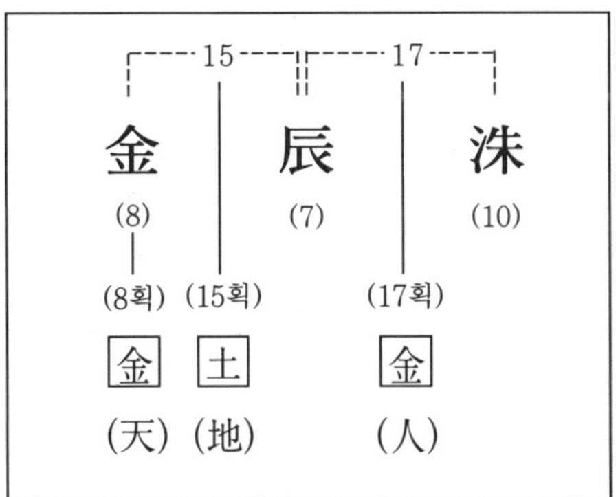

발음오행을 잘 배치한 이름

■ 木(가 · 카)의 성씨

가	나	아		가	나	나		가	마	사
가	가	나		가	마	마		가	가	마

※ 여기서 '가' 는 '카' 로 바뀌어도 같음.

■ 火(나 · 다 · 라 · 타)의 성씨

나	아	사		나	나	아		나	나	가
나	가	나		나	아	아		나	가	가

※ 여기서 '나' 는 '다 · 라 · 타' 로 바뀌어도 같음.

■ 土(아 · 하)의 성씨

아	사	마		아	사	사		아	나	나
아	나	가		아	아	나		아	사	아

※ 여기서 '아' 는 '하' 로 바뀌어도 같음.

■ 金(사 · 자 · 차)의 성씨

사	사	아		사	아	나		사	마	가
사	사	마		사	마	마		사	아	사

※ 여기서 '사' 는 '자 · 차' 로 바뀌어도 같음.

■ 水(마·바·파)의 성씨

| 마 | 마 | 가 | | 마 | 가 | 나 | | 마 | 사 | 아 |
| 마 | 가 | 마 | | 마 | 가 | 가 | | 마 | 사 | 사 |

※ 여기서 '마' 는 '바·파' 로 바뀌어도 같음.

수리오행을 잘 배치한 이름

● 2획의 성씨

2	1	4		2	1	5		2	1	13		2	1	15		2	1	10
2	1	12		2	1	23		2	11	10		2	9	14		2	9	4
2	19	4

● 3획의 성씨

3	2	3		3	2	13		3	3	10		3	3	12
3	20	12		3	2	10		3	3	2		3	2	14
3	8	5		3	18	14		3	12	6		3	3	12

● 4획의 성씨

4	1	2		4	2	3		4	2	11		4	2	13
4	1	6		4	1	3		4	2	23		4	9	12
4	9	2		4	20	15		4	19	12

●5획의 성씨

5 2 6   5 2 14   5 2 16   5 3 17
5 8 24   5 8 8   5 8 5   5 8 16
5 20 4   5 10 14

●6획의 성씨

6 1 8   6 2 5   6 8 7   6 2 15
6 9 8   6 9 9   6 9 18   6 11 18
6 12 23   6 11 14   6 11 4

●7획의 성씨

7 8 8   7 8 9   7 8 10   7 8 16
7 8 17   7 9 8   7 9 16   7 22 10
7 11 14   7 30 15

●8획의 성씨

8 7 8   8 7 9   8 7 10   8 7 16
8 9 16   8 10 15   8 8 7   8 8 15
8 9 7

●9획의 성씨

9 2 12   9 12 11   9 8 8   9 8 7
9 22 10   9 12 12   9 12 20   9 9 6

●10획의 성씨

10 7 8　　　10 8 7　　　10 11 12　　　10 2 7
10 19 19　　　10 1 8

●11획의 성씨

11 2 2　　　11 2 12　　　11 2 13　　　11 12 10
11 10 12　　　11 10 10　　　11 12 14　　　11 20 4
11 21 18

●12획의 성씨

12 1 3　　　12 1 12　　　12 1 4　　　12 9 12
12 9 14　　　12 12 13　　　12 12 11　　　12 12 19

●13획의 성씨

13 2 3　　　13 3 12　　　13 8 3　　　13 18 6
13 12 23　　　13 12 6

●14획의 성씨

14 1 2　　　14 2 15　　　14 1 4　　　14 7 16
14 9 12　　　14 10 21　　　14 10 11　　　14 10 15

●15획의 성씨

15 2 6　　　15 2 14　　　15 2 16　　　15 3 14
15 10 7　　　15 8 16　　　15 8 23　　　15 9 14
15 10 8

● 16획의 성씨

16 2 5   16 2 13   16 2 15   16 8 17
16 8 13   16 8 15

● 17획의 성씨

17 8 8   17 8 10   17 8 16   17 18 6
17 18 10   17 20 15   17 18 17   17 8 16

● 18획의 성씨

18 7 6   18 8 7   18 7 16   18 11 10

● 19획의 성씨

19 2 2   19 10 19   19 12 17   19 18 20

● 20획의 성씨

20 1 2   20 9 9   20 9 12   20 11 12

● 21획의 성씨

21 2 14   21 8 10   21 10 14

5. 시각적인 고찰

이름의 시각적 구성

한자는 많은 수의 글자 중 둘 이상의 개체가 모여 한 글자를 이루는 경우가 많다. 그래서 경우에 따라서는 같은 글자가 나란히 붙는 예도 있고 네 번이나 겹치는 상황도 발생한다.

〈예〉
- 같은 글자의 복합 … 棘, 玆, 竝, 棗
- 세 번이 겹친 경우 … 姦, 磊, 森, 晶, 轟

그러다 보니 대다수의 글자들이 시각적인 입장에서 볼 때 한 덩이로 된 통자 외에는 대다수가 가로 또는 세로 등으로 나뉘어진 채 하나로 조합된 형태이다.

- 통자의 예 … □　東·用·我·王·酉
- 세로로 나뉘는 예 … 𝗜𝗜　鍾·油·相·炫·培
- 가로로 나뉘는 예 … 冃　芮·盆·空·貫·昌
- 세로 세 갈래 예 … 𝗜𝗜𝗜　湘·卿·鴻·衍·轍
- 가로 삼층 예 … 彐　靈·苔·築·怠·蒸
- 기타 … 凷　賢·奬·醫
　　　　　　　田　羨·窺
　　　　　　　凹　戀·戀

　대충 예시해본 것이거니와, 대개의 글자 형태가 이러하기에 이름을 지을 때 같은 값이면 이러한 실례를 염두에 두고 글자를 선정, 배열한다면 금상첨화격이 아닐까 싶다.

●모두 통자거나 한 방향으로 나뉘는 예

□ 禹	𝗜𝗜 朴	冃 吉
□ 正	𝗜𝗜 相	冃 雲
□ 東	𝗜𝗜 植	冃 昌

● 적당히 배열한 예

<table>
<tr><td>□ 李</td><td>□ 禹</td><td>□ 周</td></tr>
<tr><td>□ 甫</td><td>Ⅲ 湘</td><td>⊟ 賢</td></tr>
<tr><td>⊔ 誠</td><td>□ 宙</td><td>⊔ 植</td></tr>
</table>

그러므로 다시 반복하여 이야기하자면, ① 발음이 좋고(흔히 말하는 禹東甲, 金致國 등은 놀림감이 된다 하니 피하는 게 좋다) ② 음성(발음·소리) 오행을 확인한 배치로 ③ 수리를 따진 뒤 ④ 갈래〔分子〕 글자를 적절히 배치하는 슬기를 갖춘다면 더없이 좋겠다. 단, 마지막 글자가 닫는 소리(예 : 옥의 ㄱ, 남의 ㅁ, 갑의 ㅂ 등)는 좋지 않다. 차라리 이런 글자는 가운데 쪽에 넣는 게 좋고 끝소리는 받침이 없거나 ㄴ, ㅇ, ㄹ 등 여운이 남는 글자를 택하는 게 현명하다. 물론 아주 불가피한 경우에는 한두 가지를 젖혀둘 수밖에 없다.

그리고 성자보다 이름 첫자는 획이 하나라도 적은 글자, 끝자는 성자보다 획수가 많은 것이 예로부터 잘된 이름이라 했음을 상기해둔다.

● 수치상 잘 배열된 예

글자	丁	一	權
획수	2	1	22

상호의 시각적 구성

또 다른 예로서, 대개의 우리나라 회사나 단체들의 상호나 명

三立	高合	東亞	共榮	大宇	三星	樂善齋	泰光	三美	南榮	白羊	三岡

亞南	青山	金星	不二	大榮	三中堂	中央	元美	日光	三育	東西	大山

富光	永昌	南北	大林	泰興	三元	南光	崇實	三井	日東	宇星	居平

每日	大元	光東	自由	辛家	大同	豊田	光云	美星	甲寅	禾泉	富元

青林	玄岩	東元	育英	大一	白光	三盆	豊山	日興	三全	森榮	美林

칭은 시각적으로 빨리 들어오고 간편하며 인장을 새기거나 로고를 만들기에 좋도록 구성되어 있다. 따라서 각각의 기업들이 서로 의논하고 만든 회사명은 아니겠으나 이 점을 중시하고 있음을 보기로서 참고하여 응용해보기 바란다.

헤아려 나가자면 한도 끝도 없겠다. 이렇듯 위에서 보는 바와 같이 좌우의 획이 거의 같거나 거의 같은 모양이라서 만약 글자를 뒤집어놓는다 해도 무방할 정도로 좌우획의 모양이 같거나 비슷하게 구성돼 있음을 알 수가 있다.

따라서 상호는 포괄적인 의미와 함께 대표적인 얼굴이므로, 회사의 성격과 규모, 무엇을 지향하는지에 대해 일일이 다 설명할 필요가 있는 경우와 없는 경우가 있기에 전적으로 작명자의 기지에 의할 수밖에 없다.

더욱이 요즘은 '다방'과 '커피숍'이 다르게 인식되고 '코미디언'과 '개그맨'이 분업화된 세상이기에 사족은 빼기로 하고 그 개요와 테크닉만을 제시하는 것으로 하겠다.

6. 아호·예명·필명

　우리는 흔히 김구(金九) 선생〔본명 昌洙〕을 '백범(白凡) 선생'
이라고 부르며 시인 이은상(李殷相) 선생은 '노산(鷺山) 선생'이
라 해왔다.
　안창호(安昌浩) 선생의 호는 '도산(島山)'이요 시인 김동환(金
東煥) 선생이 '파인(巴人)'이란 건 삼척동자도 다 아는 사실일 것
이다.
　그런가 하면 본명이 서죽(瑞竹)인 소설가 정비석(鄭飛石) 선생
이나 본명 영종(泳鐘)인 박목월(朴木月) 시인은 오히려 예명으로
서 더 친근한 분이다.
　이렇게 볼 때 아호나 예명은 직업에 따라 다르겠지만 아주 중
요한 이름의 하나가 아닐 수 없는 것이다.
　내용이나 뜻풀이를 하자면 한이 없겠으나 가령 '허난설헌(許
蘭雪軒)' 같은 이는 그 이름이 본래 초희(楚姬)라 알려져 있고 자
를 경번(景樊)이라 했다. 이분은, 「홍길동전」의 저자 허균(許筠)

의 누이이자 김성립(金誠立)이라는 분의 아내이나 '난설헌'이란
호로서 더 잘 알려진 예이다.

　고금(古今)을 통해 사람마다 호·아호·당호·예명을 한두 개
씩 갖고 있었음을 볼 때 구구한 설명을 하지 않더라도 그 요령을
쉽게 간파한 듯싶어, 여기서는 많이 알려진 분들의 호를 예시함으
로써 각자 참고가 되도록 길잡이 역할만 하려고 한다.

　무엇을 좋아하며 어떤 일을 하는 사람인가에 따라 내용과 글자
를 택하는 경향이 다르겠기에 일목요연하게 '작호'의 실례를 들
어 설명하기가 어렵다고 여겨지기 때문이다.

● 선진들의 호(號)와 자(字)

강세황(姜世晃) = 표암(豹庵)
강우규(姜宇奎) = 일우(日愚)
강희맹(姜希孟) = 사숙재(私淑齋)
강희안(姜希顔) = 인재(仁齋)
곽재우(郭再祐) = 망우당(忘憂堂)
관　우(關　羽) = 운장(雲長) … 字
기대승(奇大升) = 고봉(高峯)·존재(存齋)
길　재(吉　再) = 야은(冶隱)
김굉필(金宏弼) = 사옹(蓑翁)·한훤당(寒喧堂)
김규식(金奎植) = 우사(尤史)
김규진(金圭鎭) = 해강(海崗)
김내성(金來成) = 아인(雅人)
김동인(金東仁) = 금동(琴童)
김득신(金得臣) = 긍재(兢齋)

김만중(金萬重)＝서포(西浦)

김명국(金命國)＝연담(蓮潭)

김문기(金文起)＝백촌(白村)

김법린(金法麟)＝범산(梵山)

김병로(金炳魯)＝가인(街人)

김병연(金炳淵)＝난고(蘭皐)

김부식(金富軾)＝뇌천(雷川)

김사형(金士衡)＝낙포(洛圃)

김상용(金尙鎔)＝월파(月坡)

김상헌(金尙憲)＝청음(淸陰)

김성수(金性洙)＝인촌(仁村)

김성일(金誠一)＝학봉(鶴峯)

김정식(金廷湜)＝소월(素月)

김수장(金壽長)＝노가재(老歌齋)

김수항(金壽恒)＝문곡(文谷)

김수흥(金壽興)＝퇴우당(退憂堂)

김시습(金時習)＝매월당(梅月堂)

김시양(金時讓)＝하담(荷潭)

김　식(金　埴)＝퇴촌(退村)

김안국(金安國)＝모재(慕齋)

김안로(金安老)＝희락당(喜樂堂)·용천(龍泉)

김　억(金　億)＝안서(岸曙)

김윤식(金允植)＝영랑(永郎)

김옥균(金玉均)＝고균(古筠)·고우(古愚)

김윤식(金允植)＝운양(雲養)

김은호(金殷鎬)＝이당(以堂)

김자점(金自點) = 낙서(洛西)
김장생(金長生) = 사계(沙溪)
김정호(金正浩) = 고산자(古山子)
김정희(金正喜) = 완당(阮堂) · 추사(秋史)
김종서(金宗瑞) = 절재(節齋)
김종직(金宗直) = 점필재(岾畢齋)
김좌근(金佐根) = 하옥(荷屋)
김좌진(金佐鎭) = 백야(白冶)
김준연(金俊淵) = 낭산(朗山)
김진섭(金晋燮) = 청천(聽川)
김창숙(金昌淑) = 심산(心山)
김창업(金昌業) = 노가재(老稼齋)
김창협(金昌協) = 농암(農巖)
김천일(金千鎰) = 건재(健齋)
김천택(金天澤) = 남파(南波)
김춘택(金春澤) = 북헌(北軒)
김치인(金致仁) = 고정(古亭)
김택영(金澤榮) = 창강(滄江)
김홍도(金弘道) = 단원(檀園)
김홍집(金弘集) = 도원(道園)
김활란(金活蘭) = 우월(又月)
김효원(金孝元) = 성암(省庵)
나경손(羅慶孫) = 도향(稻香)
나 철(羅 喆) = 홍암(弘巖)
남 곤(南 袞) = 지정(止亭) · 지족당(知足堂)
남공철(南公轍) = 사영(思潁)

남구만(南九萬)＝약천(藥泉)

남궁 억(南宮 檍)＝한서(翰西)

남병길(南秉吉)＝육일재(六一齋)

남사고(南師古)＝격암(格菴)

남이공(南以恭)＝설사(雪簑)

남효온(南孝溫)＝추강(秋江)

노공필(盧公弼)＝국일재(菊逸齋)

노백린(盧伯麟)＝계원(桂園)

노수신(盧守愼)＝소재(蘇齋)

노자영(盧子泳)＝춘성(春城)

도 윤(道 允)＝쌍봉(雙峯)

두 보(杜 甫)＝소릉(小陵)

문 근(文 瑾)＝매계(梅溪)

문익점(文益漸)＝삼우당(三憂堂)·일신(日新)

민병석(閔丙奭)＝시남(詩南)

민영익(閔泳翊)＝운미(芸楣)·죽미(竹楣)

민영환(閔泳煥)＝계정(桂庭)

민영휘(閔永徽)＝하정(荷汀)

박문수(朴文秀)＝기은(耆隱)

박 상(朴 祥)＝눌재(訥齋)

박세당(朴世堂)＝서계(西溪)

박세채(朴世采)＝남계(南溪)·현석(玄石)

박 순(朴淳)＝사암(思庵)

박 연(朴堧)＝난계(蘭溪)

박 영(朴英)＝송당(松堂)

박영효(朴泳孝)＝현현거사(玄玄居士)

박영희(朴英熙) = 회월(懷月) · 송은(松隱)

박용철(朴龍喆) = 용아(龍兒)

박은식(朴殷植) = 백암(白岩) · 겸곡(謙谷)

박인량(朴仁亮) = 소화(小華)

박인로(朴仁老) = 노계(蘆溪)

박정양(朴定陽) = 죽천(竹泉)

박제가(朴齊家) = 초정(楚亭)

박종화(朴鍾和) = 월탄(月灘)

박지원(朴趾源) = 연암(燕巖)

방정환(方定煥) = 소파(小波)

방종현(方鍾鉉) = 일사(一蓑)

백관수(白寬洙) = 근촌(芹村)

백광홍(白光弘) = 기봉(岐峯)

백광훈(白光勳) = 옥봉(玉峯)

백거이(白居易) = 낙천(樂天) … 字

서명균(徐命均) = 보졸재(保拙齋)

성담수(成聃秀) = 문두(文斗)

성희안(成希顔) = 인재(仁齋)

송진우(宋鎭禹) = 고하(古下)

안중식(安中植) = 심전(心田)

안 지(安 止) = 고은(皐隱)

양성지(梁誠之) = 눌재(訥齋) · 송파(松坡)

양전백(梁甸伯) = 격헌(格軒)

양주동(梁柱東) = 무애(无涯)

어윤중(魚允中) = 일재(一齋)

오달제(吳達濟) = 추담(秋潭)

오억령(吳億齡)＝만취(晩翠)

오　원(吳　瑗)＝월곡(月谷)

원천석(元天錫)＝운곡(耘谷)

유　관(柳　灌)＝송암(松庵)

유광렬(柳光烈)＝종석(種石)

유　근(柳　根)＝고산(孤山)·서경(西坰)

유길준(兪吉濬)＝구당(矩堂)

유몽인(柳夢寅)＝어우당(於于堂)

유　비(劉　備)＝현덕(玄德) … 字

유성룡(柳成龍)＝서애(西厓)

유성원(柳誠源)＝낭간(朗玕)

유　숙(劉　淑)＝혜산(蕙山)

유승단(兪升旦)＝문안(文安)

유여대(劉如大)＝낙포(樂圃)

유영하(柳榮河)＝보산(甫山)

유　우(柳　藕)＝서봉(西峯)

유　운(柳　雲)＝항재(恒齋)

유원지(柳元之)＝졸재(拙齋)

유응부(兪應孚)＝벽량(碧梁)

유중교(柳重敎)＝성재(省齋)

유치진(柳致眞)＝동랑(東朗)

유치환(柳致環)＝청마(靑馬)

이갑성(李甲成)＝연당(硏堂)

이　개(李　塏)＝백옥헌(白玉軒)

이건창(李建昌)＝영재(寧齋)·담녕재(澹寧齋)

이경석(李景奭)＝백헌(白軒)

이경여(李敬輿) = 백강(白江)
이경윤(李敬胤) = 낙파(駱坡) · 낙촌(駱村)
이경직(李耕稙) = 신부(莘夫)
이경하(李景夏) = 여회(汝會)
이경화(李景華) = 풍계(楓溪)
이　곡(李　穀) = 가정(稼亭)
이공린(李公麟) = 용면거사(龍眠居士)
이관명(李觀命) = 병산(屛山)
이　광(李　珖) = 기천(杞泉)
이광사(李匡師) = 원교(圓嶠)
이광수(李光洙) = 춘원(春園)
이광좌(李光佐) = 운곡(雲谷)
이규경(李圭景) = 오주(五洲)
이규보(李奎報) = 백운산인(白雲山人)
이규준(李奎晙) = 석곡(石谷)
이기붕(李起鵬) = 만송(晩松)
이능화(李能和) = 간정(侃亭) · 상현(尙玄)
이달충(李達衷) = 제정(霽亭)
이덕무(李德懋) = 형암(炯菴) · 아정(雅亭)
이덕형(李德馨) = 한음(漢陰)
이동휘(李東輝) = 성재(誠齋)
이만운(李萬運) = 묵헌(默軒)
이맹전(李孟專) = 경은(耕隱)
이명룡(李明龍) = 춘헌(春軒)
이명한(李明漢) = 백주(白洲)
이　발(李　潑) = 동암(東菴) · 북산(北山)

이　백(李　白)＝청련거사(靑蓮居士)
이범석(李範奭)＝철기(鐵驥)
이병기(李秉岐)＝가람(嘉藍)
이삼만(李三晩)＝창암(蒼巖)
이상설(李相卨)＝부재(溥齋)
이상재(李商在)＝월남(月南)
이상적(李商迪)＝우선(藕船)
이상정(李象靖)＝대산(大山)
이상좌(李上佐)＝학포(學圃)
이상협(李相協)＝하몽(何夢)
이상화(李相和)＝상화(尙火)
이　색(李　穡)＝목은(牧隱)
이　서(李　曙)＝월봉(月峯)
이서구(李書九)＝강산(薑山)·척재(惕齋)
　　　　　　　·석모산인(席帽山人)
이서구(李瑞求)＝고범(孤帆)
이석형(李石亨)＝저헌(樗軒)
이선근(李瑄根)＝하성(霞城)
이성계(李成桂)＝송헌(松軒)
이성길(李成吉)＝창주(滄洲)
이성중(李誠中)＝파곡(坡谷)
이소한(李昭漢)＝현주(玄洲)
이수광(李晬光)＝지봉(芝峯)
이숭인(李崇仁)＝도은(陶隱)
이승만(李承晩)＝우남(雩南)
이승훈(李昇薰)＝남강(南岡)

이승휴(李昇休) = 동안거사(動安居士)

이시백(李時白) = 조암(釣巖)

이시영(李時榮) = 성재(省齋)

이 식(李 植) = 택당(澤堂)

이안눌(李安訥) = 동악(東岳)

이언적(李彦迪) = 회재(晦齋) · 자계옹(紫溪翁)

이언진(李彦眞) = 송목관(松穆館) · 상조(湘藻)

이여송(李如松) = 앙성(仰城)

이완용(李完用) = 일당(一堂)

이용구(李容九) = 해산(海山)

이 우(李 寓) = 옥산(玉山)

이우신(李友信) = 문원(文原) · 죽촌(竹村) · 수산(睡山)

이원익(李元翼) = 오리(梧里)

이원풍(李元豊) = 낙산주인(樂山主人)

이 유(李 濡) = 녹천(鹿川)

이 육(李 陸) = 청파(靑坡)

이 활(李 活) = 육사(陸史)

이윤경(李潤慶) = 숭덕재(崇德齋)

이윤재(李允宰) = 환산(桓山)

이 이(李 珥) = 율곡(栗谷)

이이첨(李爾瞻) = 관송(觀松) · 쌍리(雙里)

이 익(李 瀷) = 성호(星湖)

이인로(李仁老) = 쌍명재(雙明齋)

이인문(李仁文) = 유춘(有春) · 고송(古松)

이인상(李麟祥) = 능호관(凌壺觀)

이인직(李人稙) = 국초(菊初)

이장희(李章熙)＝고월(古月)

이재관(李在寬)＝소당(小塘)

이　정(李　楨)＝귀암(龜岩)

이　정(李　霆)＝탄은(灘隱)

이정구(李廷龜)＝월사(月沙)

이정환(李廷煥)＝송암(松巖)

이제마(李齊馬)＝동무(東武)

이제현(李齊賢)＝익재(益齋)

이조년(李兆年)＝매운당(梅雲堂)

이존오(李存吾)＝석탄(石灘)

이종성(李宗成)＝오천(梧川)

이종일(李鐘一)＝묵암(默菴)

이종훈(李鍾勳)＝정암(正菴)

이　준(李　儁)＝일성(一醒)

이준경(李浚慶)＝동고(東皐)

이중환(李重煥)＝청담(淸潭)

이지함(李之菡)＝토정(土亭)

이항복(李恒福)＝백사(白沙)

이　황(李　滉)＝퇴계(退溪)

이효석(李孝石)＝가산(可山)

임경업(林慶業)＝고송(孤松)

임억령(林億齡)＝석천(石川)

임원준(任元濬)＝사우당(四友堂)

임유후(任有後)＝만휴당(萬休堂)

임　춘(林　椿)＝서하(西河)

장경세(張經世)＝사촌(沙村)

장덕수(張德秀) = 설산(雪山)
장 면(張 勉) = 운석(雲石)
장 비(張 飛) = 익덕(益德)…字
장승업(張承業) = 오원(吾園)
장 유(張 維) = 계곡(谿谷)
장의현(張儀賢) = 오류정(五柳亭)
장지연(張志淵) = 위암(韋庵)
장 혼(張 混) = 공공자(空空子)
전영택(田榮澤) = 늘봄
정난종(鄭蘭宗) = 허백당(虛白堂)
정도전(鄭道傳) = 삼봉(三峯)
정두원(鄭斗源) = 호정(壺亭)
정몽주(鄭夢周) = 포은(圃隱)
정유성(鄭維城) = 도촌(陶村)
정인보(鄭寅普) = 위당(爲堂)
정인지(鄭麟趾) = 학역재(學易齋)
정인홍(鄭仁弘) = 내암(萊菴)
정제두(鄭濟斗) = 하곡(霞谷)
정지상(鄭知常) = 남호(南湖)
정학교(丁學敎) = 향수(香壽)
정 호(程顥) = 명도(明道)
정 훈(鄭勳) = 수남방옹(水南放翁)
조광조(趙光祖) = 정암(靜庵)
조광진(曺匡辰) = 구눌(口訥) · 눌인(訥人)
조동탁(趙東卓) = 지훈(芝薰)
조병옥(趙炳玉) = 유석(維石)

조봉암(曺奉岩)＝죽산(竹山)

조　엄(趙　儼)＝영호(永湖)

조　여(趙　旅)＝어계(漁溪)

조　위(曺　偉)＝매계(梅溪)

조윤제(趙潤濟)＝도남(陶南)

조인영(趙寅永)＝운석(雲石)

조재호(趙載浩)＝손재(損齋)

조정규(趙廷奎)＝임전(琳田)

조　조(曹　操)＝맹덕(孟德) … 字

조존성(趙存性)＝정곡(鼎谷)·용호(龍湖)

조　탁(曺　倬)＝이양당(二養堂)

조태구(趙泰耉)＝소헌(素軒)

조태채(趙泰采)＝이우당(二憂堂)

조현명(趙顯命)＝귀록(歸鹿)·귀록당(歸鹿堂)

조희룡(趙熙龍)＝호산(壺山)·단로(丹老)·우봉(又峯)

주세붕(周世鵬)＝신재(愼齋)

주시경(周時經)＝한힌샘

주요한(朱耀翰)＝송아(頌兒)

지석영(池錫永)＝송촌(松村)

진계유(陳繼儒)＝미공(眉公)

하위지(河緯地)＝단계(丹溪)

한규직(韓圭稷)＝기옥(基玉)

한명회(韓明澮)＝압구정(狎鷗亭)

한용운(韓龍雲)＝만해(萬海)

한　유(韓　愈)＝창려(昌黎)

한　호(韓　濩)＝석봉(石峯)

함대훈(咸大勳)＝일보(一步)
함화진(咸和鎭)＝오당(梧堂)
허　유(許　維)＝소치(小癡)
허　적(許　積)＝묵재(默齋)·휴옹(休翁)
황경원(黃景源)＝강한(江漢)
황보인(皇甫仁)＝지봉(芝峯)·지재(芝齋)

7. 이름에서 기피해온 글자들

여기서 또 하나 중요한 것은 좋은 글자와 나쁜 글자가 전해져
온다는 것이다.

예컨대 국가에서 작명 사용에 가능하도록 제한하여 정한 글자
라 하더라도, 전래적으로 기피해온 글자라면 꼭 필요한 경우 말고
는 되도록 피하는 것이 좋다는 이야기이다.

물론, 거론하는 이마다 몇 글자씩 이해를 달리하는 경우도 있
으나 대체로 의미가 좋지 않다고 여겨온 글자들을 열거해본다.

단, 이 중에는 남자에게 덜 좋다는 통계가 나온 글자와 여자에
게 덜 좋다는 글자도 있으나 여기서는 특별히 이를 구분하지 않고
함께 적어놓았다.

●전래적으로 작명에서 잘 쓰지 않는 글자

ㄱ	甲 江 介 決 庚 京 桂 系 鑛 龜 國 貴 極 錦 今 吉
ㄴ	男 女
ㄷ	大 代 桃 冬 童
ㄹ	樂 蘭 良 蓮 烈 禮 了 龍 留
ㅁ	馬 萬 滿 末 梅 明 命 武 默 文 美 未
ㅂ	法 丙 柄 秉 寶 福 峰 鳳 富 分 粉 不
ㅅ	四 絲 山 上 霜 生 石 仙 雪 星 笑 松 秀 索 淑 順 勝 新 辛 實
ㅇ	岩 愛 英 泳 榮 玉 完 外 隅 雲 雄 元 遠 月 銀 義 二 日 一 任
ㅈ	長 宰 栽 裁 貞 晶 宗 竹 中 地 眞 進
ㅊ	昌 天 千 川 鐵 淸 初 秋 春 忠 七
ㅋ	快

<table>
<tr><td>ㅌ</td><td>兌 泰</td></tr>
<tr><td>ㅍ</td><td>八 平 癈 豊</td></tr>
<tr><td>ㅎ</td><td>夏 鶴 海 幸 香 虎 好 紅 花 輝 喜 姬
憙 嬉</td></tr>
</table>

　이상의 글자들은 뜻이 너무 세거나 가득 차서 넘치고 나무나 짐승글자거나 땅(사람)이 수용하기 벅찬 내용의 글자들이라 하여 대개 삼가해왔다.

　이 외에도 다른 글자들이 더 포함될 수 있기는 하나 나머지는 작명자의 판단에 맡기기로 한다.

8. 우리말 이름

결론부터 얘기하자면 '같은 이름'이 너무 많다는 것이 흠이다. 예컨대 '아름이' '보람이' 등 부르기 좋고 아름다워 보이는 이 이름은 동네마다 한둘씩은 반드시 있을 만큼 너도 나도 붙였기 때문이다.

어떤 것은 성씨와 어울리지 않아 어색하다든가 나아가서는 성씨와 결부시켜 흔한 단어를 찾다 보니 그 내용이 지극히 부정적인 뜻으로 고착되는 경향도 있어 두루 참작할 필요가 있다 하겠다.

또 한 가지 미리 참고삼아 얘기할 것은, 필자가 예전에 어떤 〈인명사전〉 만드는 일에 참여했던 경험으로는 '같은 이름에 두 사람 이상이 우뚝하게 되는 경우가 거의 없더라'는 것이다.

예컨대 '박정희' '이미자'는 그 한 사람으로 끝나더라는 얘기다. 말하자면 포도 농사로 수지 맞은 농부가 있다고 자기도 포도나무를 사다가 과수원을 만드는 것은 재고해볼 필요가 있다는 뜻과 같다.

또 하나는, 이름의 장본인이 활동하게 되는 시점이 언제냐 하는 것을 참고할 필요가 있지 않나 하는 것이다.

가령, 일제 때 너도 나도 '영자·순자·미자·정자'로 이름을 짓는 경향으로 50~70년대까지만 해도 이 이름이 너무 흔했다.

그러니 '독특한 이름'이 될 수 없고 구분이 안 되어, 초등학교(당시는 국민학교) 한반 내에도 같은 이름이 수두룩했었다.

그런 중에도 상식을 뒤바꿔 '자옥(옥자의 반대)'이라고 한 예는 아주 독특하다.

'영희·순희·정희'가 흔하던 시절에 '희은(은희의 반대)'이라고 지은 이름 역시, 별 수고 없이 선명하다 아니할 수가 없겠다.

이런 만큼, 앞으로 10년~20년이 지나는 2천년대 초에는 '아름이, 보람이'가 너무 많을 것 같다는 얘기다.

그러므로 한글 이름을 짓되 독특하게 지어야 할 줄 안다.

남자 아이의 경우 '마루(우뚝하다는 뜻)'라든가 '바우(단단하다는 뜻)' 등의 이름은 이제 식상하기 쉬우리라 예견되고 나아가서는 장차 그 아이들이 장성한 뒤에 너무 흔하다고 '개명' 의사를 표하게 된다면 이는 작명에 실패한 경우라고 말하지 않을 수 없다.

이렇게 미리 참고해둘 점을 열거해두면서 내용이 괜찮고 한글이 이름에 무난할 듯싶은 단어들을 몇 개씩 예시해둔다.

단, 작명자의 역량에 따라 얼마든지 변용 내지는 발전적 창작정신을 발휘할 수도 있고, 그로 인해 '독특한 이름'으로 작명할 수도 있다는 전제를 미리 밝혀두고서 말이다.

●우리말 이름 참고사전

[ㄱ] [ㄲ]

가꾸미 · 가늠 · 가드기 · 가람 · 가리온 · 가멸 · 가장 · 갈메 ·
갈내 · 감투 · 갖추미 · 겨레 · 고니 · 고루 · 고요미 · 고운 ·
고을 · 고임 · 구슬 · 그루 · 그리미 · 기둥 · 기쁨 · 까투리 ·
꽃내 · 꽃님 · 꽃다지 · 꽃들 · 꽃뜰 · 꽃별 · 꽃비 · 꽃새 ·
꽃수레 · 꽃여울 · 꽃초롱

[ㄴ]

나라 · 나래 · 나루 · 나리 · 나무 · 나미 · 나비 · 나우 · 나은 ·
내내 · 너른 · 노들 · 노상 · 노을 · 누리 · 누림 · 눈뫼 · 눈솔 ·
눈재 · 느티 · 늘봄 · 늘새

[ㄷ] [ㄸ]

다니미 · 다다 · 다래 · 다롱 · 다봄 · 다사랑 · 다솜 · 다우미 ·
단단 · 단비 · 달나라 · 달내 · 달님 · 달래 · 달샘 · 대솔 · 더미 ·
덩굴 · 도란 · 도움 · 돌뫼 · 돌샘 · 동글 · 동마루 · 동실 · 두레 ·
두루 · 두메 · 둥실 · 둥지 · 들메 · 따숨 · 떨기

[ㄹ]

라라 · 로와 · 리나 · 리라 · 리리

$$\boxed{\square}$$

마냥 · 마당 · 마디 · 마루 · 마슬 · 마을 · 마음 · 망울 · 맵시 ·
머루 · 머리 · 메아리 · 모두 · 모듬 · 모란 · 모래 · 모아 · 무늬 ·
무던 · 무력 · 무리 · 무쇠 · 무지개 · 물결 · 물보라 · 미듬이 ·
미루 · 미리내 · 밀알

$$\boxed{\text{ㅂ}}\ \boxed{\text{ㅃ}}$$

바다 · 바로 · 바름 · 바리 · 바우 · 바위 · 박달 · 반디 · 밝으미 ·
방그레 · 방글 · 방실 · 방울 · 버들 · 벙글 · 벼리 · 별 · 별나라 ·
별내 · 별님 · 별보리 · 보다 · 보단 · 보드레 · 보들 · 보라 ·
보라미 · 보람 · 보름 · 보리 · 보배 · 보송 · 보슬 · 봄나라 ·
봄나리 · 봄내 · 봄뫼 · 봄비 · 봄새 · 봉오리 · 봉우리 · 부들 ·
부럼 · 부름 · 비도리 · 비치 · 빛나리 · 빛누리 · 빠르니 · 뻐꾹 ·
뿌리

$$\boxed{\text{ㅅ}}\ \boxed{\text{ㅆ}}$$

사달 · 사랑 · 사래 · 사리 · 사슬 · 산나리 · 산돌 · 산마루 ·
산말 · 산새 · 산여울 · 산울 · 상그레 · 새구슬 · 새나라 ·
새누리 · 새님 · 새달 · 새로니 · 새롬이 · 새마루 · 새마을 ·
새마음 · 새말 · 새물 · 새미 · 새벽 · 새봄 · 새솜 · 새실 · 새싹 ·
새아미 · 새암 · 새잎 · 새터 · 새하얀 · 새한솔 · 새해 · 샘나라 ·
샘바우 · 샘터 · 샛별 · 서울 · 세라 · 세찬 · 소담 · 소라 · 소리 ·
솔개 · 솔마루 · 솔비 · 솔새 · 솔샘 · 솔솔 · 솔잎 · 송이 · 수레 ·

수련 · 슬기 · 시내 · 실버들 · 싱글 · 싸리 · 씨알 · 씨앗

ㅇ

아가 · 아담 · 아람 · 아롱 · 아름 · 아침 · 알뜰 · 알심 · 알참 ·
양지 · 어리 · 엄지 · 여름이 · 여울 · 열림 · 열매 · 예님 · 예삐 ·
예솔 · 예슬 · 오동 · 오디 · 온길 · 온달 · 옹달 · 우람 · 우리 ·
우슴 · 윤나 · 으뜸 · 은구슬 · 은나라 · 은누리 · 은별 · 은보라 ·
은빛 · 은샘 · 은여울 · 이룬 · 이룸이 · 이보담 · 이쁜 · 이삭 ·
이슬 · 잎새

ㅈ ㅉ

자람 · 자랑 · 잔디 · 잔모래 · 장한 · 재롱 · 재마루 · 재바우 ·
정다운 · 제길 · 조롱 · 주리 · 줄기 · 진달래 · 짱아

ㅊ

차돌 · 착한 · 찬들 · 찬뫼 · 찬샘 · 찬돌 · 찰랑 · 참마루 · 참솔 ·
참한 · 첫찌 · 초롱

ㅋ

캔이 · 크심 · 큰길 · 큰달 · 큰돌 · 큰들 · 큰마루 · 큰별 · 큰솔 ·
큰이 · 큰재 · 키움이

| ㅌ |

타고나 · 터전 · 토시 · 튼내 · 튼튼

| ㅍ |

파란 · 파랑 · 파랑솔 · 포근 · 포기 · 푸른 · 푸른뫼 · 푸른들 ·
푸른별 · 푸른솔 · 풀비 · 풀잎 · 피리

| ㅎ |

하나 · 하늘 · 하늬 · 하루 · 하얀 · 한겨레 · 한결 · 한그루 ·
한길 · 한내 · 한누리 · 한님 · 한마음 · 한말 · 한맘 · 한뫼 ·
한바우 · 한별 · 한보람 · 한봄 · 한빛 · 한새 · 한샘 · 한섬 ·
한솔 · 한송이 · 한알 · 한얼 · 한올 · 한우물 · 한울 · 한재 ·
한줄 · 함박 · 해나라 · 해누리 · 해님 · 해달 · 해마루 ·
해바라기 · 햇살 · 횃불 · 힘찬

9. 실제의 작명연습

한글 이름 짓기(발음오행)

여러 가지 구구한 학설이 많으나, 궁·상·각·치·우 (宮·商·角·徵·羽 = 牙·舌·唇·齒·喉) 오음에 따른 오행의 배치가 이름에 적용되고 있음은 주지의 사실이다.

그러나 발음상의 오행이 잘 어울린다 하여 좋은 이름이라고만 할 수는 없을 것이다.

김 개 똥

이 이름을 볼 때 '木 = 김' '木 = 개' '火 = 똥' 이다. 또 같은 한글 안에서도 받침이 있는 경우는 '김'의 '기 = ㄱ'을 주목(主木) '김'의 받침 'ㅁ'을 종수(縱 水)라고 하는 이도 있는데, 이 경우는 주·종음(主縱音)을 이어나갈 경우 'ㄱ + ㅁ(김) + ㄱ

(개)+ㄸ+ㅇ(똥)'이어서 '木水木火土'가 된다.

앞에서 말한 '木＝김' '木＝개' '火＝똥'이 됐거나 뒤에서 말한 '木水(김) → 木(개) → 火土(똥)'이 됐거나 아주 연결 상생이 화려한 배합이 아닐 수 없다.

물론 이 책에서는 앞에서 말한 '木＋木＋火'의 이론을 수용하고 있음이다. 그러나 이 이름을 결코 좋은 이름이라 할 사람은 없을 것이다.

만일 누군가의 자녀가 이런 이름표를 달고 초등학교나 유치원에 갔다면 한 시간도 못 돼서 그날로 당장 울며 돌아올 것이 뻔하기 때문이다.

아이들의 놀림감이 되기에 딱 좋은 이름이기 때문이다.

그래서 이름을 지을 땐 반드시 발음에 이어 내용〔뜻〕이나 단어가 안고 있는 뉘앙스와 사회 통념적 분위기도 생각해볼 필요가 있는 것이다.

어디서나 참고하기 좋도록 또 한번 예시하거니와 발음〔소리〕 오행의 기본 개념은 다음과 같다.

발 음	ㄱ, ㄲ, ㅋ	ㄴ, ㄷ, ㄹ, ㅌ	ㅇ, ㅎ	ㅅ, ㅈ, ㅊ	ㅁ, ㅂ, ㅍ
오 행	木	火	土	金	水

이런 기본 상식을 놓고 보면 아무리 한자로 된 이름이라도 그 오행배합과 좋고 나쁨이 한눈에 보일 것이다.

알려진 이름 중 발음오행〔天·地·人〕 세 글자의 배열이 좋은 경우를 보자.

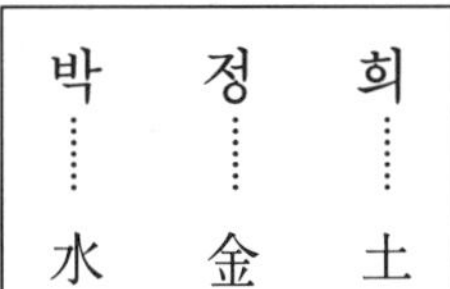

이 두 경우 중 '김건모'는 '木 → 木 → 水'의 상생 순리를 따른 이름이고 '박정희'는 '水 ← 金 ← 土'의 오행으로 순서가 바뀌어 있다. 이렇게 순서가 바뀌었기에 상생의 이치로는 '역금'이라 하나 조화가 어긋난 것은 아니어서, 양쪽이 다 무방한 방법이라 하겠다.

그러나 '김건모'의 경우는 글자가 바뀌어 '김모건'(木 水 木)이라고 써도 오행 순리는 여전히 좋으나, '박희정'(水 土 金)으로 쓰면 오행이 뒤섞여 아주 나쁘게 된다. '水와 土'가 역행이기 때문이다.

이런 가정〔발음:소리오행〕하에 우리말 단어, 또는 한자를 고르는 것이 무난한 작명법이다.

예 : 강 벗 새 = 木 → 水 → 金(상생)
　　 이 눈 내 = 土 ← 火 ← 火(상생)

한자 이름 짓기(획수오행)

한자에서 획수 계산법은, 부수의 획수를 따진 뒤에 나머지 획

수를 더한다는 점을 다시 한번 강조한다. 〔예 : 道 = 走 + 首 =
16획〕.

그러므로 잘못 계산한 나머지 엉뚱한 이름이 되지 않도록 글자
를 잘 확인해야 한다.

그리고 이름에 쓰는 글자들은 전래적으로 짐승〔虎 · 豹 · 龍 ·
牛 · 豚 등〕이나 파충류〔龜 · 蛇 등〕, 곤충이름, 물고기 이름과 천
지에 관한 것, 그리고 길하지 않은 새나 사람의 신체 등에 관련한
글자 및 뜻이 나쁜 글자〔凶 · 亡 · 死 등〕들은 쓰지 않도록 주의해
왔음을 상기할 필요가 있다.

수리가 좋다 하여 이런 글자를 함부로 쓴다든지, 억지로 엮어
선 곤란하다.

좋은 이름의 예를 하나 들어보자.

李　　殷　　相

〈참고〉

수 리	1 · 2	3 · 4	5 · 6	7 · 8	9 · 10
오 행	木	火	土	金	水

※ 11 · 21은 1, 12 · 22는 2

이 경우는 우선 발음이 '이은상'이기에 '土 → 土 → 金'으로
상생하고 있으며 '끊어진 것이라 하더라도 이어놓는 상'이란 이
미지로 다가온다.

그리고 수리오행으로서는 7+10+9가 되어 金(7) → 金(17) → 水(19)가 되므로 역시 상생이다. 짝수·홀수 배열도 잘된 경우라 하겠다.

이분이 바로 〈가고파〉〈성불사의 밤〉〈장안사〉〈금강에 살으리랏다〉〈사우〉 등의 노래로 잘 알려진 시조시인 노산 선생이다.

또 한 사람의 경우를 보자.

梁　柱　東

이 경우는 내용이 좋다. '동방의 들보가 되는 기둥'이라는 풀이가 된다.

오행으로는 '11·9·8' 획수이므로 '木(11) → 水(10) → 金(17)'이 된다. 배치가 좋다. 계속적으로 전진 배치된 경우기 때문이다〔木生水, 水生金〕.

그러나 발음〔소리〕 문제가 하나 있다.

양(土) — 주(金)·동(火) … 뒤의 金과 火가 부딪친다.

그러나 이만큼 잘 된 이름도 드물다. 이름 풀이와는 좀 동떨어진 얘기지만, '식목일' TV프로에 출연한 이분이 "나는 선천적으로 나무하고 인연을 못 끊을 사람인데 어찌 나무를 안 심겠는가?" 하면서 "내 이름자부터가 모두 나무 글자인데 말야……"해서 좌중을 웃게 했었다.

또 어느 프로에서는, 진행자가 "선생님을 '한국의 국보'라고들 그러지만서도 말씀까지도 잘 하시니 박학다식에 달변이신지라 더 드릴 말씀이 없습니다." 하고 예찬하매, 그는 허허 웃고 나서 "그래서 내가 '양 주둥이' 아닌가? 입이 두 개란 뜻이니 꽤 지껄이게 되는 팔자 아니겠어?" 했다.

그리고 어떤 때 술 이야기가 나왔는데, "선생님은 약주를 즐겨 하신다구요?" 하고 묻자 "제 선친께서 아마 '양줏동이나 먹으라'고 이름을 이렇게 지으셨나 보오." 해서 또 웃겼다.

스스로 말한 이름 풀이(?)다.

아무튼 글자와 내용이 좋으면 그야말로 금상첨화가 아닐까 싶다.

丁　一　權

수리오행과 글자의 뜻이 참 좋다.

앞에서도 예로 들었지만, 아주 잘된 극상의 이름은 '성자보다 이름 첫자의 획수가 작고 이름 끝자는 성자보다 획수가 많은 조합'이다. 이 이름은 더할 나위가 없이 뛰어난 이름이다.

누군가가 이분에 대해 이렇게 쓴 기사가 있었다.

— 대통령 말고는 다 해본 사람

이름은 이토록 중요한 것이다.

이제, 위에서 열거한 공식에 따라 스스로 이름을 지어보고, 그 수리오행과 발음오행을 자료로 하여 〈제2장 수리와 오행〉 해설에 비추어보자.

앞의 글들을 읽고 체득했다면 누구나 몇 번 연습하지 않아 곧 아마추어의 자리를 벗어나리라 믿는다.

10. 통계학 이론

오행 이론에는 과거를 중시하는 '통계적 결론'과 미래를 예측하는 '유추적 예단'이 있다.

'온고이지신(溫故而知新)'이란 말이 여기서도 중요한 것은, '과거를 알면 미래가 보인다'는 것이다. 물론 오행의 배합과 수리의 상생이 잘 맞아야 확실하게 굵은 열매를 맺게 된다. 아무튼 이름에 관한 '작명학'을 일반적으로 '통계학'이라 하는 바, 왜 그러한지는 꼭 단언할 수 없다 하더라도 대체로 그러했다는 통계적 결과만으로 흡족해하기로 하고 그 대략을 알아보기로 한다.

※ 이 수가 어느 위치에 들어 있는가를 참고하면 개선노력에 도움이 되리라 싶다.

초 년	중 년	사회·가징·사업	진세〔말넌〕
이름 두자수	성과 이름 첫자수	성과 이름 끝자수	모든 글자의 합

A. 성격 · 인품에 관련된 통계

* 외유내강 ⋯ 12 14 22 32 48 64
* 고집 · 독선 ⋯ 17 18 25 27 47
* 욕심 · 변덕 ⋯ 2 12 22 42 48
* 이성탐닉 ⋯ 4 12 14 15 16 24 26 28 37 45
* 폭음 · 폭식 ⋯ 11 21 22 23 24 27 31 32 33 37 42 43 52 62 68

B. 행동과 사고에 관련된 통계

* 과감성과 담력 ⋯ 36 40 25 31
* 의협심 · 투지 · 정의감 ⋯ 7 8 17 18 21 23 26 33 36 39 41 47
* 과단 · 성급 ⋯ 17 23 27 30 33 39 40 52
* 외강내유 ⋯ 7 8 17 18
* 우유부단 · 의지박약 ⋯ 4 12 14 21 22 24 31 56
* 이성 · 예지 · 의지력 ⋯ 3 7 8 11 13 17 18 21 23 24 25 29 31 33 35 37 38 39 41 42 45 47 48 52 63 68
* 자만 · 투기 ⋯ 1 17 18 25 27 30 40 52
* 고집 · 괴벽 ⋯ 2 12 17 18 22 25 27 37 42 47

C. 직업 · 재능에 관련된 통계

* 문예적 기질 … 13 14 24 25 26 29 33 35 36 38 42 68
* 학자적 기질 … 3 12 21 23 24 25 29 31 33 35 38 39 45
  48 63 67 68
* 감상적 기질 … 35 38 42
* 결단력 · 실천 기질 … 7 8 11 17 18 21 23 32 37 41 47 48
* 오너적 기질 … 3 16 21 23 26 29 31 33 36 39

D. 건강 · 질병에 관련된 통계

* 기본적 허약체질 … 2 4 9 10 12 14 19 20 22 26 30 34
  36 40 42 44 46 54 55 60 69 70 80
* 전염병 · 심폐 허약 … 7 8 12 17 18 20
* 부상 · 재난 빈도 … 2 4 9 10 14 19 20 22 26 28 34 40
  44 54 60 69 70 80

E. 가정 · 부부생활에 대한 통계

* 결혼운세 취약 … 9 10 18 19 20 26 28 30 34 76
* 재혼 · 초혼 실패 … 5 6 15 16 21 32 33 39 41
* 늦결혼 … 9 10 12 19 20 22 26 28 30 34 35 38 43 76
* 충돌 · 이산 확률 … 4 9 10 12 18 22 26 27 28 30 33 34
  36 42 43 54 60

* 늦자식 · 불화 빈도 ⋯ 8 9 10 14 19 20 22 26 28 30 34
69 76

F. 재산 · 명예에 관련된 통계

* 선천적 발전 ⋯ 13 31 37 48 52 57 67 81
* 협조적 발전 ⋯ 3 5 6 7 8 15 16 17 24 32 35 39 41
45 47 58
* 노력적 풍요 ⋯ 15 16 24 41 52
* 자수성가형 ⋯ 3 5 6 11 13 15 16 24 31 32 33 35
* 후천적 결손 ⋯ 2 4 9 10 12 14 19 20 22 26 27 36 40
50
* 명예 · 복록겸비 ⋯ 8 16 17 18 24 29 33 45 51 52 53 67
68 74 81

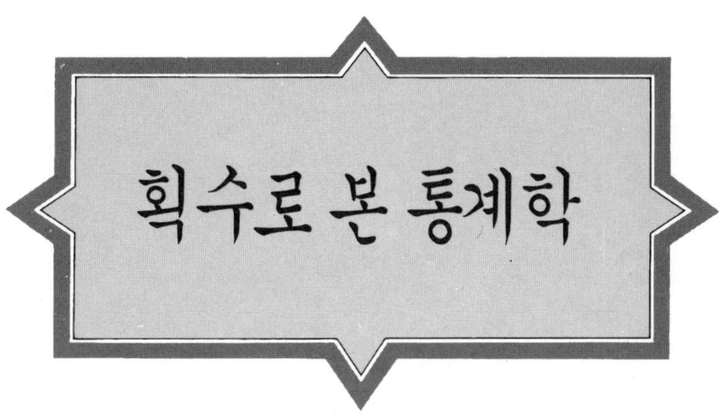

획수로 본 통계학

획수로 본 통계학

성명(작명)학에서는 '음성오행'과 '수리오행'을 중요하게 여긴다.

예컨대 '홍(土) · 길(木) · 동(火)'은 음성오행이고, '洪(10) · 吉(6) · 童(12)'이 곧 수리오행이다. 그런데 '작명학'에서는 이 10 · 6 · 12의 고유숫자에 의미를 두기보다는 상호 조합의 결수를 중시하는 것이 특징이다.

말하자면 다음과 같다.

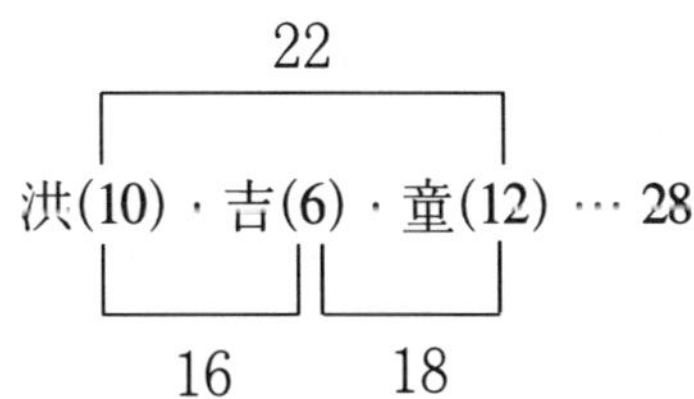

여기서 '18'이란 숫자는 〈元(원)〉, '16'이란 숫자는 〈亨(형)〉, '22'라는 숫자는 〈利(리)〉, 그리고 '28'이란 숫자는 〈貞(정)〉에 해당한다.

비슷한 다른 말로 표현한다면 '元=起', '亨=承', '利=轉', '貞=結'과 흡사하기도 하나 꼭 그런 것만은 아니다.

하지만 '18(元)'은 초년(약 16~18세), '16(亨)'은 중년, '22(利)'는 사회성 내지는 가정·직장·진로 문제, '28(貞)'은 전체적 총운을 의미한다.

여기서 이 수리를 바탕으로 오행을 뽑으면 다음과 같다('원·형·리·정' 어떤 위치의 수에도 내용은 동일).

洪(10) … 水
洪(10)＋吉(6)＝16 … 土
吉(6)＋童(12)＝18 … 金

이 원칙은 다음의 표에 의한다.

오행	木	火	土	金	水
발음	ㄱ·ㄲ·ㅋ	ㄴ·ㄷ·ㄹ·ㅌ	ㅇ·ㅎ	ㅅ·ㅈ·ㅊ	ㅁ·ㅂ·ㅍ
획수	1 — 2	3 — 4	5 — 6	7 — 8	9 — 10

●11획은 1로 환산〔30획의 경우는 10〕

※획수분석표를 읽기 전에

제목 밑에 달아둔 설명은 통계적인 적성과 발전할 수 있는 직업, 직종을 예로 들어둔 것이므로 참고하기를 바란다.

닻을 올린 배

정치 · 발명 · 대인관계

만물의 시작을 뜻한다. 그러나 실제 이름에서의 한 획은 없다. 외따로 글자 하나만 따지는 예는 극히 드물기 때문이다. 81의 숫자와 일맥 상통한다.

태극괘에서는 삼라만상이 열리는 형국이라고 갈파했다. 이것은 누군가가 만들어놓은 좌표 위에 무엇을 덧붙이거나 이어간다는 뜻이 아니라, 오히려 무에서 유를 창조해낸다는 의미를 지니는 것이다.

그러기에 투지와 노력이 요구되고, 또 그만큼 발전의 이득과 영예를 누리게도 된다는 뜻이다. 이를테면 개척자적인 입장이다.

봄이요, 동녘이요, 새싹이며 출발선이다.

닻을 올리고 신끈을 조여라. 한번 얻은 것이 이유 없이 새나가지는 않는다.

화살을 일단 당겼으면 놓아야 한다. 과녁은 저 맞은편에 있는 것이다. 결과에 연연하여 너무 초조해하지 말자.

어드바이스

늘 밝은 옷을 입고, 필요 이상으로 친절한 사람을 경계할 필요가 있다.

가슴을 열라

목축 · 농업 · 기술직

숫자적으로 우유부단 내지는 논쟁 · 불화 등을 뜻하며 고독이 내포돼 있다. 융화와 결단력, 그리고 상대방을 이해하고 포용하는 자세가 필요하다.

둘은 본시 각자의 '하나'가 모여 어깨만 기대고 있는 상태이다. 처음부터 한 뿌리에서 난 것이 아니며 형태도 성질도 각기 다른 입장이기에 언젠가는 따로 나뉘어지게 마련이다.

가정적으로나 사회적으로, 즉 부모나 형제, 부부 등 육친간에 불화가 생겨 등지게 되거나 생이별을 할 수도 있으며 회사 동료나 동업자, 친구간에 의견이 맞지 않아 자주 다투거나 투자한 것까지 떼이고 마는 입장에 놓일 수가 있다.

둘은 또한 하나의 객체가 한데 모여서 하나를 이뤘다는 뜻에서 독립심 내지는 독립성이 결여된 상태라고도 볼 수 있다.

어드바이스 ————————————

자기 주관 없이 남의 말을 듣다가는 타의에 의해 흔들릴 수 있다.

기쁨이어라

정치 · 사업 · 군인

선천적으로 부귀영달을 안고 있다는 숫자이다.

지혜가 남다르고 처세도 잘한다. 자신의 노력과 여건의 합일로 득세하며 자손에게도 영화를 끼친다.

옛날의 솥(특히 전쟁터의 무쇠솥)은 발이 세 개가 달려 있어 그 밑에다 불을 때게 돼 있었다. '정족수'라는 말도 여기서 생긴 것으로 즉 안정된 숫자라는 개념이다.

발이 세 개라면 어느 쪽으로도 기울어지지 않는다는 의미로, 기반이 단단하다는 뜻이 내포돼 있다.

이는 너그럽고 원만하여 치우치지 않는 삶을 살게 되리라는 해석을 뒷받침해주는 숫자이기도 하다.

생각과 자세, 사물을 대하는 사고마저도 원만하게 대처하고 적용하라. 그러나 노력하는 자세도 게을리 하지 말아야 한다.

짐짓 우물쭈물하지 말고 넓은 지혜를 빌려 현실적인 벽을 뚫고 나갈 것.

4
획수분석

다시 점검을

축산 · 임업 · 농가공 · 발명

독선적이기 쉽고 한쪽으로 기운 논조나 사상을 소유하는 경향이 있다. 끈질기지 못해 중도에 돌아선다든지 의지박약으로 마지막 칸을 메우지 못하는 경우가 많으나, 용모가 준수한 편이다.

둘이 두 번 겹치면 넷이다. 둘의 수를 분해 · 설명한 난에서도 볼 수 있듯이 조화가 불합리하다는 뜻이 있다.

사람은 누구나 같은 형태의 사지 백체를 거느려 육신을 이루고 있으나, 행동이나 사상 연륜과 신조 등 다양한 내면을 동시에 지니고 있어 똑같을 수가 없는 법이다. 남이 나 같지 않다고 쉽게 비판에 열을 올리거나 급격히 화내는 일은 화합에 아무런 이득을 주지 못한다.

또 세상을 무조건 불신한다든지, 서투른 이론으로 기운 나머지 혼자 돌아앉아 오불관언(吾不關焉)한다면 결과적으로 자기만 외로운 법이고 나아가 그만큼 시간만 낭비하는 셈이다.

일반적으로 건강이 좋지 않고 병이 잘 도진다는 점에 스스로 유의 · 조절할 것.

차분한 전진

교육 · 학자 · 연구사업

성격도 원만하고 행동이 신중하여 주위 사람에게서 신뢰감을 얻게 된다. 재산도 늘게 되고 명예도 얻게 되나 이성을 삼가할 필요가 있다. 평지 풍파를 일으킬 수 있기 때문이다.

이 수를 '중용의 숫자'라고도 하는데, 이는 동서남북을 거느린 가운데 숫자라는 뜻에서이다. 말하자면 중추적인 입장이요, 한복판이라는 핵심공간을 의미하기도 한다.

다섯 모의 별을 그렸다고 가정해볼 때 그 가운데의 영토라고 할 수 있다. 그러기에 지나치거나 모자라지 않고 야위거나 비뚤지 않다는 말이다.

항상 마음을 닦으며 우유부단함을 버리고 나아가되 주위의 동료를 해치지 말아야 한다.

빗속에 자라는 풀잎처럼, 소리 없는 가운데 진취 성장할 것이다.

어드바이스

큰 일을 맡을수록 전체의 이익과 명분에 충실한 것이 지름길로 가는 슬기다.

앞뒤를 살피라

예술 · 철학 · 종교 · 학자 · 발명

항상 자신을 돌아보면서 전진해야 할 것이다. 한때 승하고 한때 쇠할 수 있기 때문이다. 추진력이 있어 사회 · 정치적 여건에서 발전이 크다.

6이란 수를 '계성(繼成)'이라 부르기도 하는데 이는 6이 1을 계승한다고 보기 때문이다. 부모에게 재산이 있다면 재산을, 명예가 있다면 명예를 이어받아 발전시킨다는 의미다.

그러나 자칫, 지나치게 수동적이거나 의지가 박약하게 되면 물려받는 자체에만 안주하여 노력을 게을리 할 수가 있다.

그런 면에서는 창조적인 입장이라기보다 오히려 남이 닦아놓은 터에 기름칠을 더하여 윤을 내는 역할이라고 할 것이다.

사업이나 직위, 전토나 가업에 있어서도 마찬가지라 하겠다. 다만 이성에 지나치게 끌리는 점을 스스로 조심해야 한다.

어드바이스

재물이 들어올 때 의를 생각해야 그 재물로 인한 화를 면할 것이다.

어둠 속의 촛불

경찰·군인 등 통수체계

남과 겨루거나 대항하기보다는 포용하면서 자기의 길을 열어 가야 안전하다. 고집과 주관은 다르기 때문이다. 과민한 성격 또한 승부욕이 지나친 결과이므로 까다로운 면을 갈고 닦으라.

의지가 굳고 무슨 일에 부닥쳤을 때 과단성 있게 밀어붙이는 추진력으로 하여 항상 동료들의 선두에 서 있게 된다.

그러나 안하무인적인 행동은 절대 금물이다. 돌파력이 강한 만큼 지나치게 독립적이어서 포용력이 약할 수 있기 때문이다.

그러기에 처음부터 동업이나 공동운영 등에는 맞지 않는 성격이다. 자기 주장이 너무 강해 동료간 불화 내지는 분쟁을 일으키기 쉽기 때문이다.

만약 여성의 경우라면 가정적으로 고립되거나 잘 나가다가도 홀로 남게 되는 처지가 되기 쉽다. 고분고분하지 못하기 때문이다.

어드바이스

누구보다도 가정적인 화목과 친척간의 융화에 힘써야 외톨이가 안 된다.

신중한 승리자

정치 · 발명 · 대인관계

현실과 조화를 이루는 가운데 차분하게 전진하는 성격으로 무장해야 좋다. 투지가 과격하다 보면 이상과 현실, 남과 나 사이에서 좌절하거나 고통을 겪을 수 있다.

8이란 수를 개물격(開物格)이라고 부르는데, 이는 인내력과 동시에 추진력이 강하여 사물과 이치에 통달하고 그를 깨쳐나간다는 의미다.

그러나 자기 의지가 너무 강하고 완고해서 한번 정한 원칙에서 벗어나는 것을 싫어하거나 일단 습관화된 학설이나 이론에 굳게 머물러 남의 의견을 무시한다든지 포용하지 못하는 완고함 때문에 일을 그르치거나 달성 단계에서 무산시킬 수 있다.

다만, 아무리 어려운 난관에 봉착하게 되더라도 끈질기게 몰아붙여 그 벽을 뚫고 나가는 노력성으로 큰 일을 해낼 수 있다는 장점이 있다.

어드바이스

이름 안에 이 획수가 겹치지 않는 게 좋다. 큰 부상, 대수술이 암시된다.

서두르지 말자

농목축 · 기술가공

타고난 두뇌와 재주가 비상한 편이고 성격 또한 적극성을 띠는 편이나 부모나 자식, 사고와 질병 문제로 뒤틀리는 경우가 적지 않은 형이다.

계획을 세워 잘 추진하던 일도 왠지 중도에 걸림돌과 이설이 개재되어 마무리가 잘 안 되거나 급기야는 이삭을 거두지 못하는가 하면 지구력이나 끈기가 부족하여 한시절의 높은 광영도 일전 직하의 벼랑으로 떨어질 수 있다.

이름 안에 있는 이 수치가 나란히 거동되거나 10수와 병행했을 때는 더욱 불리하더라는 통계가 있다.

즉 불구 · 단명 · 이별이나 사별 등이 원하지 않게 있을 수 있다. 거기에다 오행의 연결이 잘 이뤄지지 않았을 경우는 세상을 놀라게 할 성공을 이룬 후에도 폭풍우에 휩쓸리기 십상이다.

어드바이스

결혼을 서두르지 말고 상대를 너무 몰아세우지 말 것.

 과욕은 금물

관광 · 유흥 · 서비스 · 임대

한 가지 아는 것으로 확대해석하여 전부를 아는 듯이 떠벌이지 말라. 고집이 주관인 듯 착각하는 것도 금물이며 상대방을 내 규격 안에 가두려 해서도 안 된다.

10이나 20 등 마감을 짓고 있는 이 수는 텅 비었다는 뜻과 함께 아무것도 없다는 암시를 지녔다. 그래서 '공허격'이라고도 한다.

총명하고 재주 있는 편이나 결과에 도달하기까지는 너무도 신고한 난관이 거듭되거나 스스로 지치게 되어 허망한 길에 홀로 남는 형국이다.

가정과 직장, 또는 사회 활동 및 관운에 있어서도 한번쯤은 깊은 구렁에 빠지거나 일단의 비운 내지는 곤욕을 치르고 나서 다시 새순을 틔우는 예가 많다.

9의 수에서처럼 이산과 단절의 경험을 갖기 쉽고 여성의 경우는 화류계에 처하거나 창기가 되는 고독수가 스며 있다.

어드바이스

질병이 자주 침노하니 과도한 망상보다는 건강관리에 유의할 것.

새로 뚫은 과녁

예술 · 정치 · 종교 · 학술

명랑하고 다정다감하여 주위에 사람이 들끓게 된다. 맏이격의 입장이라 남의 일까지 책임지는 형세가 된다. 그러나 결과가 좋으니 다 좋은 것이다.

1의 수에서 언급했던 대로 '또 하나의 출발'을 의미하므로 '신성격(新成格)'이라 부르기도 한다.

의지가 강하고 추진력도 있으며 달관한 예지로써 탐구하고 창조하는 근면성으로 부러졌던 가지에도 새싹을 틔우며 무너졌던 터전에도 새 주춧돌을 놓게 된다는 의미이다.

다만 새로 시작한다는 뜻과 밀어붙인다는 개념이 자칫 독단적이기 쉽다는 작은 흠이 있는 바 한 발자국 물러서서 돌아보고 널리 둘러보는 지혜까지 갖춘다면 처음의 계획보다 더 큰 일을 이루고 명예까지 누릴 수 있다.

어드바이스 ─────────────────

자손이 귀한 예가 적지 않으며 여의치 않으면 무리하지 말고 입양을 결단할 것.

내 안을 살피라

12 획수분석

체육 · 농목축업 · 기술가공

생각이 많고 의견이 풍부하나 가족의 연이 박한 편이고 자존심이 강하여 타협을 하지 않으려 하는 단점이 있다. 문학 · 예술 쪽에 뜻을 두는 경우가 많다.

12는 2의 수에서 언급한 바의 내용을 포함하고 있다고 보면 된다. 따라서 의지가 박하고 수동적이기 쉽다. 함께한다는 뜻의 '더불어' 사는 삶에 약하다는 뜻이다. 그러기에 새로운 일을 도모하고자 하면 여건이 무르익지 않았고, 여건이 어느 정도 숙성했다고 보아질 때는 자신의 문제나 동지의 배반으로 시작부터가 삐걱이거나 출발한 뒤에도 가슴을 찌르는 가시가 발생된다.

부모와 처자, 형제 또는 동아리나 동료와의 이산이나 질병 등으로 고독을 사거나 배우자의 덕이 희박하며 스산한 내면을 지니게 된다. 여성은 상대를 거슬려 불리하게 된다.

어드바이스

결혼상대를 조급하게 찾지 말고 지나치게 조르거나 압박하지 말 것.

자만하지 말고

기자 · 변호사 · 실업 · 정치 · 군경직 · 의사

창의적이고 명료한 성격으로서 친구가 많다. 참을성을 갖추고 과욕을 버린다면 어디서나 리더역을 지고 참신한 일을 해낼 수 있으며 인기도 누린다.

총명한데다 지모가 출중하여 매사에 패기 넘치는 시도로 자신감 있게 밀고 나간다.

사물의 이치와 일의 운용, 기회의 포착과 대처능력에 이지적이어서 자기 분야에서 우뚝한 면모를 보인다.

예능방면에도 뛰어난 기지를 발휘하게 되어 인기인 연예인으로서도 성공한 예가 적지 않다.

매사에 침착하고 도량이 넓은 바탕의 사람이라면 많은 사람을 거느리는 일에서도 가히 일가를 이룰 것이다.

이 경우는 여성에게도 좋은 면을 나타내 현모양처로서 화평하게 즐기며 일생을 살게 되며 자식에게서도 기쁨과 보람을 얻게 된다.

어드바이스

식사는 제때하고 주기적인 건강 체크로 질병을 빨리 치료할 것.

작은 것에 만족

예술문화 · 서비스 · 가공 · 중개업

예능 · 학술 등 다각적인 분야에 관심과 재능을 보이나 외골수의 고집이 흠이며 독단적인 행보로서 뜻하지 않은 적을 만들 수 있으니 느긋하고 폭넓게 포용하라.

이 14의 수는 4의 경우에서 열거한 일면을 포함하고 있다.

대다수의 해당자는 자신감이 결여된 듯한 인상을 보이며 내심 큰 일을 계획하면서도 선뜻 드러내 보이지를 않아 상대방으로 하여금 수수께끼의 인물 내지는 비밀이 많은 사람처럼 보이기 쉽다. 그래서 때론 남에게 은덕을 끼치고도 원망을 보상으로 받는 예가 없지 않다.

가정적으로도 쓸쓸한 기운이 돌아 사별 내지는 이별의 고통을 맛보게 되고 오행상의 배합까지 결여된 경우, 질병 · 단명 아니면 자식을 잃을 염려까지 내포돼 있다.

어드바이스

똑같은 옷과 언제나 비슷한 주장을 삼가해야 주위 사람이 떠나지 않는다.

안락의 미소

의사 · 학자 · 변호사 · 예술

온순한 성격에 평화적인 길을 선호하며 적을 만드는 일이 드물며 조심조심하되 상냥한 접촉으로 호감을 산다. 그러나 외유내강한 점이 한쪽으로 기울면 손해를 본다.

하지만 감정이 풍부한 바탕 위에 상대방의 말을 잘 들어주는 원만성과 세밀하게 살피는 안목을 지녀 주변에 사람이 많다.

타고난 가문이 좋았다면 자칫 무사안일 내지는 수동적인 습관을 기른 나머지 게으른 일면을 보일 수 있으나 대체적으로는 약삭빠르고 부지런하다.

재물과 전토를 늘여 나가는 재주도 있고 사람을 잘 거느리는 통솔력도 있어 자수성가하거나 있는 것에다 금자탑을 쌓는 역사를 창조해나갈 것이다.

여성의 경우라면 이지적이고 판단력이 강해서 남자를 이기려는 듯이 보이나 기본적으로는 현모양처형이다.

어드바이스 ————————————————————

몸으로 뛰는 일보다 두뇌와 지성으로 해결하는 직업을 가져야 발전이 크다.

기쁠수록 느긋이

교수 · 학자 · 문관 · 연구직

남에게 지기를 싫어하고 앞장 서는 일을 잘한다. 다정하고 원만한 편이나 자기 주장이 너무 강하다 보면 의외의 적을 만들 수도 있다. 중년 이후에 강한 운세다.

이 수를 '덕망격'이라 하거니와 타고난 인복도 있어 주변에 사람이 많이 몰린다. 그러나 이러한 일면을 잘못 이해하면 자기 인기에 자만하거나 판단을 그르쳐 오해를 살 수 있고 이성간에 지나친 유대를 다방면에 확대시켜 봉변을 당할 수도 있다.

매사가 순조롭다고 방심해서도 안 된다. 바쁜 중에도 돌아볼 사람은 돌아보고 적당한 선에서 경계할 상대는 경계하는 슬기도 때론 필요한 것이다.

재산과 관운 면에서도 강한 운세이고 화를 자초하는 일도 적다.

여성의 경우라면 현모양처형, 그러나 좀 우유부단한 나머지 결혼이 늦을 수도 있다.

어드바이스

본의 아니게 재혼을 하게 되는 경우, 사고방식도 바꿀 것.

돌을 깨는 주먹

통수체계 · 정치 · 실업 · 가공

의지가 굳세고 기백이 넘치나, 덕을 쌓는 일과 오래 참는 일에도 노력해야 남과 이웃의 오해를 사는 일이 적다. 자기만 옳다고 여기는 생각을 갖는다면 어리석은 일이다.

자부심이 강하고 추진력도 있어 남보기에는 평범해 보일지라도 뒤에 사람들을 놀라게 하는 업적을 이루거나, 별반 독특한 데가 없어 보이다가도 특출한 일을 이뤄내는 과단성이 있다.

반면에 더욱 갖추지 못하면 방자해 보이거나 남을 깔보는 버릇이 생겨 혼자서 공을 이루려는 독단성으로 내뻗기 쉽다.

강인한 정신력이 바탕을 이루더라도 대상에 따라 강력하게 또는 온건하게 처신함이 좋고 이성을 분별 없이 사귀지 말아야 화를 면한다.

통찰력이 뛰어나지만 필요에 따라 어리석은 척하는 것이 좋다. 고집을 주관인 줄 착각해서는 안 된다.

어드바이스

평화를 사랑하고 내 행복이 중요한 만큼 남의 행복에도 관심을 가져야 좋다.

빗방울로 바위 뚫기

사업 · 통수체계 · 기자 · 발명

학자적이고도 종교적이며 또한 혁명가적인 바탕을 깔고 있어서 남과의 어울림과 이별이 잦을 수 있다. 아무리 좋은 일, 자신 있는 길도 좌우를 일단 살핀 후에 진행하는 것이 좋겠다.

성격이 완고한 면에 치우쳐 있어, 자기 신념과 고집을 혼동함으로써 손해를 볼 수 있다.

그러나 끈질기게 노력하는 장점으로 인해 한번 시작한 일은 끝까지 밀고 나가는 저력이 있다.

비교적 남과 잘 어울리지만 색깔이 다른 사람을 경계하거나 그 주장을 무시해버려 성공의 크기를 줄일 수도 있으니 스스로 덕을 기르고 화합에 힘쓸 일이다.

작은 것에 비감해하지 않고 차근차근 키워나간다면 재벌 소리를 듣는 경지에 이를 수도 있다.

장애를 장애로 여기지 않는 추진력이 결국은 벗은 몸으로 출발했다 해도 비단옷을 입고 서게 한다.

어드바이스

작명할 때 같은 획수가 겹치지 않아야 하며 오행도 잘 갖추도록.

욕심을 버려라

유흥업 · 요식업 · 예능

　두뇌회전이 빠르고 명석하여 활동성도 강하나 예상치 않은 일로 중도에 파하거나 걸려 넘어지는 예가 흔하다. 상처받기 쉬운 성격이라 희비가 거듭 뒤바뀌기도 한다.

　이 경우 '고난격'이라 하는데, 이는 9의 수를 설명한 부분에서 중첩되는 일면이 있기 때문이다.

　소극적인 면이 지나치면 시작은 있으나 끝이 없는 세월 소모를 겪게 된다.

　20의 수에서도 비근한 예가 있지만 이 수가 이름에 거듭되거나 9 또는 10, 30의 수와 중복될 때는 가족의 인연은 물론, 횡액 · 조난 · 이별 · 불구 · 불치의 병 등으로 피해를 입을 수 있다는 통계가 우세하다.

　여성의 경우가 이와 같으면 홍등가에 머물 수도 있으나 아무튼 미모에다 매력을 겸비한 인물이 많다.

어드바이스

잘 웃고 화도 잘 내는 경향이 있다. 상대를 불안하게 하지 말도록.

나를 알자

기술가공 · 예능 · 매니저

호기심이 많고 투기심도 강해 한 곳에 정착하기보다는 계속 떠도는 인상을 준다. 재주도 많고 용모가 뛰어난 편인데 반하여 마음을 열 상대가 없는 경우가 많다.

그러나 현실성 없는 망상에 깊이 빠지거나 이를 거듭하다 보면 의지박약 내지는 우유부단해진다. 주저주저하는 버릇 때문에 생각만 앞질러 꽃피우다 허탈에 빠지기 쉽다.

남자라면 자기의 체력이나 용모 등 일반적이고도 평범한 것에 자신이 지나쳐 남의 경멸을 사거나 이지적인 분야에서 뒤떨어질 수가 있다.

무슨 일이든 시작 전에 잘 살피고 거드름을 피우거나 잘난 척하지 말고, 형세가 바쁘게 될수록 비관하지 말아야 시야가 트인다.

여성의 경우라면 19의 수와 비슷한 입장으로, 통이 크다는 칭찬은 들을지 몰라도 손이 헤프게 된다.

어드바이스

작은 일에 낙심하지 말고 초지일관하던 의지로써 어둠을 이길 것.

명궁의 어깨

회계사 · 카운슬러 · 학자 · 기사

한때 침체의 늪에 빠지거나 출발점이 극히 보잘것없다 해도 뛰어난 지략과 노력, 학덕 등으로 모래알을 굴려 성을 이루는 형이다. 영민한 두뇌와 끈기로 남을 제압한다.

이를 '수령격(首領格)'이라 하기도 하는데, 이는 투철한 의지와 풍부한 감성, 그리고 사물을 꿰뚫어 보는 본능적인 갈파력으로 남을 이기거나 앞장 서 나가기 때문이다.

따라서 초년에 곤궁하더라도 중말년에 상승하여 종내에는 우뚝한 자리에 서게 된다.

개척자적인 암시가 있어 새로 시작하거나 무너진 가문 · 사업을 개축하여 성공하는 예가 적지 않다.

대인관계가 좋은 편이나 모나지 않도록 주의를 더할 것이며 여성의 경우라면 상대방을 너무 조종하려고 하지 말아야 순한 복이 있다. 남편을 이기려는 형세요, 호주격인 암시 때문이다.

어드바이스

맞벌이를 하게 되더라도 우울해하지 말고 기쁜 마음으로 임할 것.

순리를 따르자

농목축업 · 기술직 · 중간관리직계

용모가 준수하고 미모가 뛰어나다. 재능과 두뇌도 우수하다. 그러나 생각지 않은 걸림돌에 걸리거나 한쪽으로 지나치게 치우친 나머지 괴이한 행동을 하기도 한다.

타고난 재주와 뛰어난 감수성으로 매사를 잘 파악하고 대처하는 편이나 어떤 원칙만 중요시하거나 반대로 법을 무시한 행동으로 생각지 않은 결과를 낳을 수 있다.

또 소극적이거나 일방적인 과단성으로 홀로 달려갈 수가 있고 자기 재주만 믿고 남을 깔보다 다칠 수도 있으니 주의할 일이다.

부모 자식 간 또는 형제간의 우의가 돈독치 못하거나 어려서부터 고단하고 외로운 길을 달려온 나머지 한쪽으로 기울어진 사고방식 내지는 필요 이상의 고집을 가질 수 있다.

이성관계를 조심하고 질병예방에 힘쓰며 올라가지 못할 나무는 연연하지 않는 게 좋다.

조난 · 횡액이 잦을 수도 있다는 암시가 있다.

어드바이스

복장이나 화장에 있어 너무 눈부시게 하지 말고 무난하게 지성미를 내보이도록.

너무 잘 나간다

건축 · 기획 · 생산가공

지나치다 할 만큼 적극적이고 활기에 넘치나, 자만하거나 너무 서두르면 가까운 사람이 적군으로 바뀔 수 있다. 자신감을 갖는 것은 좋으나 남을 깔보지 않아야 더 좋다.

이지가 발달하고 명랑하며 감성이 풍부하고 재빠른 행동으로 남보다 잘 적응하고 앞장 서 간다.

무너진 집을 일으켜 세운다든지, 기울어진 사업을 개조하여 성공시키는 추진력과 과단성이 있으며 무학의 처지에서도 스스로 노력하여 한 분야에 우뚝 서는 부러움도 살 수 있다. 하지만 백전백승이란 자신감이 지나치면 결정적인 상처를 받을 수도 있으니 너무 무리한 계획을 세우거나 너무 신속히 이루려고 서둘러서는 안 된다.

여성의 경우라면 자기 주장을 접을 줄 알아야 무난하며 남자의 기를 꺾으려 하다간 혼자 살게 된다.

어드바이스

좋은 취미를 가지는 게 휴식과 경제적인 이득에도 도움이 된다.

한 가지 재주만

발명 · 예술 · 정치 · 금융 · 리포터

남자에게도 여자에게도 무난한 수리다. 숨겨둔 기지와 온건한 성품, 그리고 날이 보이지 않는 지략으로 미천한 지경에서 출발했다 하더라도 다재다능한 기틀로 성공한다. 발명 · 예술 등 두루 승리가 예상된다.

이 수리를 '입신격'이라고도 하는 바 인물이 잘나고 준수하며 이지적이나 겸손이 지나쳐 소극적으로 흐르는 경향이 있다.

한때 고난스런 경우를 거칠 수도 있으나 자수성가하거나 동전을 모아 거부가 될 만큼 꾸준히 노력하여 빛을 보는 경우가 적지 않다.

처음에는 미약하고 시시한 견지에서 출발하더라도 덕을 바탕으로 한 사귐과 신뢰 속에서 소리없이 발전한다. 급사에서 출발하여 사장으로 점진하는 경우처럼 결국이 좋다.

여성의 경우라면 현모양처형이며 애교가 넘치는 순종형으로 가정의 평화를 이루는 기여자가 된다.

어드바이스

참모로 있거든 보스를 거스르지 말고 리더가 되거든 부하를 잘 돌보라.

지는 척 이긴다

실업 · 정치 · 예술 · 가공업

무에서 유를 창조해낸다고 할 만큼 투지와 실력을 겸비한 우수 지략가형이다. 화려하지만 내 생각 위주로만 추진하고 매듭을 짓는다면 동조자마저 잃을 수 있으니 원만하도록 노력해야 한다.

예민한 감성과 독특한 재주가 있으면서도 얼른 내보이지 않는 강인함이 무난히 대사를 이끌어 나간다.

살아가는 동안 들고 나는 흔적이 뚜렷하지 않아 평범한 듯이 보이는 일면이 있으나 봄비에 자라는 화초같이 의연한 가운데 점진적으로 발전하여 우뚝한 자리에 서게 된다.

그러나 모험심 내지는 승부욕이 강한 사람이 과단성을 발휘하다가는 생각지 않은 사람에게 다칠 수도 있다.

기복이 적다고 지루해하지만 않는다면 그것이 곧 복된 길이므로 차분하게 발전할 수 있고 남을 부리는 지위에 앉게 된다.

어드바이스

늘 공부하는 자세가 필요하다. 몸에 밴 상식이 상황에 따라 뒤떨어질 수도 있다.

억지는 금물

종교 · 성직자 · 철학

독특하다 할 만큼 색채가 짙다. 그러기에 아주 출중한 자리에 있게 되거나 반대로 침체의 늪에 빠질 수 있다. 풍운아적이기에 쉽사리 남이 할 수 없는 일도 착안하거나 혼신을 바친다.

예술적인 감각이 크지만 히스테릭한 일면도 있다. '영웅시비격'이라는 별칭이 있을 만큼 폭넓은 활동과 굴곡을 맛보게 되는 형국이다.

본래가 영리하고 의협심마저 강해 옳다고 여기는 일에는 자신을 돌아보지 않고 매진하는 끈기와 희생정신이 있다.

반면, 영웅호색이랄까 이성에 관해서는 함부로 사귀는 일면이 있어 주의를 요한다.

일단의 실패와 좌절을 겪은 뒤에 발전하는 것이 기본이나 상황이 여의치 못하면 계속 방황하거나 침체의 늪을 벗어나지 못한다.

효자 · 위인 · 열사가 많은 것도 이 수리에 해당하는 인물의 특징이라면 특징이다.

여성이라면 보다 원만한 가정을 위해 더욱 노력해야 할 것이다.

어드바이스

짜증, 히스테릭한 면을 잘만 개발시키면 큰 업적에 이름을 더할 것이다.

서서히 부는 냉풍

예술 · 연구직 · 농목축 · 생산가공

강한 쇠는 부러지기 쉽다고 했다. 강할수록 휘어지는 방법을 익혀야 한다. 자존심과 지략이 뛰어난 반면 너무 큰 이상과 독단적인 행동으로 허탈의 늪에 빠질 수도 있으니 주의를 요한다.

완고한 성격에 한쪽으로 치우치기 쉬워 자칫 괴벽까지 지닐 수 있다.

비교적 길함과 흉함이 반반인 형국이라고들 말할 만큼 번복이 심한 편이라 할 수 있다.

그러나 스스로의 성품을 잘 다스리고 편벽된 꾀를 부리지 않는다면 남이 쉽사리 따르지 못할 지위와 재화를 누릴 수 있다는 게 또한 이 수리의 특징이다.

다만, 남녀간에 공통적으로 이성에 대한 관심이 지나치거나 호색하는 경향이 있으므로 이에 대한 조심을 요한다.

항상 좌우를 살피고 조심스레 대처해야 독단에 기울지 않고 홀로 마파람에 서지 않는다.

어드바이스

과격하게 차를 몰거나 때아닌 등산 등 모험을 하지 말라.

지거든 숙여라

군인 · 정치 · 선원

이론이 출중하고 노력도 큰 데 비하여 결과적으로 외화내빈인 경우가 흔하다. 고독이 깔려 있는 수리이므로 동업 등에 주의하고 상대방을 혹독하게 비판하지 말아야 한다.

이 수리는 '호걸격'이라고 하는 동시에 '파란격'이라고도 한다. 즉 기골이 장대하고 풍모가 호걸스럽다거나 두루 박식하고 발이 넓어 사통팔달하다는 뜻도 되겠지만, 한편으로는 파락호적인 기질이 농후하여 허세 · 방탕의 유랑운도 포함하고 있다는 뜻이다.

차분하게 한 가지 일에 몰두하는 면도 있으나, 분별 없이 남의 일에 끼는 것을 삼가하는 후천적인 노력을 요하는 기질이라 하겠다.

한 직장에 오래 머물거나, 한 사업에 꾸준히 정진하는 자세도 필요하며, 부부나 부모 자식 간에 충돌을 줄여야 고독에 이르지 않으리라는 전제가 있다. 이성에 대해서도 주의를 요함이다.

어드바이스 ────────────────

종교를 갖고 그 가르침에 따라 산다는 철학을 체득할 것.

오만하지 말 것

수의사 · 출판 · 설계사 · 정치

노력도 잘하는 편이지만 바탕이 우수하며, 처음에는 미미했더라도 투지로써 목표에 도달한다. 그러나 불만, 과욕, 이성관계의 복잡성을 버려야 크게 영달한 뒤에도 화가 없다.

포부가 크고 지혜로워 꾸준히 대처하면서 원대한 계획을 이뤄나가는 형국이다.

하지만 욕심이 지나쳐서 너무 큰 것에 분수 없이 도전한다면 차라리 평범한 사람보다도 얻는 게 적을 수 있다.

의기양양할수록 겸손해하는 성품을 기르고 지나치게 과장하여 선전하지 말라. 손해를 자초하는 짓이기 때문이다.

차라리 한 계단 한 계단 조심스레 올려 딛는 게 더 안전할지 모른다.

성공이 보장된 일도 너무 설치거나 기밀을 먼저 공개하면 그만큼 손해가 될 수 있다.

여성은 자기 주장을 억제하는 것이 현명하다. 빈 방에 홀로 앉을 수 있다는 암시가 있기 때문이다.

어드바이스

부업을 하는 것은 좋으나 분에 넘는 분야, 생소한 일터는 피하라.

치료보다 예방

임대 · 관광서비스 · 중개업

좋은 것과 나쁜 것이 혼재하는 게 세상이듯 즐거움과 괴로움이 반반일 수 있다. 크게 앞질러 갔다면 좌우를 돌아보고 어려운 일에 부닥친 다음에 해결하기보다는 미리 예방을 해야 한다.

인정도 많고 선한 일도 잘하지만 공치사 듣기가 어렵다는 암시가 있으니 일단 베푼 일에 대해서는 미련을 버리는 게 상책이다. 복권에 당첨된다든지, 현상 응모에서 장원을 따내는 등 의외의 횡재(?)도 하지만, 그렇다고 일확천금을 꿈꾼 나머지 양식자루를 들고 나간다면 천길 벼랑에 떨어질 수가 있다.

말하자면 투기를 삼가하는 게 좋고 가당치 않은 일에 내기를 걸거나 투자를 하는 건 슬기롭지 못한 일이라는 것이다.

이를테면 한번 좋았다 한번 나빠지는 상황이 꾸준히 반복되는 형이므로 허황한 꿈은 꾸지 않는 게 좋고 상대에게 너그러운 심성을 길러 포용하는 정신을 기를 필요가 있다.

도박을 좋아하지 말고 시시한 경쟁에는 차라리 웃고 지면서 마음을 이겨라.

좋을 땐 웃어라

회계사 · 관리 · 기획연출 · 학자

개천에서 용이 난다는 말이 있다. 여건이 나쁘더라도 불평 않고 노력하여 결국에는 승리의 깃대를 꽂는다. 덕망과 예지, 판단력이 우수해 큰 일을 이루기도 하며 장자 역을 맡기도 한다.

이지적이며 타고난 의지가 굳건하여 무슨 일이든 차분히 대처하는 성격이라 하겠다.

지위가 높은 사람이라면 부하를 잘 만나고 낮은 지위에 있게 되면 좋은 상사를 모시게 되어 두터운 신임 속에 평화로운 일진을 구가하게 될 것이다.

사물의 이치를 바로 보고 대처하며 세월이 가는 중에 부익부하여 베푸는 입장에 서게 된다.

여성의 경우는 온건하고 자상한 현모양처형이지만 자기보다 조금 못한 남편과 살기 쉽다는 암시가 있다.

어드바이스

주색에 깊이 빠질 우려가 있으므로 건전한 오락이나 취미를 가질 것.

분별력을 기르자

발명 · 기자 · 정치 · 군사 · 선원

겉으로는 수수해 보여도 자존심이 강하고 깊이 연구하는 타입으로서 다정다감한 면이 있다. 큰 부자, 높은 지위에 갑자기 오르기도 하며 과욕 등으로 곤두박질치기도 한다. 우여곡절이 많은 편이라 하겠다.

겉으로는 유순해 보여도 내면적으로는 상당히 강인한 일면이 있고 도량이 넓어 선선히 응하고 미련 없이 물러설 줄도 안다. 그러나 세상이 꼭 내 맘 같기만 한 것이 아니어서 간간이 침체의 늪에 빠지거나 잘 나가다가 우연한 걸림돌에 발목을 삐는 수가 있다.

요컨대 이 수리는 '요행격'이라 하여 자의에 의하기보다는 타의에 의한 지배력이 높아 때아닌 횡재를 하거나 예상치 않던 기회에 우뚝한 자리에 오르게 된다. 그러나 한두 번 때를 놓치거나 훼방꾼에 의해 땀을 흘릴 수도 있으며, 이성관계가 복잡하면 그로 인해 평지풍파를 일으키면서 곤고한 지경에 처하게 된다.

어드바이스

사람을 너무 믿는 경향이 있으니 앞뒤를 잘 살피고 나서 그의 말을 들어라.

너무 앞서지 말 것

법관 · 학자 · 예술 · 의사

보통사람의 여건을 뛰어넘는 지략과 판단력, 추진력으로 우뚝 서는 승리자이다. 그러나 아집이 강하고 독선적이며 화급하거나 모난 일면이 있다. 충돌과 비난이 있기 전에 자신을 살피자.

이 수리는 성명학에 있어서 가장 뛰어난 격에 해당된다 하여 '승천격'이라 부르기도 하는데, 이는 물 속에 있던 용이 하늘로 날아오르는 운세라는 뜻이겠다.

그러나 '너무 좋다'는 그 부분이 오히려 호사다마격이 되어 곤경에 처할 수도 있다. 이를테면 감정이 풍부하고 이지적이며 매사에 적극적인 의욕가로서의 면모를 유감 없이 발휘하며 각종의 난관을 타파해나가겠으나 스스로 겸허한 마음을 갖지 않으면 뜻밖의 적이나 함정을 만나 한때 고전하게 된다는 암시가 있다.

여성의 경우는 한발 물러서서 생각하고 조용히 순종하는 미덕을 길러야 생이별 등의 늪에 빠지지 않는다.

어드바이스

차갑게 보이는 인상에도 내면이 부드러우니 겉과 속이 잘 조화되도록 힘쓸 것.

막히면 돌아가라

예술 · 단순관리직 · 카운슬러

재치 있고 사람 사귀는 능력이 남달라 주변에 항상 많은 사람이 있다. 그러나 부귀와 영예의 기복이 심하다.

가족과의 불화, 동업의 와해, 갑작스런 조난 등을 늘 염두에 두고 서두르지 말아야 한다.

타고난 낙천가형이거나 무분별하여 앞뒤를 못 가리는 성품이 있어 한 번 길을 잘못 들면 헤어나기가 힘들다.

또한 한때의 성공이 인생 전체인 줄로 착각하여 지나치게 자만하거나 함부로 처신한다면 오히려 그 성공으로 인하여 화를 당할 수 있다.

상냥하고 착실하다가도 일단 화가 나면 걷잡지 못하는 것도 이 수리의 특징인데, 어떤 일이 뜻대로 되지 않을 때 엉뚱한 다른 일에 화풀이하는 것은 절대 금물이다.

과속에 의한 교통사고, 조난, 가정 내의 문제, 질병 또는 자식운이 박하다는 통계이므로 처음부터 느긋하게, 그리고 서두르지 않는 게 좋다.

어드바이스

먹는 일에 궁하다기보다는 마음이 쓸쓸한 입장이기에 적당한 휴식을.

스스로 용기를

법률 · 연구직 · 회계사 · 의사

이상주의에 빠지기 쉬운 소극적이고 보수적인 성격이나 성실하며 문예 · 학술 분야에 뛰어나다. 여성은 현모양처형이나 너무 살피다 때를 놓칠 수 있으니 과단성을 길러라.

온건하고 순진함을 겸비한 자세까지는 좋으나 꼭 해야 될 말은 하고, 반드시 나서야 할 때에는 기회를 잃지 말아야 한다.

작은 것에 만족하는 형이며 모험을 싫어한다. 무엇을 고친다거나 매만지는 기술, 또는 참모적인 입장에 서면 크게 시달리지 않고 무난한 인생을 구가해나갈 수 있을 것이다.

감성이 풍부한 만큼 예능 방면에서도 그 재질을 내보일 수 있으며 어드바이스를 주로 하는 직종에 종사해도 평탄한 진로를 보장받을 것이다.

현실주의자라기보다는 오히려 이상주의자형이다.

어드바이스

너무 순하다 못해 용기 없는 사람으로 보일 수 있으니 팔방미인이란 소리를 즐거워 말 것.

세상은 넓다

의사 · 사회사업 · 종교 · 철학

대장부다운 기개와 괴력의 소유자로서 의협심과 과단성도 남다르나 그것이 또한 화를 불러 방황할 수도 있다. 가족과 헤어져 살거나 동업이 어려운 형국이다.

이 수리는 '영웅시비격'이라고도 하는데, 이는 자신이 옳다고 여기는 일이라면 다소간 손해가 있을지언정 의협심이 발동하여 선두에 나서는 정의파로서, 다른 사람을 위해 희생하기를 주저치 않는 일면이 있으나 때로는 좋은 일을 하고서도 오해받는 입장이 되어 전전긍긍할 수 있다는 뜻이다.

세상을 깜짝 놀라게 하는 일로 의기를 투합하여 그 이름이 역사에 남게 되는 경우도 있고 별난 행적으로 논란의 대상이 되기도 할 만큼 기인, 열사적 풍모가 배어 있느나 거둔 것이 다 내 것일 수는 없다는 암시와 함께 거센 뚝심으로 안락한 생활을 해칠 수도 있다 하겠다.

여성의 경우라면 더욱 현모양처적인 심성으로 스스로를 다독여야 할 만큼 기상이 강하다.

어드바이스

의적 일지매나 홍길동과 같은 정의감이 있다 해도 때를 따라 움직여라.

한번 더 생각

관리 · 정치 · 군경직

영리하고 친절하며 예술을 사랑하는 자유주의자이나 독선적이고 과신하는 경향이 있다. 의지가 굳고 기백이 넘쳐 신념을 향해 매진하는 추진력도 대단하다.

준수한 용모와 포근한 성품, 그리고 굳건한 의지로서 맡은 일을 착실히 해내는 타입이다.

남에게 지기 싫어하거나 자존심상 의타심이 적은 편이라서 스스로 결단하고 행하는 것에 독보적인 능력을 발휘하는 대신 그런 자신을 도와주고자 하는 협조자도 많아 일단 실행에 옮겨 추진하는 일이면 순풍에 돛 단 듯이 진행된다.

여건이 무르익기를 기다리기보다는 스스로 상황을 열어나가는 비상한 재주도 있다. 그러나 때로는 타협도 필요하다는 것을 잊지 말아야 한다.

여성의 경우는 앞뒤를 잘 살피고 상대방에 대한 이해가 빠르기에 평화로운 가정을 꾸려가면서 콧노래를 부르게 된다.

어드바이스

돈이 전부가 아니라는 점을 명심하여 명분 아닌 재물엔 관심조차 두지 말 것.

재주와 꿈

교육 · 학자 · 예술 · 기사 · 변호사

학구적인 사람이라 총명하고 재주가 많으며 거듭되는 시도와 노력으로 창작이나 발명, 그리고 독특한 분야에서 연구업적을 남긴다. 결단력이 부족한 것이 흠이다.

이 수리를 '문약(文弱)격'이라고 하는데 학술적인 재능과 지예가 출중함에도 일면 자신의 이론에 깊이 빠진 나머지 주저하는 경향이 있다.

타고난 가문과 여건이 좋다면 그 끈을 이어 달려가겠으나 정도가 지나치게 뒤떨어진 여건에서 출발한다면 세상물정에 어둡고 도전적인 의지가 약해서 뒷전에 서성이다 말 수도 있다.

그러나 법학 · 예술 분야 등 학문을 연구하거나 시 · 서화를 하는 등 독립적인 분야에서 꾸준히 길을 닦아나간다면 남녀 공히 그 나름의 독특한 세계에서 최고를 이룰 것이다.

어드바이스

늦게 결혼하는 경향이 있으니 스스로 조급해하지 말 것.

순하게 받아라

연사 · 정치 · 배우

억세다 할 만큼 강한 투지와 박력으로 일가를 이룬다. 군인 · 경관 · 정치가 중에 많다. 초년에 역경을 딛고 일어서는 예가 적지 않고, 독단적인 일면에 너무 기울어질 경우 큰 구덩이에 빠질 수도 있다.

타고난 재주에 비상한 지모로써 모든 일에 적극적이고 헌신적인 면을 발휘할 것이다.

한미한 집안에 태어났더라도 낙천적 성향으로 침울에 빠지지 않고 돌파력을 구사하여 어둠에서 벗어나 광명을 맞게 될 것이다.

한꺼번에 느닷없는 출세 · 발전보다는 꾸준히 움직이는 가운데 지위와 재산이 늘고 경사가 거듭되는 형국이다.

낙천적인 일면이 있어 주저하지 않고 기대와 함께 전진하는 타입이나 이성에 집착하는 경향이 있어 숨겨둔 사람이 있게 되거나 여성의 경우, 중년 이후 고독에 처할 수가 있다.

어드바이스 ─────────────────

혹시 독신으로 살게 되는 경우에도 인생을 관조하며 사회봉사에 힘쓸 것.

거스르지 말 것

건설 · 군인 · 토목관리

혼자 생각하고 행동하는 형이다. 예술적인 재질과 직감력이 뛰어나 어느 분야에서나 성공을 이룰 수 있으나 잘 어울리지 못하는 흠이 있고 주저하다 때아닌 걸림돌에 좌절을 경험할 수도 있다.

여럿이 어울려 의논하고 힘을 모아 행동하는 면이 결여될 수 있으니 스스로 자신이 묶인 틀에서 벗어나야 한다.

나 자신은 아무렇지도 않게 여기는 일이 남에게는 괴팍스럽게 보일 수도 있고 또 내가 보기엔 이럴 수 있는 일이 타인이 보기엔 어떻게 저럴 수가가 되어 의견이 대립하거나 끝내는 자기 주장으로만 몰고 갈 수 있기 때문이다.

투기적인 성격에 모험심까지 곁들여진 본능을 가졌다면 서둘러 스스로를 자제하는 연습부터 해야 하며 무슨 일이 잘 되지 않는다고 순간적으로 실의에 빠지는 것을 경계해야 한다.

가정 내의 문제, 질병문제, 조난 따위에는 늘 자상한 신경과 예방을 전제로 노력해야 한다.

어드바이스

예의범절에 십분 유의하여 행동하고 술 · 담배도 때와 장소를 가려 하라.

싸울 때만 싸워라

교육 · 정치 · 통수체계

타고난 의지와 돌파력으로 초년의 고생까지도 기쁨으로 바뀌는 형국이다. 명장이라고 해서 백전백승의 개가를 부르기만 하는 것은 아니다. 때로는 겸허히 나를 돌아보고 서 있는 자리부터 잘 지키는 슬기를 터득해야 한다.

이 수리는 '명예격'이라고도 하는데, 무슨 일이든 도전하여 해내는 형국을 뜻한다. 타고난 의지와 슬기, 그리고 출중한 담력으로 만사를 제패해나가며 주위 사람들과도 원만하여 협조자가 많다.

1이라는 숫자가 든 경우가 대체로 그러하듯, 계승발전시킨다기보다 창조발전시키는 출발자적 입장에 있으며 돈보다 명예와 신의를 존중하는 면이 짙다.

인격적으로도 원만하고, 밉지 않는 인상으로, 사람들 사이에서도 칭찬을 듣게 되고 세운 뜻을 잘 이루어간다.

작은 일보다 핵심이 큰 문제에 집착하고 성공한다.

어드바이스

소의 꼬리보다는 닭벼슬이 되고자 하는 경향이매 분리주의자 소리 안 듣도록.

한 가지라도 확실히

학술 · 교육 · 검사직

감상이 깊다 못해 생각만으로 일을 끝내는 경우가 잦을 듯한 형상이다. 바탕이 총명한데다 많은 탐구욕으로 다방면의 지식이 풍부하다. 우유부단으로 흐지부지하지 않도록 조심하고 엉뚱한 편견은 일찍 버려야 한다.

여러 모로 아는 것이 많고 안 가는 데 없지만 일정한 직업이나 사업에 꾸준히 매진함만 못하여 스스로 불평하거나 세상이 뜻 같지 않다고 상심하기도 잘한다.

이것저것 동시에 손대거나 일을 벌이기보다는 한 가지라도 확실하게 구분지어 마무리하는 연습을 쌓아갈 필요가 있다.

세상은 뛰는 자 위에 나는 자가 있는 법이니 내 고집만 옳다고 여겨 고집대로 밀고 나가다가는 저 혼자 낭떠러지 앞에 서게 될지도 모른다.

대개의 경우 큰 부자, 우뚝한 명예 따위와는 조금 거리가 있지만 안정된 생활 속에서 작은 일로 즐거워하면서 사는 것이 현명한 길이라는 통계이다.

어드바이스

감상적이고 이상주의자적인 본성이므로 예능방면에서 길을 찾으면 좋겠다.

눈을 바로 떠라

관광서비스 · 상업 · 중개업

외화내빈 형국이다. 세상을 순리로서 받아들이고 궤변이나 탐색, 지나친 고집이나 편견을 버려야 한다. 부모에게 재산을 많이 받았더라도, 내가 이룬 결과가 아니므로 깊이 생각해보고 다뤄야 보전할 수 있다.

재주가 많은 편인데도 왠지 진실성이 결여되어 상대방으로 하여금 깊은 신뢰감을 갖게 하는 데 부족함이 있다.

또 이것저것 생각이 많아서, 이것도 조금 저것도 조금 하다가 사람을 자꾸 바꾸거나 원칙을 수없이 변경하여 스스로도 어리둥절할 때가 있다.

무엇이든 이루어낸 것부터 잘 다독인 다음에 새 일을 할 것이며 이 사람 저 사람 의견에 따라다니지 말아야 한다. 한 우물을 파는 것이 열 군데 삽질보다 낫다는 이야기다.

남녀 간에 이성에 너무 집착하거나 이곳 저곳에서 대상을 넓혀가며 사귀지 말아야 한다.

어드바이스

여성의 경우, 남편을 꺾으려 하지 말고 짐짓 순종하는 묘리를 터득할 것.

평지의 걸림돌

농가공 · 목축업 · 철학 · 발명

생각은 큰데 현실에 장애가 따른다.

무슨 일이든 시작부터 크게 벌이지 말고 조금씩 경험을 쌓아가면서 자리를 넓혀야 분수를 넘지 않는다. 지나치게 공상만 앞세워도 잘못이다.

특수한 경우, 괴력을 지닌 장수라든가 희세의 정복자 등 뛰어난 인물이 있기도 하지만 대체적으로 어두운 창문을 활짝 열어젖히지 못하고 노력만 하다 말거나 뒷전에서 서성이게 되더라는 통계다.

거기다 별스런 잡기 내지는 취미까지 가졌다 하면 물려받은 재산까지도 다 탕진할 수 있다. 정도가 아닌 길은 가지 말아야 하고 상관없는 일에는 관여치 않는 게 좋다.

모험을 한다든지, 과속, 투기 등을 삼갈 것이며, 이쪽에서는 노력하지 않으면서 저쪽 사람이 사랑해주기만 바라는 어리석음에 들지 말아야 한다. 무엇이 화가 될지 모르는 게 인생 항로이다.

어드바이스

앞으로 자꾸만 나아가려 하지 말고 현실부터 착실히 살핀 뒤 움직여라.

바쁜 지휘봉

교육 · 학자 · 연구관직

이것저것 지나친 생각을 많이 하다 보면 폭음에 폭색하게 된다. 뛰어난 두뇌와 타고난 추진력으로 돌덩이도 황금으로 바꾸는 자질을 가졌다. 처음의 출발이 미천하고 곤고하더라도 끈기 있게 밀고 나가라.

사람살이란 어차피 누군가와 어울려서 한세상을 살아가는 것이니 이기심을 버리고 남도 나처럼 포용하며 달려야 복이 크다.

한 번쯤 어려운 일을 치르고 나서 발전하는 경향이 있는데, 의지가 견고하고 타고난 지혜가 출중하여 작은 일에 만족하지 않고 보다 막중한 일에 기대를 걸고 뛴다.

사람과의 사이만 원만하다면 오케스트라를 지휘하듯 재산과 덕망, 명예를 겸할 수 있는 관직에서도 우뚝한 자리에서 호령하게 된다.

여성의 경우, 지혜롭고 자상하여 행복한 가정을 꾸리며 다복한 가장으로 하여금 기쁨이 더할 수다.

어드바이스

과음하는 경향이 있으니 술자랑하지 말고 좋은 취미를 가질 것.

승부욕의 자제를

농목축업 · 임가공 · 생산 · 공급

독특한 발상과 재주로 주위 사람의 이목을 집중시키는 다정다 감형이다. 그러나 지나친 승부욕이나 논쟁, 투기는 화를 부르는 지름길이므로 자제력을 기를 필요가 있으며 들뜨지 말아야 한다.

이 수리를 '부지(不知)격'이라고도 하는 바 자기 주장만이 전부인 것처럼 여기는 경향이 있으나 사실은 자신의 단견을 미처 깨닫지 못하는 데서 기인하는 병폐다.

다분히 이기적이며 속물적이라 할 만큼 현실주의가 지나쳐 지켜보는 사람은 있으되 도와주는 이가 많지 않은 형국이다.

한편으로는 행동보다 이론이 승하거나 과욕으로 치달은 나머지 생각하지 못했던 함정이나 오해에 얽혀 고생할 수 있다는 암시가 있으므로 너그럽게 생각하고 순리로서 받아들이는 자세가 필요하리라 여겨진다.

어둠이 일단 깊어지면 파산, 형액, 조난, 병고 등의 구렁을 헤어나기가 어렵다.

어드바이스

남이 나를 시험하더라도 느긋이 웃고 대처해야 큰 일을 이룬다.

주변을 아끼라

대인관계 · 카운슬러 · 실업 · 사업

사려와 판단력이 치우치지 않는다면 투철한 의지와 덕행으로 큰 가문을 이룰 것이다. 생각이 깊고 재주 또한 남다르기에 노력도 많이 할 것이다. 현모양처에 교양미가 넘치는 형국이다.

호랑이에게 날개가 달렸다고나 할까. 비좁은 개울에 처하던 잉어가 큰 강을 지나 바다에 이르는 격으로, 농사를 짓든 관직에 오르든 승승장구한다.

작은 상식이나 취미 하나로도 힌트를 얻어, 그 아이디어로 일확천금과 명예를 동시에 얻을 수 있는 격이다.

위인이 출중하면 규모가 큰 회사에서부터 국가경영에 이르기까지 순조롭게 적응하고 발전한다.

그러나 의기양양해하지 말고 아랫사람에게 더욱 인덕을 베풀고 협조를 받아야 큰 사람이 될 수 있다. 착실한 본성이라 이것도 잘 감당할 것이다.

뛰어난 지성미로 남이 흔히 하지 않는 일에 투자하고 시도해볼 것.

끝이 더 좋다

리포터 · 군인 · 정치 · 학자 · 판사

의외로 소심한 게 흠이나 뛰어난 사고 능력과 판단 · 통솔력으로서 큰 성을 이룬다. 그러나 학구적이고 탐색적인 면이 강하여 비감과 우울에 빠질 수도 있으니 세상을 긍정적으로 널리 바라보아야 더욱 발전하겠다.

이 수리는 '덕이 있다'는 바탕을 깔고 있으므로 무슨 일이든 너그럽게 받아들이고 포용하며 이것저것 관심 두지 않고 자신 있는 일에만 깊이 몰두하기 때문에 실패하는 경우가 거의 없다.

안 되는 듯하던 일도 일단 팔을 걷어붙이고 대들면 비상하게 발전시키는 끈기과 재주가 있다.

남녀 간 화기 넘기는 짝을 만나 가정적으로 원만 · 단란한 내면을 구가하며 부모 자식 간, 형제간에도 우의가 돈독하고 아울러 효성이 지극한 자식을 둠으로써 순탄한 일생을 누릴 수 있다.

어드바이스 ——————————————————

여성의 경우, 자기 주장을 너무 내세우면 부부간에 쐐기가 박힐 수 있다.

미움을 버려라

의사 · 변호사 · 기술연구직

노력과 성공, 실망과 좌절이 서로 너나들이를 한다. 중하반부에 특히 더 조심해야 전반부의 화려함을 깨지 않는다. 그러나 타의에 의한 걸림돌로 넘어지고 원망을 품는 형국이다. 좀더 너그럽기를 바란다.

좋은 일과 나쁜 일이 반반이다. 보다 더 정확하게 말한다면 활짝 피어 만개했던 함박꽃에 땡볕이 다가 들어 한잎 두잎 잎사귀를 말리는 대목이요, 가득 찼던 만월의 한 귀퉁이가 시나브로 이지러지는 광경이다.

어느 정도 성공을 거두었다 싶으면 일단 그 일에서 손을 떼는 게 좋겠다. 한 계단 더 오르려다 발을 헛디디거나 층계가 무너져 실족할 우려가 있다.

후계자와 투쟁적인 경쟁을 한다든지, 하급자를 우습게 여겨 냉정하게 군다면 큰 보복을 받거나 예상치 못한 복병을 만나 사면초가의 궁지에 몰릴 수 있다.

미워지는 상대가 있더라도 너그럽게 포용하면서 쓸테없는 미련은 일찌감치 버리는 게 현명한 길이다.

어드바이스

마음에 안드는 부하 · 동료가 있다 해도 적당히 칭찬해가면서 웃으며 도모하라.

한계와 항복

역술 · 종교 · 교육 · 학자 · 연구직

한 가지만 옳다고 우기다 임자를 만나게 되면 내 변설에 내가 얽히고 마는 게 편견의 함정이다. 너그럽게 이해하고 포용하며 어울려 사는 방법을 익히라. 발전 · 성공했을 때일수록 자만은 금물이다.

이 수리를 '뜬구름 잡기'라고 일컫기도 한다. 특정한 학문이나 이론, 편벽된 풍조에 정도가 지나치게 빠지면 옷만 버리고 마는 게 아니라 신체까지도 큰 상처를 입고 명예가 달아난다.

이것저것 기웃거리거나 대세가 틀렸다 싶으면 벌여놓은 일에 마무리도 하지 않고 새 일을 시작함으로써 몸만 고단할 수 있으니 자신 있는 일을 철저히 진단해본 뒤에 칼을 뽑아야 실패가 적다.

어느 구름에 비가 들었을까 하고 귀가 얇게 떠돌아다닌다면 소문만 옮겨주다 얻는 것도 없이 망신만 당한다.

부부나 부모 자식 간에도 냉정하게 대하지 말고 조난이나 교통사고, 질병에 대비하여 모험하지 말도록 주의가 요구된다.

어드바이스

남이 내게 와주기만 바라지 말고 내가 남에게 뛰어들 줄도 아는 게 슬기다.

뛰었으면 쉬어야

정치 · 사업 · 임가공 · 서비스 · 상업

기지와 추리력이 비상하다. 그러나 무작정 내달리기만 잘 한다고 뛰어난 선수라 하지는 않는다. 선후와 완급을 알고, 이겼다면 진쪽의 입장도 생각해보고 급격히 화내지 않도록 하는 여유가 요구된다.

봄이 왔는가 하면 가을이요, 가을 같은데 또 봄이듯 기쁨과 슬픔이 들락날락한다.

공든 탑이 무너졌거든 그 이유부터 꼼꼼히 살피고 전철을 밟지 마라. 아울러 영광과 명예가 지나치다 싶을 만큼 내게 안겨지거든 지체 없이 인간의 흥망성쇠가 어떠했던가 고사를 살펴보고 체득하는 지혜가 요구된다.

역사는 사람이 주관하는 것처럼 보이지만, 눈에 보이지 않는 어떤 힘이 바탕에 존재한다는 것을 알고 무슨 일이든 상식과 법도에 어긋나지 않게 처신하고 대처해야 곤경에 처하지 않는다.

어드바이스

진실 · 정직하게 행하는 것이 잔꾀로써 상대를 속이는 것보다 복되다는 것을 명심.

예지의 눈빛

학자 · 예술 · 카운슬러 · 사업

남다른 예지와 판단력 위에 행동력까지 빨라 큰 열매를 거둘 것이다. 사물과 일의 형편만 보고도 그 이면을 파악하는 능력이 있으나 공을 목표한 나머지 너무 앞서는 일은 삼가하는 것이 좋다.

타고난 감수성과 빨리 알아차리는 재주로 사물을 꿰뚫어보고 대처하는 방법을 남보다 먼저, 쉽게 강구해냄으로써 언제나 한발 앞서 가는 체질이다.

아무나 두루 사랑하진 못하지만, 그렇다고 크게 미워하는 상대도 갖지 않는다. 자기 일에 치중하고 늘 박수만 받던 경험 때문에 혼자 서두르거나 이미 끝난 일에 연연할 수 있으니 맺고 끊는 일에 더욱 정확성을 기하는 게 발전의 속도를 높여준다.

광범위한 이성에 깊이 집착하여 때마다 여럿을 상대하는 습관을 갖는다면 좋은 여건도 스스로 깰 수 있다는 것을 명심하는 것이 좋다.

어드바이스

지나치게 깔끔하거나 청결을 강조하는 면이 있으니 까다롭게 굴지 말 것.

가슴을 열고

교수 · 연구직 · 중간관리 · 학술

조심성도 있고 깊이 통찰하며 사색하는 노력성이 있음에도 가슴속에는 서늘한 바람이 스쳐간다. 첫 단추를 잘 끼우고 과욕을 삼가하는 것이 좋다.

이 수리를 '우수격'이라 하여 숨은 조심이 있다는 암시를 내포한다. 그래서 남보기에는 위풍당당하나 속으로는 노심초사한다든지, 겉으로는 화려하고 풍부하나 내면적으로는 공개할 수 없는 고충을 앓고 있는 격이다.

부모에게서 큰 재산을 물려받았거든 그것을 함부로 다루지 말고 아껴 보전하는 쪽에 더 힘쓰는 것이 좋다. 팔아서 더 큰 사업을 하리라고 꿈꾸다가 하루 아침에 남 좋은 일 시킬 수도 있다.

또 한 가지 직장에 다니거든 그 직장에서 맡은 일만 열심히 해야 한다. 꾀가 난다고 왔다갔다하다간 직장도 잃고 그나마 배워 익힌 일도 모두 허사가 된다

어드바이스

찡그리고 한숨 쉬기보다는 화려한 옷을 입고 밝게 웃는 게 득이 된다.

아픔의 침묵

관광서비스 · 목축임가공 · 예능

마음을 같이해 보조를 맞추던 사람도 어느 순간 남으로 돌아가는 게 인생이다. 너무 꼼꼼하고 깊이 따지는 것도 흠이다. 학술은 방편일 수도 있고 목적일 수도 있으니 한쪽으로 너무 빠지지 말도록 해야 한다.

이쪽에서는 별 악의가 없는 데도 불구하고 상대가 필요 이상으로 경계를 한다든지, 숨기는 게 없음에도 오해 내지는 의심을 하여 홀로 남게 되는 격이다.

애써 모은 돈이 예상치 못한 지출 항목으로 사라진다든지, 철석같이 믿었던 동료가 아닌 밤중에 잠적해버릴 수도 있다.

지나친 잔꾀로 주변을 유도하려 하지 말고 스스로 주변과 융화되려 노력하는 것이 좋겠다.

남의 일에 이유 없이 간섭하면 화를 입을 수 있고 질병, 조난 가정내 이별 등이 예상되니 항상 자상하고 원만하게, 그리고 사전에 예방하는 버릇을 길러두도록 하자.

어드바이스

관재에 약한 면이 있으니 정부나 관청을 대상으로 부딪치지 말라.

시간을 아끼자

55
획수분석

예술 · 정치가 · 유흥서비스

웃음이 있으면 눈물이 있고 아픔이 있으면 기쁨도 있다. 남보기에 화려해도 내면적으로 쓸쓸한 면이 없지 않다. 너무 조심하는 우유부단성이 있다면 적극성을 띨 기회를 놓치지 말아야 한다.

아닌 것은 아니라 하고 싫은 건 싫다고 하라. 나쁜 데도 안 그런 척하다간 우유부단하게 득이 없는 일에 하수인 노릇을 하거나 범죄적인 동아리에서 들러리만 서다 같이 다칠 수가 있다.

매사를 침착하게 생각해보고 남의 의견도 충분히 수렴한 뒤에 확실하다고 판단되면 시작하는 게 좋다. 말하자면 돌다리도 두드려보고 건너라는 뜻이다.

아울러 성공이 눈앞에 보인다고 결과만을 생각한 나머지 조급하게 굴면 전체를 망칠 수 있다.

한 가지 실수를 두 번 반복하는 것처럼 어리석은 것도 없다는 것을 알라.

어드바이스

미련에 집착하는 경향이 짙으니 남의 것 · 잃어버린 것은 빨리 잊도록 힘쓸 것.

자학은 금물

선원 · 단순기술직 · 연구직

가다가 중단하면 시작하지 않은 것만도 못한 법이다. 그러나 처음부터 너무 큰 거푸집을 지어놓으면 다 채우지 못하는 아쉬움이 따른다. 잘 안 되거든 제삼자의 입장에서 다시 살펴보라.

이 수리는 '부지격' 또는 '부달격'이라하는데, 생각과 노력은 있으나 끝내 도달하지 못한다는 암시가 내포돼 있다.

즉 아내의 의견을 따르다 보면 자식이 불평을 하고 과장의 뜻을 이루려다 보면 부장이 투덜거려 이러기도 저러기도 힘이 드는 형국이다.

또 어느 만큼 이뤘다고 안도할 때 무언가 예상 밖의 돌출사건으로 결론이 흐지부지할 수도 있으니 너무 앞서지도 말고 그렇다고 스스로를 학대하지도 말아야 한다.

어려서부터 객지로 떠돌거나 가정적인 문제로 한 집안에 살면서도 고적한 입장에 처하기 쉽다. 헛수고가 되지 않도록 꼼꼼하게 살피고 안전하게 착수하도록 해야 한다.

어드바이스

항상 노년을 위해 대비하는 심정으로 금전을 잘 관리할 것.

뛴 만큼 거두리

학술 · 교수 · 예능 · 판검사 · 의사

바탕이 성실하고 노력도 꾸준하기에 좋은 결과를 맞게 된다. 처음이 곤고하다 해도 결코 좌절하지 말고, 신념껏 밀고 나가라. 그러나 적을 만들어서는 안 된다.

기본적 수리는 박약한 편이나 사람이 착하고 악의가 없으므로 한 사람 한 사람 동지를 만들어가면서 지위를 더하고 재물을 불려 나간다.

일확천금을 꿈꾸는 체질이 아니라 처음부터 한 발짝씩만 나가는 노력형에다 근면하기 때문에 거부라는 말은 못 들어도 결코 가난하지는 않을 것이다.

끈질긴 의지와 착실한 전진으로 자기 일에 충실한다면 남녀 모두가 적을 사지 않고 비교적 원만한 삶을 꾸릴 수 있다.

오히려 평탄한 길이라고 지루하게 여기지 말아야 한다. 겉만 화려한 것은 차라리 수수한 것만 못하다.

어드바이스

자식이 귀하다고 너무 일찍 재산을 물려주면 후회하게 된다.

땀 뒤의 웃음

학자 · 교수 · 예능 · 카운슬러 · 연구직

책읽기를 좋아하고 천문 · 지리 등 환상적이고 공상적인 탐구를 선호한다. 처음엔 큰 고통을 겪고 그 경험을 바탕으로 심기일전하여 발전하는 경우가 많다.

큰 그릇은 늦게 이뤄진다고 했던가. 노심초사하며 학수고대하는 연인일수록 더디게 오는 느낌을 갖게 되는 것이다.

처음에는 자잘한 우여곡절이 있다 하더라도 결국에는 승리의 미소를 짓게 되는 형국이다. 그러기에 가문이 미천하든지, 부모의 재산이 없다 하여 낙담할 것도 없다.

내 손으로 거두고 이룬 것만큼 보람된 일도 없는 것이다. 하지만 물려받은 여건이 좋으면 방심하다가 일이 뒤틀릴 수 있으니 자신감을 갖고 전진해야 하며, 무슨 일이 좀체로 잘 되지 않을 때라도 좌절과 낙담은 금물이다.

간혹 인내력이 부족하거나 너무 소극적인 사람이 있게 되는데 이는 현명한 아내 등 주변의 참모를 잘 두어야 극복할 수 있다.

어드바이스

젊어서 만난 친구를 귀하게 여겨야 만년에도 그의 도움을 받게 된다.

밤의 비단옷

관광서비스 · 연예 · 리포터

생각은 많으나 행동으로 옮기지 못한다든지, 자기 의견을 피력해야 할 자리에서조차 주저하다가 기회를 놓칠 수 있다. 남이 나를 따라주지 않는다고 불평하기보다는 내가 그를 이해하는 쪽에 서보자.

그렇다고 상대를 너무 실제 능력 이상으로 추측하여 기대한다든지 상식 이전의 대상으로 여겨 떠받들지 않아야 피해가 적다.

이 수리를 '실망격'이라고도 하는데 바라는 것에 다 이르지 못함을 뜻한다.

예컨대 나루터를 건너야 할 상황에서는 사공이 배가 아프다고 돌아가고, 자동차로 건너야 할 광양길에서 타이어가 펑크나 애를 먹이는 격으로, 갈 길은 먼데 여러 가지 장애가 많다.

가족간에도 융화가 잘 안 되거나 헤어져 살게 되고 허약체질, 조난 등 몸이 곤경에 처하는 예가 적지 않더라는 통계가 있다.

어드바이스

용기가 없으면 인내심이라도 길러야 자포자기하지 않는다.

원인부터 살피자

연예 · 관광가이드 · 기자

오랫동안 아껴가며 넣었던 적금인데, 그것을 타려는 순간 지출해야 할 사건이 발생하는 격이다. 너무 재거나 따져들기보다는 원칙에 충실하며 가슴을 여는 인화가 필요하다.

상냥함이 부족하고 자신의 생각을 잘 표현하지 않는 성격 때문에 비밀이 많은 사람처럼 보이기 쉽다.

이 수리를 '암흑격'이라고도 부르는데 이는 모든 일에 선이 분명치 못하고 지름길이 보이지 않는다는 암시를 뜻한다.

시작도 주저하는 편이지만 투지가 고집과 뒤섞여 한쪽으로 치우치거나 몰래 진행하려는 욕구 때문에 오해를 유발한다.

체질적으로 부상을 입기 쉽고 상처가 오래 가는 편인데, 마음도 한번 다치면 쉽게 헤어나지 못할 만큼 큰 충격을 입는다.

가정내 풍파와 질병, 조난, 실직 등 어두운 일들이 많은 형국이라 매사 원인과 결과를 살펴가며 신중히 행동하는 게 좋다.

어드바이스

어려운 일이 닥치거든 우왕좌왕하지 말고 현명한 이에게 묻거나 생각을 정리하라.

두터운 방석

사업 · 정치 · 관광가이드 · 회계학

자갈길을 따라 나서도 꽃밭에 갈 수 있고 고갯길을 돌아 넘어도 평지에 닿을 수 있다는 게 인생의 묘미이다. 믿었으면 의심하지 말며 의심되는 일은 함께 하지 말라. 자수성가하는 형이다.

1의 수리에서 언급한 일면이 중첩하여 있으므로 새로 출발하고 창조하여 성공한다는 암시가 있다.

그러기에 타고난 투지력과 공략적 지모로써 난관을 꿰뚫어나가는 형국이며 독자적인 행동도 불사한다.

따라서 부부간의 대화나 자식과의 긴밀성, 그리고 동료와 동지 간에 타협과 포용심으로 삶을 영위해나갈 필요가 있다.

겸손한 사람에게 화살을 겨눌 사람이 없으며 친절한 사람의 뺨을 치지는 않는다. 함께하는 정신을 함양해나간다면 탄탄대로를 걸을 수 있으나, 남을 밟고 일어서려다가는 그에게 발목을 잡힐 수 있는 형세이다.

어드바이스

내 명의로 등록된 재산이 아니거든 앞당겨 내 것으로 여기는 실수를 범하지 말라.

신용을 얻어라

종교 · 철학 · 단순연구직

몰래 했던 일도 만천하에 드러날 수가 있다. 꾀가 중하고 모략이 깊더라도 그 사안과 잘 맞아떨어져야 행복이 될 수 있다. 한번 일어섰으면 주저앉을 때도 있는 법임을 알아야 한다.

그러기에 남과 함께 무슨 일을 도모하고자 할 때는 무엇보다도 먼저 그 사람이 뜻을 같이하고 싶도록 신뢰감을 쌓을 필요가 있다.

독단적이고 타협이 부족한 관계로 중중 오해를 받거나 따로 떨어져 한숨을 쉬게 될 수도 있다는 뜻이다.

억지스럽게 이득을 구하려 하지 말고 순리를 따르고 여건이 좋은 때라 하더라도 독주하지 말고 주변 사람에게 자애를 베풀어야 한다. 화가 난다고 말을 함부로 하거나 별것 아닌 일에 극언하기를 좋아하면 그 이기적이고 괴팍스런 성격으로 화를 자초할 수 있다.

어드바이스

지나친 번민은 사물에 대한 이해와 판단력을 그르치게 되므로 스스로를 깨우치라.

마음속의 미소

사업 · 정치 · 예능리포터 · 판검사

김매기를 하다 황금을 얻는 격이다. 두루 생각하고 신중하게 노력하니 동지도 많다. 생각했던 바를 행동으로 밀고 나가는 추진력도 대단하다. 그러나 인생은 혼자 사는 게 아니라는 걸 알아야 방해자가 생기지 않는다.

마음이 너그러우면서도 속으로 모진 데가 있어 무슨 일에 결심을 하면 외골수로 전력투구하여 급기야는 열매를 얻어내고 만다. 일면 유순해 보이는 관계로 주변의 동조를 얻어 손 안 대고 얻는 것도 많겠다.

처음에는 가당치 않아 보이던 일도 일단 상황을 간파하고 손을 대면 누가 도와주듯이 술술 풀릴 수 있다.

부모 자식 간에도 원만하게 하루하루를 꾸려나가 화목을 이루게 되나, 필요 이상으로 간섭한다면 상대가 피곤해할 수 있다는 것을 명심해야 한다. 표나지 않게 협조하고 이끌며 자상한 마음씨 위에 웃음을 더하는 것이 더 현명하다.

어드바이스

이론이 너무 앞서면 행동이 따르지 못해 허풍선이가 될 수 있으니 말을 적게 할 것.

숨은 한숨

기술연구직 · 농목축가공 · 의사 · 학자

시계 바늘은 자정이 넘어도 돌게 마련이다. 그러나 시작과 끝은 분명한 법이다. 지략이 뛰어나고 숨은 노력이 지대하나 매듭이 시원치 않아 고독을 겪는 형국이니 원인과 결과를 잘 살피라.

이스라엘의 요르단 강물은 갈릴리호수에 와서 큰 못을 이루는데, 이 못에서는 늘 물이 넘치기에 모든 생물이 번성을 구가하지만 그 물줄기를 받아 아무 데도 흘려보내지 않는 소금바다(사해)에는 아무것도 살지 않는다.

받았으면 나눠주고 얻었으면 보답하면서 너그럽게 살아가는 자세를 익히도록 하자. 소년기 적부터 객지에 나가 생활한다든지 가족과 헤어져서 인생을 도모하는 등 고초가 예상되고, 자식에게 지나친 것을 요구하거나 강조하다 상처받을 수 있느니 조심해야 한다.

질병은 치료보다 예방을, 도전보다는 안전하게 지키는 자세로서 모험은 삼가하는 것이 좋다.

친한 사람이라도 동업을 하거나 보증을 서지 않도록 해야 한다.

어드바이스

어려움이 중첩되는 경우, 자기 이름을 한번 확인하고 필요하면 바꾸라.

기타의 수리

한자권에 있는 우리네 이름은 보통 세 글자〔적으면 두자, 많으면 넉자〕를 쓰고 있기에 그 획수가 모두 합쳐 64획을 넘는 경우가 흔치 않다. 그래서 '65~81획수'는 비교적 간단히 그 개략만을 줄여서 설명하도록 한다.

65. 넉넉한 행진
  꼼꼼하고 알뜰한 절약가이자 노력으로써 성공한다.
  가정적으로나 사회적으로 크게 번창한다.

66. 분수를 알자
  한 가지라도 매듭 짓고 넘어가는 습관과 정확한 판단이
  필요하다. 빚 보증을 서거나 동업을 좋아하면 불리하다.

67. 뚜렷한 마침표
  깊이 헤아리고 대처하기에 별 무리 없이 큰 것을 거둔다.
  주저하기보다는 시도를 하고 끝까지 밀어붙일 것.

68. 또 한번의 출발
  비상한 지략과 재주로써 고난을 극복, 가문을 세운다.
  학술, 예능 방면에 유리하나 가정사에도 관심을 가져라.

69. 한계를 알자
  과대망상은 금물이니 착실하게 한 계단씩 밟아 오르라.
  몸이 곤하고 병이 잘 도지는 체질이니 모험은 금물이다.

70. 속마음 다스리기
아닌 길을 타의에 의해 멀리 걷는 격이니 주관을 세우라.
가족과의 연분이 박하니 너그럽도록 힘쓸 것.

71. 꾸준한 질주를
한때 고생하더라도 투지를 잃지 말아야 뒤끝이 좋다.
실천력을 기르고 남의 말을 쉽게 믿지 말 것.

72. 완급을 알자
기쁨이 있으면 슬픔도 있는 법이니 자신을 잘 다스려라.
오히려 초년 고생을 겪고 난 입장이 유리하다.

73. 나직한 동산
빗물로 강을 이루고 낟알을 모아 밥을 짓는 형세다. 크게
깨지지도 않지만 뚜렷한 목적이 있으면 성공한다.

74. 고독한 밤길
왜 그런 일이 발생했는가 돌아보고 거듭 실수하지 마라.
생각을 바로 갖지 않으면 중도에 곤두박질한다.

75. 조용 조용히
태평무사하게 한세상 보내는 격이나 큰 공적도 희박하다.
사람을 너그럽게 사귀고, 원한을 맺지 않으면 도처에 명
예가 있다.

76. 발밑의 걸림돌

고독하거든 오히려 노래를 부르면서 길을 바꾸어 가라.
일찍부터 가족을 떠났으면 자식에게는 포근한 정을 베풀
어라.

77. 어둠의 돛배

한때 어떤 일에 성공했다면 차라리 마무리를 잘 해야 한
다. 독선이 강하면 곤경에 처했을 때 혼자뿐이다.

78. 베개를 높이고

평생 일만 하고 사는 게 인생이 아니듯 뛰었으면 쉬어라.
후계자나 자식에게 냉정하게 굴면 보응이 크다.

79. 버리고픈 지팡이

현실보다 너무 멀리 왔다 싶으면 선인과 역사를 돌아보
라. 몸이 허하고 기가 약하니 휴식과 함께 적당한 시기에
진단을.

80. 저녁의 찬바람

무작정 방법을 바꾼다고 잘 되는 게 아니니 마음을 바꾸
라. 질병은 예방이 우선이다. 조난과 횡액, 교통사고 등
조심.

81. 고목에 피는 꽃

생각했으면 행동하고 계획이 섰으면 땀을 흘리라. 무너졌
던 가문이나 신용, 복직의 영광이 계속된다.

• 덧붙이는 말

얼굴로 잘 알려지는 이가 있다면 목소리로 유명한 이가 있고 문장으로서 두드러진 이가 있는 게 세상이다. 그리고 그 '알려졌다'는 결과는 늘 '이름'이다. 하지만 이름이 좋다고 자만하거나 태만해한다면 마치 종자가 좋은 과일 나무에 거름을 주지 않는 것과 같은 결과로서 좋은 열매를 거둘 수 없을 것이다. 그런 면에서, 어찌 보면 사람의 이름이란 그만큼 중요한 것이면서도 또 전부는 아니라 할 수도 있을 것이다.

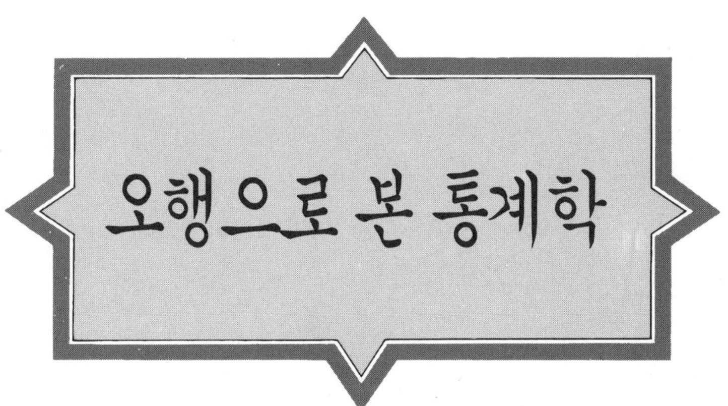

오행으로 본 통계학

오행으로 본 통계학

　이름에는 크게 '수리오행'과 '발음오행'을 적용하는데 그 원칙은 다음과 같다(혼동하지 않게 하기 위해 한번 더 예시한다).

오 행	木	火	土	金	水
수 리	1 · 2	3 · 4	5 · 6	7 · 8	9 · 10
발 음	ㄱ·ㄲ·ㅋ	ㄴ·ㄷ·ㄹ·ㅌ	ㅇ·ㅎ	ㅅ·ㅈ·ㅊ	ㅁ·ㅂ·ㅍ

　그러나 여기서 주의할 점은 글자로서 '수리오행'을 뽑는 법인데 그 방법은 다음과 같다.

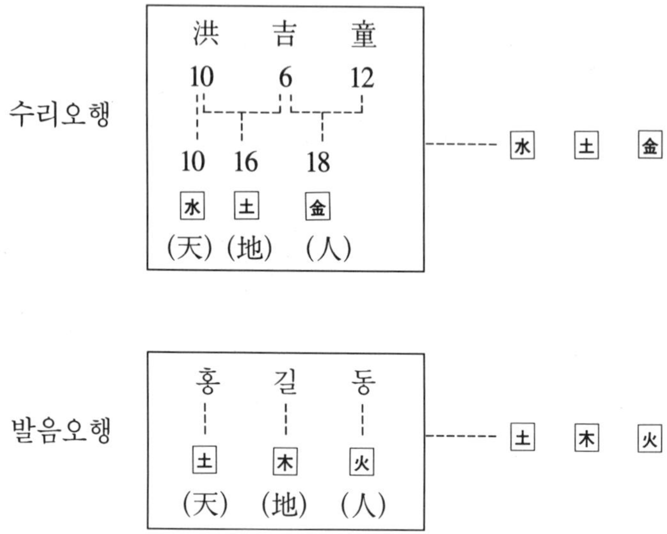

이와 같은 방법으로 '수리'와 '발음(소리)' 오행을 뽑기 때문에 같은 이름에서도 같은 오행이 나올 확률은 아주 희박하다.

그러나 양면(수리·발음)의 해당난이 다르다 하더라도 양쪽 배합이 다 좋아야 우수한 이름이라 할 수가 있다.

'수리'나 '발음' 양면이 다 함께 작용하기 때문이다.

木 木 木　서서히 크는 나무

　　명석한 두뇌로 상황을 판단해 대처함으로써 자신을 세워나가는 지략가형이다.

　　기반도 좋은데다 사물에 대한 파악 능력이 뛰어나고 분별력과 사람을 다루는 기술까지 갖추고 있어 꾸준히 발전한다.

　　원만한 부부관계를 유지하고 비록 많은 수의 자녀는 아니라 하더라도 서로 화목하며, 타고난 건강과 적응력으로 강한 투지력을 발휘하여 구김살 없어 생활할 수 있다.

　　이름에서는 같은 오행 셋이 나란히 모여 겹치는 것은 전래적으로 기피해 온 것이 사실이고, 또 그렇게 짓지 않는 것이 현명하다.

　　그러나 이 경우는 예외적으로 비교적 좋은 편에 속한다. 자녀는 외지로 나가야만 열매를 거둘 수 있다는 입장인 만큼 고향이나 수하에 붙잡아두려 하는 것은 슬기롭지 못하다. 나무 셋이 태양을 향해 서로가 가지를 뻗치는 형국인 때문이다. 바탕(가문)이 좋으면 그 열매가 더욱 클 것이다.

어드바이스

고집 · 편견을 버리고 긴장해소를 위한 시간 배려를.

木 木 火　밖으로 타는 불꽃

　　감수성이 발달한 성격이라 기쁘거나 슬픈 감정이 이내 얼굴에 나타날 정도로, 싫은 건 아주 싫어하나 착실하고 자상하여 매사에 총명하게 대처한다. 인내력은 다소 부족한 편이다.

　　가정운도 좋은 편이나 너무 과도하게 자녀들을 일방적으로 감싸기만 하다가 도리어 하극상 내지 뒤치다꺼리에 골머리를 앓을 수 있다. 객관적으로 살피고 양육할 필요가 있다.

　　두 그루의 나무가 함께 불을 일구는 형국이기에 주위와 협조해야만 결과가 크다 하겠다. 그러기에 혼자 독단적으로 처리하려 하거나 몰래 도모하는 일은 끝이 좋을 수 없고 오히려 헛수고가 될 수도 있다.

　　거듭 강조할 것은, 자녀를 사랑하는 마음이 지나쳐서 오냐오냐 하기만 하다가는 자녀의 성격과 인품을 그르쳐 평생 후회할 수 있다는 점이다.

　　겉으로는 엄하게 또는 상식선에서 이끌고 도와주는 부모가 돼야 뒷날의 근심을 예방할 수 있다.

　　비근한 예로, 한석봉이나 맹자의 어머니를 생각해보기 바란다.

어드바이스

몸이 건조하므로 채소 · 과일 · 음료수를 많이 섭취하도록.

木木土　돌고 돌아 가는길

　사교성이 풍부하여 어디에 가나 미움받는 일은 하지 않으며 싫은 내색 없이 인내심을 가지고 있어 적을 사는 일도 적다. 비교적 순탄하게 전진하는 형이다.

　근면하고 성실하게 움직이므로 차근차근 쌓아나가면 원만한 가정을 이룬다.

　그러나 이 경우는 자기가 못 이루거나 미처 도달하지 못한 부분을 자녀에게서 구하려 하여 극성스런 치맛바람을 일으키거나 너무 과중한 과외에 매달릴 수 있다. 또는 지나친 엄격성과 타협이 없는 일방적인 강요로써 자녀들의 성품을 버리거나 기를 꺾은 나머지 눈치만 보게 할 수가 있다.

　이러한 성격은 사회생활에서도 마찬가지로 나타나는데, 가령 손아래 직원에게 융통성 없는 상사 노릇을 계속하다 보면 어려운 지경에 처했을 때 도와줄 자가 없게 된다.

어드바이스

스트레스 해소를 위해 취미나 레크리에이션을.

木 木 金　자신을 베는 톱날

　잔꾀나 꾸밈이 없고 의리 · 명분에 더 치우치는 형이다. 이러한 성격은 때로 융통성이 모자라고 한쪽으로 치우쳐 보여 화합을 해치거나 본의 아니게 여건과 환경을 자꾸 바꾸게 된다.

　부하나 자식운은 박한 편이다. 이를테면 앞에서는 복종하는 체하나 뒤로 배신하는 경향이라, 들거나 나거나 고적한 입장에 놓이기 쉽다.

　쇠칼 하나가 두 나무를 베는 형국이라 의견충돌이 심하다.

　즉 나무는 자라려 하고 쇠칼은 끊으려 하기에 자기 갈등이 심한 성격으로 굳어지기 십상이다.

　그러기에 하극상을 한다든지, 내가 아니면 안 된다든지, 이 방법 말고는 없다는 식으로 밀고 나가면 일은 고사하고 사람부터 떠나기 쉽다.

　아내 역시 처음에는 고분고분했더라도 이런 성격을 알게 된 뒤에는 오히려 대항하거나 훈수하고자 함으로써 자꾸 부딪치게 된다.

　모쪼록 물 흐르듯이 사는 이치를 깨닫기를 바란다.

어드바이스

심폐 · 기관지 질환이 염려되므로 우선 금연을.

木 木 水 갯가에 심긴 나무

사물에 대한 이해심과 타고난 감수성을 갖추었을 뿐만 아니라 근면·성실한 성품이다. 따라서 초반에는 상당한 진전을 보이나 후반에 인내력이 부족하고 무사안일에 빠지기 쉬운 단점이 있으니 잘 대처해야 한다. 대체로 자기 수준이나 그 이하의 배우자를 만나기 쉽지만 유순한 자녀를 두어 평탄한 편이다.

바탕에 물이 있어 두 나무를 기르는 형상이므로 공급받는 여건이 좋아 성장하는 속도가 빠르다. 그러나 이 점이 오히려 자기 과신 내지는 우월감으로 발달하여 게을러지거나 손대지 말아야 될 것에 손대는 일이 생길 수 있다.

가는 데마다 상좌에 앉을 형국이나 처신에 용의주도한 면이 부족하면 빈축을 사기 쉽고 또 애써 쌓은 공적에 먹칠하기 쉽다.

평생 자잘한 질병이 따라다닐 수 있으니 술 담배나 과속운전 등을 피하고 골절에 주의할 필요가 있다.

신장·간장·방광에 유의하고 과음 등에서 자기 대처를.

木火木 물려받은 화관

　애증에 대한 감수성이 지나칠 만큼 빨라 이성보다는 감정이 앞서는 편이다. 널리 사람을 사귀지는 못하지만 튼튼한 기반에 불같은 노력으로 순조롭게 발전하고 성공하는 형국이다.

　윗대로부터 이어내린 가산이나 명예가 있고 좋은 자녀를 두며 화목한 배우자를 만나지만 이성을 두루 사귀면 곤경에 처할 수도 있다.

　두 나무가 협조하여 불을 일구는 형상이기에 중앙에 있는 불이 더 왕성해진다는 의미가 된다.

　그러나 항상 잘 나간다는 인식 때문에 어떤 일이나 신중히 생각지 않고 결정하거나 과도하게 밀어붙인 결과로 곤란한 지경에 빠질 때가 있을 것이다.

　감정을 앞세우지 말고 되도록 이지적으로 사고하고 판단하면서 애증의 표현에도 진중할 필요가 있다.

　희로애락에 너무 치우친 면을 내보이면 사람이 가볍다고 여겨져 뜻깊은 참모가 주위를 떠나게 된다.

어드바이스

중간색의 옷, 그리고 일단 생각해본 뒤 말하는 습관을.

木 火 火　물에 노는 고기

　　신경이 과민한데다 화급한 성격이라서 여유가 부족하다. 그래서 상대방보다는 자신으로 인한 감정 기복이 심하고 이로 인해 동료와 부딪치거나 잘 나가던 일에서 고립될 수가 있다.

　　선대로부터 이어받은 명예와 재산이 있고 가정이 화목하여 비교적 순탄한 삶을 영위한다. 그러나 부부 이외의 이성 탐닉은 금물이다.

　　나무 하나가 불덩이 둘을 피워내는 형국이라 벅찬 자기 갈등 내지는 과욕을 가지게 되고 이로 인해 주위를 무시하는 만용으로 치달을 위험이 있다.

　　후천적인 노력으로 격노하거나 급히 서두르는 감정을 누그러뜨리는 연습을 하며 살아가야 무난하다.

　　화려할수록 스스로를 뒤돌아보는 겸허한 마음도 요구된다.

　　삼국지의 장비나 오강의 항우를 참작한다면 좋은 길이 보일 것이다. 또 한때 침체되었다 하여 실의에 빠진다면 자기 운세마저 스스로 꺾는 격임을 명심해야 한다. 신실한 종교를 갖는 것도 자기 성격을 다루는 좋은 방법이 될 것이다.

심장병이나 고혈압에 주의하고 삼림욕을 즐길 것.

 # 평온한 사립문

바탕이 착하여 누구에게나 친절하고 온순하다. 주변에 사람이 많고 도우려는 선후배, 동지가 많은 것도 이 때문이다. 애걸복걸하지 않아도 비교적 넉넉하다.

부부간도 원만할 뿐더러 선대의 음덕으로 유순한 자녀들을 두어 가정 안에 화기가 깃든다.

나무가 불을 지피고 다시 탄재가 흙을 만드니 발전을 보장받은 셈이다. 명예도 찬사도 면전에 중첩해 있다.

그러나 고요히 생각해보고 씩씩하게 나아가는 처세법을 터득하고 잘 행하여야 발전이 더욱 눈부실 것이다.

타고난 친절과 우호감정을 사교술로 가꾸어나가면 좋다. 서두를 것도 없고 주저할 필요도 없다.

그리고 자기만 발전하려고 하지 말고 음지의 괴로운 자를 돕는다면 그가 나중에 더욱 큰 보화를 짊어지고 갚으러 올 것이다.

어드바이스

허약해서가 아니라 마음의 여유를 위한 취미생활을.

木 火 金　이마 위의 한숨

　　화를 잘 내는 편이나 뒤끝이 없다. 좋고 싫은 게 분명하고, 실리보다는 감상적인 것, 현실보다는 이상적인 것을 선호는 풍류취향으로 재산을 허비할 수도 있다. 외화내빈격이다. 마음이 자주 공허해져서 상사와 부하 사이에서 적응력이 부족할 수 있다.

　　가정내에서도 자자분한 충돌이 잦고 자식들에게서도 불평을 듣기 쉽다.

　　나무는 불을 일구지만 그 불꽃이 쇠를 녹이려다 보니 자꾸만 와해된다.

　　이 바탕에서 과민한 성격이 생성되기에 큰 일보다 오히려 지엽말단적인 것에 신경 쓰다가 대세를 놓치거나 사람을 떠나보내게 된다.

　　인생은 마라톤이다. 한번 더 생각해보고 결정해도 늦지 않다. 그리고 주춧돌을 놓기까지 더욱 연구하고 신중해야만 탑이 무너지지 않는다. 남들이 내 생각과 같지 않다고 푸념하기 전에 내가 왜 남들과 다른가를 겸허하게 돌아보도록 하자.

어드바이스

피부 · 대장 · 호흡기 및 만성피로 증후군에 주의를.

木 火 水　나무에서 찾는 고기

투기와 승부욕이 지나치게 강한데다 인내력이 부족하다. 주위 사람들의 협조를 이끌어내는 수완도 미흡한 편이나 솔직한 성품이다.

감정 기복이 심하고 질병이 자주 따르는 편이며 무모하게 덤비는 경향이 있어 유종의 미가 적다. 부모와의 관계나 부부·자식 사이에서도 평탄치는 않다.

나뭇가지에서 힘써 일군 불씨를 찬비가 끄고 가거나 불쏘시개 밑에 젖은 장작이 깔려 있어 노력이 허비되는 형국이다.

자기 갈등과 연민, 과민성 성격으로 불안해하는 것도 이 때문이다.

선대로부터 물려받은 재산과 명예가 있거든 그것을 지키는 데 최선을 다하는 게 현명하다.

욕심을 부려 때아닌 일에 손대거나 길 아닌 곳으로 달리다가는 재산도 사람도 다 잃을 수 있다.

화가 나더라도 폭언하는 버릇을 갖지 말아야 폭행을 피할 수 있다. 가정에서도 마찬가지다.

어드바이스 —————————————————————————

심장·소장·비장 등은 치료보다 사전 예방을.

木土木 빗나간 화살

마음이 공허하고 불안한 나머지 별난 취미를 갖게 되거나 엉뚱한 호기심에 빠지기 쉽다. 피해의식이 심하여 가슴을 열지 않는 경향 때문에 깊이 사귀는 친구도 없는 편이다.

일찍부터 객지로 나오거나 주거·직장을 자주 바꾸기 때문에 경제적 타격도 입게 될 수 있다.

가정내 육친의 덕과 정도 좀체로 기대하기 어렵다.

부모가 너무 일방적이거나 강요만 하는 관계로 성격이 비뚤어지기 쉽고, 조실부모 내지는 결손가정에서 자라는 예가 적지 않다.

나를 이해하는 사람보다는 내게 기대려는 사람, 요청하는 이가 더 많아 생기는 것 없이 바쁘고 피곤하다.

'사람좋다' 라는 소리를 듣더라도 사실상은 가슴속이 늘 허전하고 고독하기 십상이기에 되도록 사람 모이는 곳에 자주 나가고 이웃의 정보를 들어가며 명랑한 기분을 함양시키는 게 좋다. 너무 옹졸하게 생각하는 습관이 깊어진다면 그것이 병으로 진전될 수 있다.

어드바이스

신체·정신 두루 조화가 미약한 편이라는 데 유의를.

木 土 火　둥이 없는 기름

　　호기심은 많고 인내심은 부족하여 한 가지 일을 꾸준히 해내지 못한다. 싫증이 나면 순식간에 걷어치우는 경향이 있다. 무엇보다도 인내력을 기르는 게 최우선이며 그래야만 뭔가를 이룰 수 있다.

　　급격히 화를 내거나 상사에게 생각없이 말함으로써 평지풍파를 일으킬 수 있으니 주의하도록 해야 한다.

　　부모의 음덕은 희박하나 자기 가정내에서는 원만하다.

　　불탄 재가 흙이 되어 나를 도우나 하늘[木]이 나를 외면하는 형국이라서 부모나 윗사람과 충돌한다.

　　자신의 위치가 어떠하다는 것을 스스로 돌아보고, 자만하거나 실망하지 말고 꾸준히 한 가지 일에 매진하는 게 좋다.

　　너무 과중한 것이나 오르지 못할 나무에 연연해하지 않는 것이 좋다. 상사의 칭찬을 기다리기보다는 부하 및 자녀의 도움이 있을 수니, 동료와 후배에게 마음 쏟으며 주어진 상황을 잘 다독이면서 나아가는 게 현명하다.

　　후천적인 노력 여하에 따라 진전도가 다르며 또 성과와 보람도 달라진다.

어드바이스 ────────────────────

위장, 혈압 등 심신 안정을 위해 섭생, 휴식에 신경 써야.

木 土 土 불꽃 뒤의 바람

우유부단할 정도로 소심하게 앞뒤를 재는 경향이 있다. 남들에게 무슨 생각을 하고 있는지 모르겠다는 소리를 들을 만큼 내성적인 편이다. 그래서 협조자가 적거나 스스로 떠나가버리기 쉽다.

비록 가난하지는 않다 해도 큰 부자 소리도 듣긴 어렵다.

자식이 많은 편이고 여성의 경우 속썩이는 남편을 만날 수 있다.

무엇을 위해 뛰려고 하면 시기가 늦었거나 행동에 옮기고 보면 이미 남이 먼저 이뤄놓은 경향이 있어 많은 체력이 허비되는 형상이다.

용모가 의젓하고 행동이 중후하다는 소리를 들으나, 동시에 누구에게도 욕을 먹지 않으려 하다 보니 뜨거운 동지도 없다. 좀더 인간적으로 솔직하게 부딪친다면 상대방도 가슴을 열게 될 것이며 아울러 함께 큰 일을 도모하는 동지로서도 울타리가 돼 줄 것이다.

외롭게 자란 경우가 많아 처자들에게는 과도한 것을 요구하게 되나 그러기보다 먼저 잘 보살펴주어야 그들도 마음을 열게 된다.

영특한 자식을 두게 된다.

어드바이스

안질 · 위장 등 상체 쪽 질병에 주의를.

木 土 金　언 가슴속의 빗장

　적극성이 결여되고 소심한 편이어서 내향적이다. 자기 주장을 확실히 하도록 힘쓸 필요가 있다.

　기회가 왔다 싶을 땐 주저하지 말고 적극적으로 대처해야 나중에 후회하지 않는다.

　아내의 도움으로 궁핍에 처하지는 않겠으나 말이 많은 편이다. 일정한 직업과 결단력 있는 투지로써 자신을 열어갈 필요가 있다. 가정은 원만하나 여성의 경우라면 골치 아픈 남편을 만나기 쉽다.

　욕먹기를 싫어하는 자세가 지나쳐 타당한 모험심까지 버린 결과로 칭찬 들을 기회를 놓친다.

　또 자신이 해놓은 일임에도 다른 사람에게 공과가 돌아가거나 마지막에 간섭한 상사가 자기 공적으로 간주해버리는 탓에 가슴속 슬픔이 크다. 아버지보다는 어머니가 내 편인 경우가 많다.

　협조자가 끝까지 동지인가를 관찰할 필요가 있고 늦게는 자녀의 원조를 받는 형국이다.

　조상으로부터의 애정과 은덕이 박한 편이니 스스로 길을 열어가는 자세가 요구된다.

어드바이스

노이로제 · 위장 · 대장 · 폐 따위에 신중한 대처를.

木	土	水

꿰진 그물코

보수적인 면이 있으며 도량이 좁고 추진력이 약하다. 잊을 것은 잊고 지울 것은 지우는 게 좋다. 인색하게 굴지 말고 내 것만 내 것으로 여기는 경향도 탈피해야 한다.

마음 같지가 않다고 자주 직장·사업을 바꾼다면 끝내 아무것도 얻을 수 없고 사람마저 놓치기 십상이다. 부모 쪽에선 고독하고 많은 자식을 두지만 자식이 속을 썩이며 여성의 경우는 힘든 남편을 만나기 쉽다.

뿌리를 받치는 토대가 허약하고 봇물까지 몰려와 담을 허무는 형국 때문이다.

소심한데다 내구력까지 부족하여 지나치게 보수적이기만 하다.

조실부모하거나 결손가정이기 쉽고 본의 아닌 유랑 내지는 생이별의 고통을 겪을 수 있다. 더욱이 이때 다친 심성으로 인해 평생의 인간관계가 매끄럽지 못하거나 중중 경미한 일에도 충돌을 빚는 경향이 있다.

자기 스스로의 과민 반응과 신경질이 쌓이다 보면 가정 분위기가 살얼음판 같이 되고 이에 따라 자녀들까지도 과민 반응적 기질을 갖게 되어 가족 구성원내의 반목이 잦게 된다.

어드바이스

위장을 비롯해 내장·방광 질병에 주의를.

木 金 木　　들녘의 선잠

비사교적인 체질이라 친구가 적고 아무하고나 어울리지 못하는 경향이 있으나 의리는 깊은 편이다.

내색을 잘 하지 않는 성격이라 같이 있어도 얼른 이해가 안 가는 구석이 있다. 겉으로 화려해 보여도 마음이 늘 곤고하고 몸 또한 피로에 지쳐 있는 상태이다.

부모 덕이 희박하거나 결손가정이기 쉽고 부부, 자녀 사이에도 소원하기 쉽다.

좌우의 나무를 쇠가 톱질하는 형상이어서 서로 부딪치고 싸우므로 상호 고립된다.

스스로는 의협심이 특출하여 어긋난 일을 발견하면 참지 못해 대들지만 역부족으로 인하여 옷만 버리고 엎어지는 형국이다.

척 보면 알 정도로 분별과 추리가 대단하지만, 앞뒤를 너무 재거나 과단스레 덤비다 적을 사거나 손해를 본다.

상대를 느긋하게 믿지 못해 친분관계가 소원하고, 그런 연유로 혼자 일을 벌이는 사례가 많다.

식성 또한 까다로워 체력이 못 미치거나 편식을 하여 뇌까지 손상시키는 괴팍스런 성격이기 쉽다.

연구직이나 혼자 추진하는 일이 적성에 맞다.

어드바이스 ———————————————————————

심폐질환 · 신경과민 · 비염 · 알레르기 조심을.

木 金 火

여름 솜바지

일방적으로 고집이 세고 독단적이어서 화합을 잘 못하는 경향이 있다. 엉뚱한 방법, 뒤떨어진 행위로써 이익에 반하는 쪽으로 내달릴 수도 있고 자기 마음을 잘 다스리지 못한다.

세상사는 맘먹고 뛰기만 하면 무엇이나 이뤄지는 게 아니다. 내 맘대로 안 되거든 차라리 남의 말이나 충고를 통해 방법을 터득하는 지혜가 필요하다.

위에서 누르고 아래서 치미는 샌드위치 형국으로 가정운도 두루 박약한 편이다.

혼자서 발명을 한다든지, 특수한 분야에서 연구에 몰두하는 직업이 아니면 융화 및 협조에 능란치 못해 사람들 사이에서 고립되기 쉽다.

지능이 아주 높거나 반대로 저능 수준의 사람이 많더라는 것도 이 경우의 특색이고, 간혹 과대망상 또는 정신이상 등의 늪에 빠지는 경우도 있게 된다.

조실부모 또는 결손가정에서 자라거나 일찍 객지로 떠도는 사람이 많아 고독과 침묵이 몸에 배기 십상이고, 자녀에게서 하극상도 받을 수 있다.

부상, 조난에 대비하여 모험하지 않는 게 좋다.

어드바이스

뇌질환 · 호흡기 · 알레르기 · 만성질병 등에 주의를.

| 木 | 金 | 土 | # 때 아닌 찬비

　불평·불만이 많으면서도 내색을 하지 않아 남들은 모르나 자신은 늘 괴로운 심정을 가지고 있다. 매사를 지나치게 되뇌이거나 심각하게 생각하여 정신건강이 나빠질 수도 있다.

　노력한 만큼은 거둘 수 있기에 스스로 땀을 흘리나 종종 자기휴식을 갖는 여유 속에 많이 웃도록 하자.

　가정도 무난하며 여러 자녀도 선량한 편이다.

　가정에 대한 애착이 지나쳐 잔소리꾼이 되기 쉬운 흠을 가지고 있으니 이는 부모에게 정이 없거나 떨어져 살아온 고독에서 연유한다.

　겉으로 내색은 않지만 쌓인 불만 때문에 정신을 해치거나 망상에 사로잡혀 스스로 고생하기 쉽다.

　윗사람의 칭찬을 받으려면 객관적이고 상식적인 사고와 태도로 협조해야 하며 수하 사람에게도 너그럽게 대해야만 불의의 올무에서 벗어날 수 있다.

　술자리, 오락시간을 잘 만들거나 리드를 하여 인기가 높은 반면 가슴에는 신경질이 도사리고 있으니 잘 다스릴 필요가 있다.

어드바이스

과로, 신·간장 질환, 우울증 등에 현명한 대처를.

木 金 金　자기를 겨눈 화살

　　비상한 안건을 도출해내거나 기발한 착상을 하고서도 일단 침묵하는 버릇이 있다. 남들을 놀라게 하여 즐겁게 하려 했지만 그것이 독단 내지는 음흉한 꾀로 받아들여질 수가 있다.

　　고집이 세다는 점도 고칠 점이다. 평소에 잘 참는 듯하다가도 하극상 내지는 만용을 부리기 쉽다.

　　가정에서도 이리저리 충돌하거나 화기가 없는 편이다.

　　여럿이 모인 자리에서 별난 생각을 아이디어로 제공했다가 흥을 깬다든지, 우쭐한 김에 분위기를 바꿔버리는 독단 때문에 상사나 선배에게 무시당하기 쉽다.

　　두 톱날이 나무를 베고 들어오는 형국이라, 스스로 전전긍긍하는 형이다. 부디 너그러운 미소로 침착히 생각해보고 행동에 옮기는 신중함을 기르라고 권하고 싶다. 어려서부터 고적하고 따로 떨어져 살아온 인생전력 때문에 남과 어울려 있으면 오히려 고독을 타기 쉬운 특성이 있다. 사소한 것을 남과 비교하여 스스로 열등의식에 빠지기 때문이다. 툭툭 털고 일어서서 너털웃음으로서 잊어버리는 습관을 갖도록 하자.

눈·코·두뇌 질환 및 우울·과로에 주의를.

木 金 水　　　# 빈 거리의 등불

친절한 면이 결여된 경향이 있으므로 후천적인 노력이 요구된다. 별것 아닌 일에 자주 화를 내는 것도 삼가할 점이다. 자기 불안이 내면에 스며 있기에 좀더 느긋이 견디는 연습을 계속할 필요가 있다.

부부간의 정이 소원한 편이데 자식들마저 방임하거나 너무 감싼 나머지 속을 썩이기 쉽다.

쇠와 물의 관계는 무난하나 나무가 기를 막고 있어 위에서부터 문을 닫아 가두는 꼴이다. 물과의 관계(부하 · 후배)는 원만한 편이라서 잘 어울리나 도움받을 정도는 못 된다.

타고난 소심함과 조울증에다 무거운 집안 분위기에 아내 또한 상냥한 편이 아니기 십상이다.

노력을 하지만 실제보다 과소평가하려는 상대 때문에 자신이 위축되어 있고 그래서 본의 아닌 짜증도 많다.

자녀가 영민하지 못하더라도 너무 꾸짖지 말아야 한다.

내 인생은 내 인생이고 근본적으로 그들의 인생은 그들의 몫이기 때문이다.

어드바이스

되도록 많이 웃고 스트레스 · 우울증 · 뇌일혈에 조심을.

木水木　　반쯤 기운 잔

　유순하고도 견고한 양면과 원만하면서도 열정적인 대인관계로 어디에서나 환영받는다.

　돈도 얻고 명예도 얻는 격이나 내장·방광 등이 약할 수 있으니 다방면에서 너무 무리하지 말아야 한다.

　배우자 운이 약한 편이고 자식들도 방임 내지는 너무 쓰다듬어 길러 뒤치다꺼리가 골치 아픈 편이다. 말하자면 사회성보다 가정운이 약하다.

　외모가 풍성하고 자애로워 우선 첫인상부터가 호감을 갖게 하는 인물인데다 행동 또한 신중하여 덕스러운 사람으로 인정받는다.

　그러나 남 모르는 속근심이 있기 쉽고 강인하지 못한 체질이라서 아내와의 사이가 삐걱거리기 십상이다.

　원인이 어디에 있는가를 살펴 치료할 건 치료하고 예방할 것은 예방해가면서 가정을 잘 살펴나가야 무난하다.

　병약한 부모에게서 받은 건강으로 자신도 건강하지 못한데 더욱이 부모의 간병에 지치기 쉽다.

　효도가 지나치면 또한 아내와 자식에게 소홀해질 수 있으니 양쪽의 균형을 바로 잡을 지혜가 요구된다.

어드바이스

밖의 일만 몰두하지 말고 집에서도 확실한 가장이기를.

木 水 火　주머니 속의 송곳

신경과민에 인내심이 부족하여 화를 잘 낸다. 상대방의 실수에 좀더 관대하려고 노력해야 한다.

잘 나가던 일도 사람과의 관계로 깨지게 되어 기쁨과 고통이 연이어 뒤바뀔 수 있다.

너무 목적만 바라보고 서두르지 않도록 해야 하고 베풀 자리에서는 베풀 줄도 알아야 한다.

가정운은 박약한 편이고 자녀에게는 엄할수록 역효과가 난다.

상황 판단이 빠르고 눈치가 비상한 만큼 윗사람에게는 예의범절에 투철한 사람으로 보이고 눈에 드는 인물이 된다.

그러나 이러한 반짝이는 기지에도 불구하고 끝내 한 부분이 비뚤어져 크게 인정받기에는 역부족이거나 한계가 있다. 또 부모나 조상에게는 효도가 극진하여 타의 모범이 된다는 소리를 듣다가도 가정내에서의 원만치 못한 이유로 손가락질의 대상이 될 수 있다.

부부 불화를 무엇보다도 경계해야 되는 이유는, 그로 인해 정신적인 타격을 크게 입거나 사회에서의 성공마저 무산시켜버릴 수 있기 때문이다.

어드바이스

만성피로 · 신경계 · 스트레스에 주의를.

木 水 土　　비 맞은 짚신

　　내 생각만 옳은 줄로 여기는 옹졸함이 있다. 언제나 상대를 이해하고 포용하는 데 힘쓸 필요가 있다. 남보기엔 화려해 보여도 가슴으론 우울하고 곤고한 경향이 많다. 한 가지 일에 꾸준히 정진함이 요구된다. 이것저것 따라다니다 보면 한 가지도 해내기가 어렵기 때문이다. 가정운도 좋은 편이 못 된다.

　　아래와 위가 나를 가운데 두고 극해 있기 때문에, 아내 또는 처가와 부모가 충돌하거나 이해가 갈려 중간에서 땀을 흘리게 되는 형국이다.

　　이는 자신보다 사정이 좋은 집안, 또는 우월한 입지에 있는 아내를 만나 그의 도움을 받고 있는 때문인데, 그러기에 가정사부터 잘 다스려야 어려움을 면할 수 있다.

　　자녀 중에는 주위의 찬사를 받는 이가 있거나 반대로 지나친 병약·무능자가 있어서 노력을 허비하기 십상이다.

　　주위의 비난을 무릅쓰고 공들여 기른 자녀가 출세한 뒤에 외면한다는 통계도 없지 않다.

어드바이스 ─────────────────────────

스트레스·신장에 주의하고 과음에 제동을.

木 水 金　돌로 치는 북

　우유부단한 일면과 집중력이 모자라는 일면만 극복하면 한 가지 일에 꾸준히 매진함으로써 성공이 가능하다.

　승부욕을 지나치게 자랑하거나 오기로 모험을 하지 말 것이며 투기하는 일에는 신중하기를 권한다. 한 번 실수했으면 거듭하지 않아야 할 것이다.

　부모와 자식 사이도 부부 못지않게 화목하나 여성의 경우는 남편 고생이 있는 편이다.

　오행 배치가 잘 맞은 편이나 거꾸로 앉은 형국으로 말하자면 자수성가형이고 올려받치는 상황이라 퍼주고 이어받는 형국이다. 그러기에 상호 연관된 일, 중간에서 돕는 일 등 중계자나 카운슬러, 화해역을 잘 맡게 되고 그런 일에 적성과 승산이 있다.

　나 자신이 자녀의 협조를 받는 입장이 되어 영민하거나 출세하는 자녀로 하여 얼굴이 빛나게 되고 흐뭇해지게 된다.

　이것저것 남의 말만 듣고 왔다갔다하면 한 가지 직종에 꾸준히 매진하여 성공하는 확률이 그만큼 줄어든다.

어드바이스

신경계·호흡기를 주의하고 늘 기쁘고 감사해하는 마음을.

木 水 水　화분이 놓인 셋방

　　돈을 너무 좋아하고 아끼는 경향이 있다. 사람을 잃을 만큼 인색해서는 안 된다. 화가 오기 때문이다.

　　재물에 대한 이기심이 너무 앞설 경우, 높은 지위에 있다가도 추락할 수 있고 가정까지 깨지게 된다. 주변 사람들과 늘 화목을 도모하는 노력이 요구된다.

　　가정적으로는 부모와도 처자와도 소원한 편이다.

　　특히 남자 쪽이 더 고독할 수 있다.

　　나무에 비해 물이 많은 편이라 과도한 수분이 흠이다. 때문에 적당히 만족해하며 적당히 물러설 줄도 알아야 무난하다. 예의 바르고 수하 사람도 아끼는 성품이지만 너무 많은 계산을 반복함으로써 스스로 신경을 긴장시키고 정력을 소비한다.

　　부모 쪽에서는 사랑이 지나치거나 훈계가 도를 넘어 많은 것을 충고해옴으로써 또한 침묵을 가중시킨다.

　　능동적인 아내는 경제적인 협조자가 되어 도움이 되나 자녀들에게 관심 갖지 않으면 자녀가 밖으로 나돌게 될 것이니 따스한 관심이 요구된다.

어드바이스 ────────────────────────────

심폐질환 · 방광 · 스트레스 등에 주의를.

火木木　비단 위의 꽃무늬

　도전적인 의지와 투지가 넘쳐 어떤 일을 착수하면 쉴 줄을 모른다. 타고난 바탕도 좋거니와 당찬 집착력으로 계속 발전하여 성공한다.

　사회에서나 가문에서 나를 돕고 협조하기에 뚜렷한 입지에 굴함이 없겠다.

　가정내에서도 화목하고 넉넉하여 기쁨이 중중할 수이다.

　두 나무가 불꽃을 다투어 피우니 그 밝기가 아주 눈부시다. 그러나 나무가 겹쳐 있어(地·人) 경쟁하기 때문에 지나치게 남의 눈에 띄는 형상이다. 시기심을 촉발시킬 수가 있다. 하지만 투철한 자기의식과 목표를 내다보고 집착하는 끈기, 여건의 도움을 입어 쭉쭉 뻗어나간다.

　자자분한 말다툼까지 없을 수는 없으나 내외간에도 비교적 순탄하고 열정적인 동지감이 오랜 기간 지속된다.

　신장이 약할 수 있으니 이 분야에 신경을 쓰고 과로가 겹치지 않도록 사전에 조절하는 게 현명하다.

어드바이스 ─────────────

물을 많이 마시고 여행이 곁들여진 레저를.

火 木 火　이미 사라진 근심

　　남에게 뒤떨어지거나 지는 것을 싫어하고 자존심이 강하나 사실은 대범하지 못한 성격이다. 하지만 타고난 여건이 좋고 꾸준히 노력하는 끈기까지 갖추었기에 나날이 달라질 것이다. 한번 맘먹은 일은 끝을 보아야 직성이 풀리는 성격이다.

　　좋은 배우자를 만나고 근면하게 협동하는 가정을 이루어 즐거운 인생을 구가한다.

　　한 나무가 두 개의 불을 지피는 형상이라 때때로 과중한 체력 소모로 스트레스를 받아 별것 아닌 일에 문득 대들게 되지만 비교적 대체로 순탄하다.

　　작은 일이라 하여 소홀히 넘어가지 않고, 큰 일이라 해도 겁을 내지 않는 융통성 있는 태도로 사통팔달 승승장구할 것이다. 그러나 너무 잘 나가다 보면 때때로 자기의 꾀에 얽힐 수 있다는 점에 유의해야 한다. 두 덩이의 불이 나무 하나를 두고 서로 다툴 수 있기 때문이다.

　　음식을 짜게 먹거나 편식하는 습관이 있다면 빨리 고치고, 과음을 자제하고 금연을 하는 등 건강에 신경 써 기력을 유지하도록 해야 한다.

어드바이스

간장 · 신장 주의, 제철 음식에 충분한 휴식을.

火 木 土 　잘못 당긴 시위

상대를 빨리 간파하여 잘 사귀는 편이다. 하지만 상대를 이기려는 욕구가 강해 이를 자제하는 노력이 요구된다.

타고난 바탕도 우수하거니와 사물에 대한 이해도가 높아 슬기롭게 대처하므로 목표를 빠른 시일내 성취한다. 몸으로 해내는 일도 적성에 맞는 편이다.

부부·자녀운도 좋으나 혹시라도 여성편력에 탐닉하다가는 큰 봉변을 당할 수 있다.

상황 적응이 뛰어나고 유머감각이 풍부해서 어디서나 좌중을 웃기는 기질이 있고 딴생각 없이 융화도 잘하는 편이다. 그러나 한번 무슨 이유로 독선을 행하게 되면 한쪽으로 기울어 주변의 눈총을 받을 수 있으니 평상시에 중용을 유지하려 힘쓰고 과음하는 경향에서 벗어나도록 해야 한다.

종교를 갖고 늘 자신을 침착하게 돌아보는 심성을 기른다면 더욱 좋겠다. 아내를 귀히 여기고 여기저기 눈 돌리지 않는 것도 스스로를 위한 일임을 알아야 한다.

처신이 모나지만 않는다면 중간 이상의 삶을 누린다.

어드바이스 ──────────────

음악이나 서화감상 등 휴식을 겸한 취미를.

늦가을 흩치마

　신경과민성 경향에 비판의식이 투철하고, 인상보다는 내면이 굳은 편이고 양보심이나 이해심이 부족한 면이 있다.

　한 가지 일에 꾸준히 매진하는 끈기도 모자라는 편이다.

　평소에 덕을 쌓지 않으면 주변에 원망을 사게 되고 이로 인해 특히 하극상의 치명타를 입을 수 있다.

　직업이나 직장도 자주 바꾸면 득보다 실이 많다.

　부부간에 이성문제로 충돌하거나 불손한 자녀를 두기 쉽다.

　자신은 늘 자질구레한 상황으로 인해 불편한 마음이 되기 쉬우나 내색을 잘 하지 않는다. 상사에게 미움을 받지는 않겠으나 부하에게는 감정을 잘 드러내거나 짜증을 부려 원망받기 십상이다.

　아랫사람을 평소에 잘 돌아보지 않거나 다독이지 않았다면 결정적인 순간에 모반 내지는 훼방을 놓아 크게 후회하는 지경에 이르기 쉽다.

　아내는 자기보다 영민하기에 거느리기 힘들고 오히려 아내에게 조종을 받거나 버거워하며 투덜대게 된다.

어드바이스

스트레스 · 뇌 · 폐 · 과음 · 편식 주의를.

火 木 水 　　때 잃은 방포

　소극적이고 내성적이나 자존심이 무척 강한 형으로, 인내심과 노력하는 태도는 탁월한 일면을 가진다. 그런데도 큰 성공을 못 거두는 것은 너무 큰 목표를 설정하고 있기 때문이 아닌지 생각해 보기 바란다.

　물려받은 것이 있다면 안전하게, 자수성가형의 길에 섰거든 신뢰와 포용으로써 도모해야 실패가 적다.

　부부간 애정이 깊지 못하고 자녀가 속을 썩인다.

　부모가 감싸주고 인정해주지 않아 언제나 고독했거나 아니면 불평이 많고 기를 펴지 못하는 성격이 되기 쉽다.

　하지만 인내심으로 비교적 잘 참아나가면서 돌파한다.

　사회 생활에서는 좌우 상황이 순조롭고 자신도 두루 힘쓰매 사람관계 덕으로 뻗어나갈 수 있다.

　단, 일단 주머니에 들어온 것을 내보내지 않으려는 이기심으로 인해 인심을 잃게 되면 자신을 지탱하던 기둥들이 하나둘 빠져나가는 입장이 되므로 급기야는 지붕마저 내려앉을 수 있으니 여유로운 마음을 가질 필요가 있다. 자애심이 부족하거나 너무 늦게 깨닫는다면 어리석은 일이다.

어드바이스

신경계 · 조울증 · 패혈증 · 관절 질병에 신중을.

火 火 木　　새로 돋는 달빛

지모가 출중하고 성격도 원만하여 어디가서나 앞자리에 앉으며 사물을 꿰뚫어보는 눈과 우수한 판단력으로 모든 일에 잘 대처함으로써 우뚝한 자리에 설 수 있다.

타고난 기반이 좋고 돕는 손길도 많아 무슨 일이든 극복하고 발전한다. 여성의 경우 매력형이고 남성의 경우 이지형이며, 가정운도 좋다.

대인관계를 잘 할수록 성공이 가까이에 있음을 명심하라.

나무에 붙은 불이 하늘로 솟구치는 형국이라 화려하고 대범하며 적극적이다.

언변과 판단력으로 주위에 사람이 끓게 되고 적응도 뛰어나 일사천리로 달린다.

한 가지 주의할 것은 속에 감춰진 편협심 내지는 열등의식 때문에 남의 출세에는 비판적이 되기 쉽다.

자녀들의 경우 건강만 잘 돌본다면 말썽 피우는 아이도 없을 뿐더러 칭찬하는 소리로 즐거울 것이다.

열등의식은 다소 소심한 데서 나오는 것이다. 호연지기를 기르도록.

어드바이스

폭식 · 과음하는 경향과 간장질환 주의를.

火 火 火   독에 든 쥐

솔직 · 담백한 성격이나 화를 잘 낸다.

어떤 일을 앞에 두었으면 급하게 속단하지 말고 차분하게 생각을 정리한 뒤 결정하는 태도가 요구된다.

부주의와 참을성 부족이 겹치면 크게 낭패한다.

좋은 배우자를 만났음에도 독선적인 면 때문에 사람을 놓칠 수 있고, 가정 분위기가 썩 원만하지는 못한 편이나 폭력을 행사할 정도는 아니니 무난하게 지내도록 노력해야 한다.

성질이 너무 뜨거운 나머지 성급하고 다혈질이기 쉽다.

그러나 뒤끝이 없어 사람들과 잘 어울리며, 가운데 끼어 양쪽의 가슴에 다리를 놓는 가교 역할도 잘 해낸다.

하지만 일단 자기 의사와 반대편에 선 사람이라 판단되면 불같이 덤비거나 가차없이 공격하고 헐어내는 일면이 있어 온건하게 유지되는 인간관계를 갖기는 힘들다.

생각났다 하면 즉석에서 움직이는 성향을 이어받아, 자녀들은 운동을 좋아하거나 선수 생활을 하게 될 확률이 높다. 부모에게는 더없는 효자 효부다.

어드바이스 ───────────────────────────

스트레스 · 울화 · 심장 · 정신분열 등에 대처를.

火 火 土　　이미 물린 고기

　서두르는 경향이 있으나 솔직·담백하고 너그러운 포용력으로 주위와 무난히 어울린다.

　너무 과욕을 부리지만 않는다면 평단할 것이나 목표 설정이 지나치다든지 이상이 과하면 승패를 반복하게 된다.

　물려받기보다는 내 손으로 가문을 일으키는 형국이니 초지일관하는 실정으로 매진한다면 가정은 무난할 것이다.

　본바탕은 산만한 성격이지만 후천적인 여건과 습성으로서 다소곳한 성품으로 자리잡는다.

　언변이 유창하고 외국어에도 남다른 수완을 보일 수 있다.

　따라서 국제적인 교류, 통역 등의 분야를 겸하는 직업도 좋고 중개 역할을 맡는 메신저로도 두각을 나타낼 수 있다. 변호사 등의 업무도 적성에 맞는다.

　본인이 활달하고 유머러스한 반면 자녀들은 오히려 신약하거나 눌변일 수 있다. 그러나 잘 돌보면 자기 몫을 해내는 자식으로 성장할 수 있다.

피로·순환 장애 및 안구 질환에 주의를.

火 火 金　부러진 화살

　　과단성 있고 솔직하나 공상에 몰두하는 경향이 있다. 사치를 즐기는 경향과 이상을 너무 높이 둔 까닭에 현실은 곤고할 수 있고 이성 문제가 복잡할 수 있다.

　　상사와 부하 모두에게 베풀고도 당할 수 있을 만큼 친화력이 희박한 편이다.

　　가정내에서도 구성권과 이상이 달라 잦은 충돌이 많다. 되도록 더 넓게 이해하고 용서하는 자세가 요구된다.

　　두 개의 불이 한 덩이의 쇠를 녹이는 형국으로 도처에서 제약을 많이 받게 된다. 꾸밈없이 행동하고 툭 털어놓는 면이 있는데 상대방은 이를 허세로 받아들이는 경향이 있고 자신은 우월감에 도취되기 쉽다.

　　상대를 가리지 않고 잘 사귀는 바람에 오해가 잦을 수 있고 또 실제 이성 문제로 고난에 처하기도 한다.

　　다방면에 박식하고 발이 넓은 것이 자산이 될 수도 있으나 이것이 오히려 걸림돌이 되어 한 가지 주제에 집착하지 못하는 단점으로 대두될 수 있다.

어드바이스

호흡기 · 피부 · 대장염과 과로에 주의할 것.

| 火 | 火 | 水 |

벼랑에 핀 꽃

일이 막히면 곧바로 짜증을 내는 성격에 포용력 또한 약해 나름대로 사람과 가까이 사귀기 어렵다.

노력을 함에도 끝이 성공적이지 못한 것도 대개가 대인관계의 조절에서 실패한 때문이다.

어느 정도 재산이 모이거나 지위에 올랐거든 훗날을 염두에 둘 필요가 있고 과욕은 금물임을 알아야 한다.

가정운도 희박하여 부부 자녀 간에 대화가 썰렁하기 쉽다.

하극상으로 치밀어오른 물줄기에 의해 두 불이 소진되는 형국이라, 난관이 적지 않다.

부하·아내·자녀와의 관계가 소원해지기 쉬운데 이는 자기보다 우월해 보이는 대상에 대해 너그럽지 못하고, 모른 척 참고 웃어주는 아량이 부족해서 이다.

그러나 순간적인 판단력과 순발력이 좋아 기지를 요하는 직종이나 초동수사에 적성을 보인다.

부모나 조상과는 무난한 편이나 주변의 형제·처가 친족 등과의 불화가 예견된다.

어드바이스 ────────────────────────────

스트레스·울화·심장·고혈압 등에 주의를.

火土木　　스산한 늦달

비교적 온순하고 너그러우며 사람들과 원만하게 지낸다.

생각도 크고 노력도 하는 편이다. 그러나 지구력이 부족해 차츰 열정이 사라지는 형국이다.

마음에 있는 생각은 바로 대화로 풀며 지내고 큰 돈을 들여 투자하는 일은 삼가하는 것이 좋다.

여성의 경우는 좋은 남편을 만나지만 자주 부딪치게 되며 속썩이는 자녀가 있다.

土와 木이 부딪치는 관계로 아내와의 사이가 냉랭하기 쉽다.

누가 뭐래도 잘 참는 성격이라 사회생활은 그런대로 구김살 없이 벌어나갈 수 있다.

하지만 하극상의 상황이 발상하기 쉽고 비밀로 의논한 일이 폭로당하는 등 인덕이 희박하며 부하운이 없는 편이다.

친밀하고 악의 없는 인간관계를 유지하도록 힘써야 한다.

자녀는 착한 반면 너무 유약한 성격일 수 있으니 신경 써서 보살펴야 한다.

어드바이스 ────────────────────

폭식 · 폭음을 삼가고 서둘러 금연 실천을.

火 土 火　제 발로 온 돈자루

사람과 잘 어울려 어디가서도 환영을 받는다.

성실한 인품과 폭넓은 아량을 겸비하였으며 지성적인 형이다.

타고난 바탕과 여건도 좋거니와 주위 사람이 도와주는 실정이므로 순풍에 돛 단 듯이 전진한다.

거친 광야에는 나가볼 일이 없을 정도로 안온한 삶을 누릴 수 있고 온유한 마음 자세와 도량으로 가정내에서나 부부 · 자식간에 두루 화목한 웃음이 떠나지 않는다.

사방의 불이 흙을 돕는 형세니 어느 곳에도 막힘이 없고, 두루 활달한 성격을 가진다. 인품과 재량, 여건과 추진력이 함께 한다면 세상에 못 할 일이 없을 것이고 가능치 않은 일 또한 없을 것이다.

유산이 풍족하고 전도가 양양하다면 세상 끝에 갖다놔도 흔들림이 없을 것이다.

옛말에 가난이 극에 달하면 내일이 안 보인다 했는데, 이 말을 뒤집으면 모든 게 넉넉하면 나아갈 길이 훤하게 보인다고 할 수 있을 것이다.

모쪼록 큰 일을 도모하고 선하게 살아가기 바란다.

적선을 보람으로 알고 일단 한번 준 것은 잊어버리기를.

火土土 황금알을 낳는 거위

길이 아닌 곳은 가지 않으려는 정도주의자이다.

안전한 것과 평화로운 것을 선호하기에 예의범절과 신용도에서 높은 점수를 받는다

가문이 좋고 여건이 확실하므로 구차한 행동은 하지 않는다. 설령, 맨손으로 시작했다 하더라도 우뚝한 탑을 쌓는 형이라 할 수 있다.

부모의 음덕이 크고 가정 안에서의 분위기도 평온하여 기쁨이 중중하다.

두 흙이 하늘의 물을 받는 격이요, 하늘의 재가 흙으로 돌아오는 격이니 일부러 수렁에 뛰어들지 않는 한 잘못될 턱이 없다.

사람 됨됨이가 어떤 그릇이냐에 따라 얼마만큼 발전이 가능하냐 하는 문제만 남아 있다.

큰 생각을 하고 넓은 시야로 넉넉한 사랑을 배우는 자세가 필요하다.

土가 승하여 가슴이 약할 수 있는 게 흠이지만 악의를 품지 않는 한 급병에 걸릴 염려도 없다.

이름이 높거든 자애를, 재산이 불거든 인덕을 더욱 베풀어 살아가기를 바란다.

어드바이스

선량한 종교를 갖고 사회 분야에 관심을.

火 土 金　평지의 길손

　　비교적 온순하고 평탄하나 적극성이 부족하여 타의를 따르다 본전을 잃기 쉽다.

　　윗대로부터 물려받은 것이 있으면 나태해지기 쉬운 게 흠이나 비교적 순탄한 일생을 보낸다.

　　이름에서 총획이 나쁘면 손해와 이별이 있을 수 있고 이성문제에 빠지면 큰 고생을 하게 된다.

　　건강을 과신하거나 방종하지 말아야 한다.

　　없는 데서 출발했으면 넉넉히 있게 될 것이요, 있는 것에서 시작했다면 풍부하게 넘칠 것이다.

　　그러나 풍족하고 여유롭다고 우월감에 도취되거나 방심하고 안일하게 행동하면 뜻하지 않은 상황에서 고꾸라질 수가 있다.

　　하지만 결정타는 아니며 또 악의로 저지르거나 일부러 모반을 꾀한 게 아니라면 꼭 자기 탓만은 아니다.

　　좋은 친구와 사귀면서 그의 조언을 참고한다면 크게 넘어질 일은 없을 것이다.

맹장 · 신장 · 뇌출혈 · 성병 · 위장 등에 주의를.

火 土 水

잃어버린 나침반

　재변과 기지가 특출하다. 그러나 이 자질이 잘못 길들여지면 조악한 경지에 빠지게 된다.

　길이 아니거든 가지 않으리라는 신조를 가질 필요가 있다.

　자기 잘못을 운명이라고 핑계 대는 일이 생겨서는 안 되기 때문이다. 여성의 경우 무난한 배우자를 만나지만, 부부·자녀 사이에 썰렁한 분위기가 되기 쉽다.

　일을 착수했으면 그때까지의 계획에 따라 추진해야지 중간에 자꾸 방법을 바꾸면 안 된다.

　사람과의 사귐에 있어서도 그렇다. 처음에 웃는 낯으로 대했다가 큰 이익이 없을 사람이라고 싸늘하게 대한다면 파멸만을 재촉할 뿐이다.

　예컨대, 여성이라면 의상과 헤어스타일을 자주 바꾸지 않는 게 좋다. 상대방은 변덕으로 보기 때문이다.

　부모의 유산을 의논 없이 처리했다간 모두 잃고 결국은 홀로 울게 되기 십상이다. 아내를 대함에 있어 슬기롭게 처신하고, 자녀에게는 유학 권유가 유리하다.

어드바이스
───────────────────────────────

위경련·소화불량 외에 술 담배 관련 질병에 주의를.

火 金 木　　　재승박덕

　　예민하고 상황을 간파하는 능력이 빠르다. 그러나 중중 속아 넘어가는 일이 많다. 그러나 남을 못 믿는 경향이 있다.

　　또한 한 쪽으로 치중하는 성격이 있어 과대한 목표를 세우는 탓에 반란 내지는 모략에 얽힐 수가 있다. 신중한 참모를 두거나 재고에 재고를 거친 충고만 받아들여야 발전에 속도를 가할 수 있다.

　　가정내에서도 독단적이고 눈치만 빠른 구성으로 인해 가슴을 다칠 공산이 크니 좀더 너그럽게 대처하는 자세가 요구된다.

　　똑똑하다는 소리를 듣는 사람은 천천히 행동하고, 반대로 미련하다는 소리를 듣거든 찬스에 과감할 필요가 있다.

　　재주가 있으면 실천력이 부족하기 쉽고, 재능이 뛰어나면 주저하는 경향이 있다.

　　아래위가 서로 부딪치니, 눈치만 발달하는 결과를 낳거나 흥분한 상태 아니면 불안한 여건 때문에 안정이 안 되고, 그래서 빨리 끝내고자 하여 손해를 본다. 너무 오래 생각한 것은 그래서 이미 시기를 놓친 사안이 된다.

　　삼국지의 방덕(봉추)을 생각해보자.

신경과민 · 전신마비 · 뇌졸중 등에 주의를.

火 金 火　잘못 끼운 단추

　　결론을 들어보지 않고 판단해버리는 약점이 있다.

　　인생은 마라톤이라 하지 않던가. 한 번 더 생각해보고 결정해도 늦지 않다. 상사나 부하에게도 말을 함부로 하거나 때아닌 장소에서 불평하면 안 된다.

　　누군가는 늘 자기를 지켜보고 있다고 생각하면 틀림없다. 가정 내에서도 그다지 인기 있는 구성원이 못 되고 피차 냉랭하게 대하게 된다.

　　나 자신이 일부러 그렇게 하려 했던 것은 아니라고 하더라도 결과가 나쁘면 계획도 나쁘다고 판정된다.

　　요컨대 심신을 안정시키는 마음의 조절부터 신경 써야 한다.

　　어려서 부모를 여의었거나 떠나 살았다면 그것을 운명적으로 긍정하고 새길을 열어가야지, 계속 나는 불행하다고 여겨 거기에 집착한다면 괴로운 길로만 자꾸 기울어지기 쉽다.

　　남편이나 아내 가운데 보다 합리적인 사고에 의해 제안된 일이 있다면 협조해서 그 일을 이루어나가는 게 좋다.

우울증 · 신경쇠약 · 스트레스 및 호흡기 질환에 대처를.

火 金 土　고송의 독백

　　세상은 넓기 때문에 나 같은 사람만 사는 게 아니다. 좀더 여유 있는 마음으로 상대를 포용하도록 하자. 또 내 기분이 나쁘다고 상대방에게 불평을 해댄다면 동지마저도 잃게 된다. 자린고비 소리를 들을 만큼 돈에 집착하여 가난하지는 않을 수 있으나 주변에 인심을 얻지 못해 외면하는 관계로 속가슴이 쓰리고 공허하다.

　　부모, 형제 두 방면이 싸늘하고 자녀복이 박하나, 남성의 경우 부부관계는 그런대로 무난하다.

　　약싹 빠르고 똑똑하기에 항상 바쁘게 살아가는 스타일이어서 결정적인 때에 이기적인 입장이 되거나 반대로 미련하기에 상대의 충고에 둔감하여 엉뚱하게 서 있게 될 수 있는 형국이다.

　　시작을 함께한 사람이라면 다소 미흡하더라도 같이 가거나 중간에 버릴 것 같으면 처음부터 같이하지 말아야 한다.

　　생각에 생각을 거듭하여 자기 스스로 고통에 빠지거나 필요없이 고민하는 경향은 벗어나야 한다.

　　후배와 하급자에게 인기가 있으니 그 상황을 선한 방향으로, 선의로 응용하는 자세가 요구된다.

어드바이스 ─────────────────────

우울증 · 뇌출혈 · 호흡기 질환 등에 유의를.

火 金 金　자루에 담은 물

　　많이 연구하고 또 노력도 하는 편인데 사람 사귐에 있어 원활하지가 못하다. 그러기에 혼자 연구하는 직종이나 기계를 수리한다든지 하는, 간섭을 받지 않는 직종이 유리하다.

　　어려서부터 부모·가족에게서 떨어져 살거나 과도한 통제 속에 자랐는데, 그것을 자기 가족에게도 적용하려다 보니 실패하거나 하극상을 받을 수 있다. 식구들 사이에서도 툭 터놓지 못한 비밀이 있게 되거나 서로 경원하게 된다.

　　아주 탁월한 상황 판단과 결단력으로 미증유의 찬사를 받기도 하고 자신이 창안한 사안이 찬·반의 여론을 불러일으킬 만큼 주목도 받는다.

　　그러나 기본적으로 모으기보다는 헤치는 형국이라서 초반에 잘 쌓아온 노력에도 불구하고 결과적으로는 남는 게 없기 십상이다.

　　더구나 잘 나가던 일의 공과가 다른 사람의 명의로 돌아가는 등 원하지 않던 결과로 눈물을 흘릴 수 있으니 슬기롭게 대처하도록 하라.

어드바이스

뇌질환·우울증·호흡기·안과 질환의 엄습에 대비를.

火 金 水　바람에 이는 먼지

　　사람을 가려 사귀는 습성 때문에 동지감이 결여돼 있기 쉽다. 쉽게 기분이 상하는 과민성과 칭찬에 약해서 속아 넘어갈 공산도 크다.

　　되도록 동업을 삼가하고 혼자서 몰두할 수 있는 직업이나 직장을 가져야 유랑을 막을 수 있다.

　　못 참아하는 성격 때문에 비탄·분리주의자 소리를 들을 수도 있으니 조심하고, 가정내에서도 온화한 자세로 상대방의 말을 신중히 들어주는 연습을 쌓도록 노력해야 한다.

　　사람을 너무 믿거나 홀대하다가 자충수에 빠지는 격이다. 계기와 여건이 수시로 변화하면서 기회를 만들지만 앞뒤 여건을 재다가 놓치거나, 서둘다가 부숴질 수 있다.

　　처음엔 도와주려던 동지나 윗사람과도 뜻이 맞지 않게 되거나 충돌하여 차츰차츰 사람이 떠나고 협조자가 줄어든다.

　　부모는 칭찬에 인색하나, 후배나 아랫사람을 잘 사귀면 고난을 면할 수도 있다.

　　내가 왜 여기에 서 있는가를 수시로 점검하도록 한다.

어드바이스

모험이나 과음을 삼가고 담배·마약에서 손떼기를.

火 水 木　손에 묻은 먹물

　　마음은 그렇지 않은데 뜻과 달리 실수를 잘해 칭찬받기보다는 비판의 대상이 될 수 있다. 감정과 의지가 박약하고 소심하다. 한 번 약속하고 맡은 일이면 끝까지 해내는 신실성이 요구되며 상사나 부하에게 의심살 일을 하면 만회하기가 어렵다.

　　가정내의 불화는 반목과 이별을 초래할 수 있고 자식들도 괴로움을 더하는 대상이다. 여성의 경우는 고생을 더하게 하는 남편을 만나기 쉽다.

　　동료가 승승장구하거나 상승세를 타거든 비판하지 말고 그를 인정하며 그를 진심으로 축하하며 '내 길'을 찾는 것이 현명하다.

　　남의 기쁨에 동참하지 않는 사람이 자기의 기쁨에 남의 동참을 기대한다는 것은 어리석은 판단이다.

　　때아닌 곤고와 파란이 닥칠 수 있다는 통계치가 높은 만큼 느긋한 마음과 대처 능력을 기를 필요도 있다. 불효자 소리를 듣거든 빨리 뉘우치고 나이 차가 심한 여성을 아내로 맞지 말라. 그대 피곤하리라.

어드바이스

건강을 자랑치 말고 자기만 아는 부분에 주기적인 진단을.

火 水 火　　엎질러진 물

　　과민하고 편벽된 체질이라 짜증이 많고 때로는 포악한 면도 있다. 믿고 맡긴 일에 최선을 다하지 않고 인내와 노력을 더하지 않아 신뢰를 잃는 경우가 올 수도 있다. 가당치 않은 것에는 처음부터 손대지 않는 게 좋고 사람을 대상으로 하는 사업에는 승산이 희박하다.

　　고독하다고 과음하거나 자학하게 되면 해롭다. 스스로 절제할 줄 알아야 한다.

　　외로우면 별나게 행동하여 튀어보고 싶은 것이 사람의 마음이요, 인지상정이다. 그러나 자기 방법이 안 통한다고 폭력을 행사하여 의지를 관철시키려 한다든지 물리적으로라도 해결해야 직성이 풀리는 고집을 가졌다면 반성 내지는 재고해보아야 할 것이다.

　　세상은 독불장군에게 훈장을 걸어주지 않는다. 오히려 한 발 물러설 줄도 아는 자가 존경도 받고, 신망도 얻는 것이다.

　　벽을 창이라고 여는 고집을 '벽창호'라 하지 않던가.

화병 · 조울증 · 뇌일혈 · 악질 · 심장마비 등에 조심을.

火 水 土　　고고한 단심

　　자기 자신은 최선을 다하는 것 같은데 남의 평판에서는 박수받기가 어렵다. 타협하는 기술이 부족하여 대립이 크고 자존심만 강하기 때문이다.

　　세상은 혼자 사는 게 아니므로 한 가지 일이 틀어지면 그 원인분석을 통해 자신을 돌아볼 줄도 알아야 한다. 허영에 가까울 만큼 겉치장을 하나 속은 늘 불안하고 공허하며 허탈하다.

　　하늘과 내가 화합치 못하다 보니 부모의 덕도 없고 물려받는 것도 없기 십상인데, 이런 처지에 자꾸 새 일을 꾸미려다 보면 가진 것마저 잃기 쉽다.

　　어려서부터 가정의 평화를 모르고 객지생활 내지 결손가정에서 출발을 한 여건으로 반항심이 깊을 수 있다.

　　다재다능하더라도 한 가지 일을 하는 직종이나 업무를 가져야 현상유지라도 가능한 형국이다.

　　자녀가 내 마음 같지 않다고 일방적으로 몰아붙이면 점차 소원해진 나머지 남만도 못한 사이가 되기 쉬우니 주의해야 한다.

어드바이스
두루 편편치 못한 심신이매 휴식을 겸한 취미를.

火 水 金　　궁지에 몰린 쥐

　　고집을 주관으로 착각하여 손해보기 쉽다. 강한 쇠는 부러지기 쉽다고 했다. 순종할 일에는 순종하는 것이 필요하다. 상대방이 나의 말은 무슨 말이든 다 믿는다고 여겨도 잘못이다.

　　가당치 않은 사업이나 직책은 스스로 사양하는 게 좋다. 주변에 이익만을 꾀하는 자가 넘치기 때문이다.

　　부모 자식 간에 주고받는 게 없고, 여성의 경우 남편덕이 박하다. 결혼은 늦는 편이 낫다.

　　물에 다친 불씨가 쇠를 녹이는 형국이니 내심 초조하고 갈등이 심하다. 계획된 일들이 자꾸 어긋나는 것도 이 때문이다.

　　나 자신에게 문제가 있는데도 남의 탓만을 한다면 실로 현명하지 못한 태도이다.

　　되도록 대인관계와 무관한 단순직종이나 기술연구에 몰두하는 편이 적은 것이라도 건질 수 있는 방편이다.

　　남의 일에 쓸데없이 간섭한다든지, 자기 형편은 돌아보지 않고 중재자로 나섰다가 양쪽의 원망을 사게 되기 쉬우니 어울리지 않는 일은 하지 않는 것이 좋다. 그러나 자녀들과는 원만하고 덕도 본다.

어드바이스

조난 · 횡액 등 질병 말고도 넘보는 게 많음에 유의를.

火 水 水　　부러진 깃대

　자신의 이론과 현실에 거리가 있어 등돌린 사람이 많은데 이는 자만과 이기심, 독단 등이 부를 수 있는 오해와 질투 때문이다.

　간혹 '기인'이라 불리는 사람이 있을 수도 있으나 대개의 경우 평범 이하에 머물고 만다. 또한 갑작스런 재앙은 불가항력적이므로 원망하는 마음을 갖지 마라.

　부모에게 받은 것은 잘 지켜야 본전일 만큼 박하고 부부와 자식복 역시 한미하다.

　두 줄기의 물이 하극상하여 하늘의 불을 끄고 있는 형국으로 쌍방의 협공을 받기 때문에 불이 꺼지기 않기 위해 발버둥을 치니 승부근성이 강하고 장벽 앞에서의 투지가 강인하다.

　상사와는 잦은 충돌이 있어 소원하지만 아랫사람과는 비교적 친화력을 유지해 그런대로 원만할 수 있다.

　유산은 없는 편이 낫다고 할 만큼 내 것이 될 확률이 적다. 그러나 객지생활·맞벌이 등 신고한 여건이지만 근면해서 생활이 궁벽에 처하지는 않게 된다.

　객기를 부리거나 과속 운전 등을 하지 않도록 조심하라.

土木木 너무 맑은 물

　자기 의지가 투철하기 때문에 남의 말에 넘어가는 예는 드물며 너무 계산하는 습관 때문에 쉽게 결정하지 못하는 경향이 강하다. 그러나 근면 성실하고 뜻이 깊어 사람도 두루 잘 사귄다.

　출발 지점이 괜찮은 편이고 자만하면 도중에 한 번 넘어질 수 있으나 재점검한 뒤 다시 출발하면 무리가 없겠다.

　부모와 자녀 모두 화기애애한 대상이 못 되며 여성의 경우 남편으로 인해 고단할 수 있는 확률이 크다.

　한 계단 한 계단 두드려보고 올라서는 타입이라서 노력보다 많이 얻는 상황은 아니다. 그러나 빗물을 모아 강을 이루는 의지의 한국인 형이다.

　늘 고만고만한 태도를 견지하여, 가끔은 변화를 시도해보라는 충고를 듣기 쉽다. 성실하지만 고지식해서 잔재미가 없기 때문이다.

　중간 관리자 내지는 생산라인에서 실력을 나타낼 수 있고 유산보다는 빈손으로 시작하여 열매를 거두는 쪽이고 부부와 자녀가 협동하는 가내수공업 쪽에서도 유리하다.

어드바이스

순환기계통 · 두통 · 위장 따위 질병에 대처를.

土 木 火　　고독한 창조자

척 보면 알 만큼 잘 판단하고, 대처하는 능력 또한 탁월하다. 웬만한 상황이면 투지 하나로 견뎌나가지만 이런 스타일이 굳어져 독선하거나 좌우의 충고를 무시하다 손해볼 수도 있다.

하지만 버티는 힘이 강해 우여곡절 끝에 일정한 고지에 올라서고 큰소리치게 될 것이다.

특별한 자녀로 인해 얼굴이 빛날 수 있고, 내심 기쁜 사연을 지니게 된다.

여성의 경우는 자기만 못한 남편을 만나기 쉽다.

직무유기를 하는 사람을 보면 적군으로 여길 만큼 일에 충실하며 남들도 그러기를 바라는 근면주의자이다.

그럼에도 너무 고지식하고, 툭 터진 성격이 되지 못해 혼자 공적을 쌓는 사람으로 여겨진 나머지 상하 관계가 매끄럽지 못하다. 기술연구직 · 가내수공업 · 목축업 등 혼자 매진하는 업종이 차라리 낫다. 유산을 기대하기보다는 차라리 일찍부터 객지에 나가 생활전선을 익히는 것이 체질에 맞고 또 발전할 가능성이 많다.

상냥하고 총명한 아내의 덕을 볼 수 있으나 자녀를 편애하거나 너무 감싸면 뒤에 고생한다.

어드바이스

폭음 · 폭식을 삼가고 조난 · 낙마 등에 주의를.

土木土　날이 무딘 칼

　도덕·질서에 순종하는 체질로, 엉뚱한 일에 휘말리는 것이나 비행을 못 참는 성격이다. 또한 충분한 자질을 갖췄음에도 주저하다 놓치거나 치우친 노력으로 대세를 그르쳐 뒤떨어지기 쉽다. 바탕이 선량하기에 순리대로 따르면 더 큰 수확을 얻을 수 있을 것이다.

　가정내 분위기는 중간 수준이나 배우자는 서로 잘 만난 상황이다.

　누군가가 만들어놓은 것을 토대로 계승발전시키기보다는 창업이나 발명 또는 아이디어 사업에 승산이 있을 만큼 탐구심이 강하고 꼼꼼하다.

　상하가 부딪치는 관계이므로 인간관계가 기반이 되어 진행해야 하는 업종은 실패하기 쉽고 이로 인해 곤경에 처할 확률이 높다.

　비상하게 발달된 머리와 세심한 성격에 완벽주의가 지나치다 보면 성기능 장애 등 뜻하지 않은 일로 고생할 수 있고 자질구레한 말다툼이 가정 안에 계속될 수도 있으니 이 점을 유의하라. 영특한 자녀가 있으면 일찌기 유학을 보내는 게 그를 돕는 길이다.

어드바이스

스트레스 및 신경쇠약·소화불량 등에 주의를.

土 木 金　잡다 놓친 금붕어

　뭔가 별난 방법 하나를 얻게 되면 그것에 미혹되어 세월을 허비하거나 충고를 듣지 않다가 크게 낭패하는 외골수형이다.

　급한 일을 미뤄두거나 주의력이 약하여 남에게 뒤떨어지거나 하극상을 당하는 등 인간관계에 실패할 수 있다. 대개의 원인은 자신에게 있다는 것을 알도록 하라.

　부모와 처자 간에 정이 박하고 방임하거나 반대로 지나치게 간섭하여 조화를 깨뜨리기 쉽다.

　흙이 쇠와 떨어져 있고 가운데 木이 극해 있기에 협조 체제가 결여돼 있고 수시로 부딪치는 소리가 울린다.

　이 오행의 해당자 또한 협조심이 부족하거나 남의 협조를 마치 간섭인 양 여기는 탓에 인간관계가 매끄럽지 못하다.

　아주 예민하고 간파력이 뛰어나지만 이를 마음속에 담아두기보다는 자랑하는 경향이 있어 시기심의 대상이 되거나 반격을 가해오는 자를 만나게 된다.

　차라리 혼자 연구하는 직종이나 창조적인 분야에 몰두하면 꾸준히 발전할 수 있다.

　배우자는 나 자신보다 우월한 사람이지만 피곤할 수가 있다.

어드바이스 ─────────────

술 · 담배 · 마약을 삼가고 궤변 · 모험에 조심을.

土 木 水　낯술에 취한 사공

　　내가 옳지 않다고 여기면 상대를 가리지 않고 대들거나 바른말로써 공박해 결과적으로 손해를 볼 때가 많다.

　　남보기엔 화려해 보이지만 마음이 공허하며 짜증도 많은 편이다. 누구나 다 아는 재주를 지니고도 대인관계에 실패하여 쓰지 못할 수도 있다.

　　부모에게서 물려받은 것도 탕진하기 쉽고 부부 사이나 자녀와의 관계에서도 삐걱삐걱하여 심중이 괴롭다.

　　삶이 숱한 우여곡절로 점철돼 있으면서도 끝내 깨지지 않는 것은 어떤 질서가 바탕에 깔려 있고 서로 지켜가려고 힘쓰기 때문이다. 자신의 기예가 출중하고 재주가 비상하다 하여 남을 깔보거나 우월감에 빠져버리면 오히려 자신의 함정에 빠질 수 있다.

　　우선 나 자신부터가 상황에 맞게 행동하고 남에게 그 모범을 보이는 직종에 매진한다면 발전할 수 있다.

　　그러나 사람을 부려서 운영하는 직종이나 절충을 요하는, 대화를 필요로 하는 사업 등은 실패가 많이 따른다.

　　어려서부터 밖으로 나가 세상물정에 부딪치면서 자신을 닦아가는 입장이다. 등산·수영 등 모험이 따르는 레크리에이션은 금물이다.

土 火 木 주머니 안의 쌈지

　서두르는 경향은 있지만 대체적으로 솔직담백하고 친절한 성품과 추진력이 있어 주위에 사람이 많다.

　과단성이 있어 주저하지도 않고, 투지가 강해서 머뭇대지도 않는다. 따라서 일사천리로 쭉 벋어나갈 수 있다. 어떤 일을 하든지 요량과 지략이 출중하기 때문이다.

　부모로부터 받은 것이 없는 경우라도 부부·자식에게 남길 것이 있을 만큼 좋은 운이고 가정도 행복하다.

　나무가 불을, 불이 흙을 도와 생성하게 되므로 매사가 순조로운 편이고 흙에게 불이, 불에게 나무가 밑으로 붙으니 자수성가하는 길이 유망하다.

　높은 이름과 지위도 가능할 뿐더러 생각지 않았던 방향으로 길을 틀어도 돕는 이가 있어 타고난 재능을 한껏 발휘할 수가 있게 된다. 사람들과의 친면 관계가 사업으로 이어져 동업도 유리하다. 하지만 되도록 한 가지를 궤도에 올려놓은 뒤에 다시 다른 진출을 모색하는 것이 보다 안전하고 발전적이다.

　좋은 부모를 만났거든 그의 훈계와 가업을 따름직도 하다.

　배우자 운이 지극히 좋다는 통계가 있다.

어드바이스

스트레스에 강하나 화초 가꾸기 등 차분한 취미를.

土火火 중간 색깔의 깃발

　　과민하며 청결지상주의 성품을 가져 얼른 대하기가 쉽지 않으나 친절한 일면도 없지 않다.

　　잘못된 가정 내력이나 교훈, 잘못 만난 대상을 가질 수 있으니 또한 무엇보다 참모 · 동지를 잘 만나야 성공이 보장된다. 특정한 일면에 치우치는 경향과 잘 참지 못하는 성격으로 밀어붙이는 박력이 부족하다.

　　가족과 자식운 등 인연은 박한 편이고 남성의 경우 벅찬 아내 때문에 정신을 소모시킬 수 있다.

　　화색 있는 용모와 언변이 있다면 그것을 활용하는 길로, 탐구심과 학구정신이 투철하다면 그것을 꽃피울 수 있는 길로 나아가라. 예컨대 적성을 잘 살릴수록 발전이 크다는 이야기다.

　　혼자 감내하려고 하지 말고 상하 간의 여건을 살피고 동지에게 협조와 자문을 구하는 것이 좋다. 그러나 실정이나 행동 모두 되도록 왔다가다하지 않는 것이 좋다.

　　한번 결정한 일이거든 다소 진전이 느리더라도 참고 견뎌서 결론에 이르도록 해야 한다. 참을성이 부족하기 때문에 쉽지는 않을 것이다.

　　속전속결을 요하는 아이디어 사업이나 한 시즌에 치고 빠지는 업종에서 운이 날 것이다. 찬스에 강하다.

어드바이스 ────────────────────

성병이나 기벽에 빠질 수 있으니 유의를.

土火土　날개 달린 범

　사람을 잘 알아보고 이치에 밝아 두루 협조를 받는다. 투지가 대단할 뿐만 아니라 적극적이고 노력하는 근면성으로 도처에서 인정받으며 이로 인해 날로 번창하게 된다. 기초가 확실하고 자질이 충분하니 타인으로부터 천거받거나 출마하는 일에 집착이 강하다.

　부부는 서로간에 좋은 짝을 만나게 되나 자녀에게는 특별히 신경 써야 문제가 없다.

　나 자신에게 비록 돈이 안 되는 일이라도 어드바이스를 잘 해주는 등 포괄적이고 원만하여 사람이 많이 따른다.

　물려받은 게 없다 해도 주눅이 들지 않는 성품이고 눈앞의 일에 열성을 다하는 편이어서 적어도 의식 걱정은 하지 않고 살 것이다. 특히 타고난 포착력과 집중력, 협조심으로 동지가 늘어 결정적일 때에 도움을 받을 수 있으므로 계획했던 일보다 큰 것을 거두는 상황이 중중할 것이다.

　가끔 휴식이 필요한 것은 어쩌다 성기능 장애 등 체질이 이완되어 고심할 수가 있게 될 확률이 좀 있기 때문이다. 그러나 치명적인 것은 아니니 연구사업·교육·건축 관계 등에 긍지를 갖고 매진하길 바란다.

어드바이스

식생활(과음 과식 등) 조절을 잘하고 선의의 취미를.

土 火 金　대낮의 촛불

　　과단성이 있고 생각하자마자 행동한다. 서두르는 경향이 있어 오산을 하거나 판단 착오를 하기도 한다. 즉흥적인 면은 자제가 요구된다.

　　무작정 덤비고 대드는 성품 탓으로 동지가 적고 작은 적을 잘 만든다. 좀더 신중할 필요가 있다.

　　남성의 경우 신경 쓰이는 아내를 만나기 쉽고, 집안에서 쇳소리가 들리기 십상이다. 자녀에게 관대할 필요가 있다.

　　상사에게는 사랑도 받고 마음도 어울리는데 오히려 아내나 자식, 후배 및 아랫사람과는 자꾸 마주치거나 심신의 정기를 허비케 하는 일이 발생한다.

　　특히 아랫사람과 비밀이 유지되어야 하는 일을 함께 하다가는 하극상을 당할 수 있으니 마음이 서로 통하는 사람하고만 공익정신에 입각하여 의논하고 진행해야 뒤탈이 없겠다.

　　외화내빈격이라, 남들이 칭찬하는 일에서도 마음속 고충이 내재돼 있어 신경질환 등을 유발할 수 있고, 혹은 뜻하지 않게 자녀로 인해 고생할 수 있다.

어드바이스 ────────────────────────────

과욕으로 인한 피로가 겹치므로 휴식과 유의한 섭생을.

土 火 水　벗겨진 감투

　　과민성 체질로서 심약하고 짜증이 많다. 끝까지 밀고 나가지 못하고 여의치 않으면 방법과 진로를 때없이 수정하여 동지들에게 반감을 산다. 여러 사람의 의견을 참고해보고, 충고를 귀담아 들을 필요가 있다.

　　남성의 경우 부담스러운 아내를 만나기 쉬우며 여성의 경우 감언이설에 속기 쉽다.

　　자손이 있다면 너그럽게 대하고 포용해야 한다.

　　보고 느끼는 것 외에도 유추하는 사고력이 탁월하다.

　　주변이 넓은 직종보다는 찬스에 강하고 감성적인 감각이 적용될 수 있는 직업에 종사해야 발전이 가능하다.

　　두루 사귀지 못하는 탓에 중개업무나 관리직 등에서는 배척을 받거나 밀려나기 쉽고 끈질기게 밀어붙이는 기질이 미약하여 두 업종에 동시 투자를 한다든지 누구와 동업하는 일에도 승산이 박하다.

　　하극상을 받는 형국이나 상사·선배가 감싸 보호를 받을 수는 있겠다.

　　가정적으로 두루 미흡하기에 부단한 노력을 요한다.

土 土 木　뒤로 가는 전진

정에 약하고 귀가 얇아 잘 만나고 잘 헤어지는 경향이 있으니 덕을 쌓도록 힘쓸 필요가 있다.

한 가지 일에 꾸준히 매진하는 끈기가 요구된다. 왔다갔다하다 간 재산도 잃고 신용마저 잃게 된다.

여성의 경우 마음이 넉넉한 배우자를 만나게 될 수나 경박하게 굴면 들어온 복도 내차게 되며 특히 자녀에게 깊은 관심을 두고 지도해야 탈이 적다.

나무 위에 두 흙이 얹혔니 숨쉬기가 어렵다. 따라서 나무가 발버둥치는 형국이니 별것 아닌 일도 힘에 겨워 지치게 될 수 있다.

속이지 않는다는 것과 융통성이 모자란다는 것은 엄연히 다르다. 또 상사의 두둔을 받았다고 해서 아랫사람을 냉정히 대하거나 소홀히 했다가는 큰코 다치기 쉽다.

아내에게서 과도한 것을 요구받는 입장이기에 경제권은 일찍이 넘겨줘버려야 무난하게 살아간다.

부모와 윗대 친척과는 원만하나 자녀들은 좋은 친구를 가려 사귀도록 권고하고 꾸준히 지켜보아야 바람직하게 성장할 것이다.

어드바이스

우유부단으로 인한 고뇌, 스트레스성 폭주 · 폭식에 주의를.

土 土 火 돛배에 순풍

느긋이 견디는 힘이 강해 상대하기 좋은 사람이다. 주변에 사람이 많고 돕는 손길이 풍부하다.

불가피한 어려움이 있더라도 시간이 해결해줄 것이니 서두르지 말라. 늦게 발복하기 때문이다.

좋은 짝을 만나고 자녀도 기쁨을 더해준다.

행동으로 교훈을 보이는 것이 장점이니, 항상 솔직할 필요가 있다. 득이 될 것이다.

신용에 있어서는 타의 추종을 불허하고, 정직하게 살아가려고 노력하니 비단옷에 꽃을 그리는 격이다.

그러나 자기 의사 표현이 확실하지 않으면 감정 기복이 없는 사람으로 취급받을 수 있으니 예와 아니오를 명쾌하게 하도록 해야 한다.

한번 시작한 일은 대개 굴곡 없이 전진돼 나가기에 모험을 하지 않더라도 꾸준하게 발전할 수 있다.

상하의 신뢰가 밑천이기에 더욱 친절히 대하고 받은 만큼 베푸는 정신도 잊지 말아야 한다.

물려받은 게 없다면 자수성가 · 창업으로 발전하게 된다.

어드바이스

늘 밝은 옷을 입고 칵테일이나 조화로라도 분위기 조성을.

| 土 | 土 | 土 |　　**물에 탄 물**

외고집스런 면이 있고, 남보기에 우중충한 인물로 보일 수 있다.

일단 사귄 사람에게 큰 단점이 없다면 갑자기 냉정하게 대하지 말라. 사람에 대한 태도 변화가 복을 더는 일이다.

생각하는 의견이 있으면 말하고 말했으면 지키는 버릇을 가져라. 우유부단한 일면이 있다고 느껴지거든 노력하여 고쳐라.

가정내에서는 별 문제가 없이 평온하며, 서로 보살피는 입장이 된다.

흙으로 중첩된 오행이라 매우 신중하므로 모험을 꺼려하고 신규 사업에 손대는 일 등 개척하는 방법에 익숙하지 못하다.

사리에 밝고 겉을 꾸미지 않는 대신 맡은 일에는 꾸준히 노력하는 자세 때문에 발전이 느리다 해도 무너지는 일은 많지 않다. 유동자산보다는 부동산 쪽에 확률이 크고 증권보다는 토목·건축 분야에서 두각을 나타낸다.

사람을 상대로 이해를 가리는 문제보다는 차라리 안으로 파고드는 직종, 즉 학술·연구분야에서 일가를 구가할 수 있다. 위장 계열의 질병은 신속히 치료해야 한다.

어드바이스 ————————————————————

가끔 여행·레크리에이션으로 쌓여 있는 자기 감정 해소를.

土 土 金　평화의 깃발

　　남을 속이거나 요리하는 기술이 없는 편이라 솔직하다는 소리를 들으나 완만한 행동으로 민첩하지는 못하다. 그러나 좋은 바탕에 때를 만나니 서두를 게 없다.

　　평화주의자적 감성이 바탕에 있으니 적을 사지 않으나 이성에 대한 집착이 커서 손해볼 수도 있다.

　　부모의 은덕이 있고 처자 간에도 화목한 기운이 넘치기 때문에 정조 관념만 유의하여 지킨다면 화목할 것이다.

　　신중하다 못해 감정이 없는 사람처럼 보일 수도 있으나 그보다는 한 쪽에 치우치지 않으려는 노력이 돋보여 두루 원만하다.

　　일확천금을 잡거나 신속히 이루어지는 일은 미진한 편이지만 동전을 모아 통장을 불리듯 시간과 함께 매진하는 일에서 우뚝한 금자탑을 올릴 수 있다.

　　남에게 베푸는 성품이 있어 사회사업이나 자선단체의 일에 남다른 수완을 보일 수도 있다.

　　자녀를 비판 없이 감싸기만 하는 습관 때문에 버릇 없이 키울 수 있으니 객관적인 입장에서 사랑하고 이끌도록 하라.

어드바이스

정력제, 호기심에 의한 약품 등엔 관심도 갖지 말기를.

土 土 水　　구멍 뚫린 둑

독특한 색체의 리더십이 있고 사람을 잘 다스리는 체질이나 자기 주장이 너무 강하다.

평소에 질타했던 부하나 비판 대상이었던 상사로 인해 결정적인 타격을 입는 것도 이 때문이다.

말을 순하게 하고 목에서 힘을 뺄 필요가 있다.

부부간에는 유대가 긴밀하지 못하니 화평 도모에 힘쓰고 자식이 귀엽다고 너무 감싸지 말아야 한다.

물이 거슬러 올라와 두 흙더미를 무너뜨리는 형국이므로 피해 의식이 강하고 자존심이 지나칠 정도다.

내면적으로는 남과 부딪치는 것을 싫어하는 중용주의자이긴 하지만 가끔 고삐 풀린 망아지처럼 함부로 독주할 수도 있는 자기 갈등형 인물이다.

특히 아랫사람, 아내, 자녀와의 사이에서 갈등을 빚기 쉽고 이로 인해 혼미할 만큼 체력을 소진할 수 있다.

뜻하지 않은 상황에 의해 조난을 당할 수도 있으니 모험이 따르는 운동이나 과속 운전 등을 삼가해야 한다.

어드바이스 ───────────────────────────

두뇌 · 심장 · 고혈압 · 위장병 등에 조심을.

土金木　외길의 막힌 담

　　감수성이 예민하고 세심하며 활달성이 부족하다. 윗사람에게는 지나치게 고분고분하면서도 아랫사람에게는 너무 싸늘하여 상대방이 자신을 파악하고 나면 멀리 떠나버린다.

　　한때 동지를 이뤄 충실하던 후배에게도 원망을 사는 이유가 전적으로 자신에게 있다는 것을 알기 바란다.

　　가정에서도 좋아하는 사람만 좋아하나 부부는 대개 적당 수준을 만난다.

　　융통성이 없다는 소리를 들을 만큼 완벽한 것을 좋아하고 함부로 변용하는 것을 꺼리는 성품이다.

　　부모에게서 물려받는 것이 있을지라도 결과적으로는 내 것으로 만들기 어려운 형편이다.

　　金과 木이 부딪치는 관계로 처가 병약하거나 우유부단하여 속을 썩일 수 있다.

　　또한 후천적인 재난이 예고돼 있어 높은 산에 오르거나 깊은 물에 가는 일, 급강하하는 운동이나 과속 질주 등은 평소부터 하지 않는 게 좋다.

어드바이스 ————————————

노이로제 · 신경증 · 우울증 · 폐결핵 등에 주의를.

土 金 火　　비단옷 밤길

　　상사를 잘 보필하는 체질로 은덕을 입으나 변덕이 심하고 남을 이해하지 못하는 편이다. 자기 주장이 강해 주위 사람이 떠나거나 일이 깨지고 몹시 우울해하는 성향이 강하다.

　　남자의 경우 처복이 박한 편이고 자식들에게도 하극상을 받기 쉽다. 너그럽지 못한 탓이 크니, 자신을 돌아보는 데 인색하지 말아야 한다.

　　너무 빨리 판단하고 결정해버리거나 잘못 이해한 것까지 믿어버린 까닭에 딴 길로 가버릴 수가 있다.

　　주변의 비슷한 여건을 가진 자와 앞을 다투다가는 본전을 건지기도 힘든데 이는 너그럽지 못한 한계를 지니고 있기 때문이다. 남의 간섭을 받지 않는 직종이나 직업을 택하는 게 무난하다.

　　아내와 자녀 모두가 내 편이 아니거나 체력 소모를 불러일으킬 만큼 많은 신경을 쓰게 하기 쉬우니 처음부터 잘 돌아보고 이끌도록 하라. 모험은 금물이라는 생활신조가 필요하다.

어드바이스

호흡기 질환 · 뇌종양 · 순환기 등에 유의를.

土 金 土 　**거듭 물린 대어**

　고분고분한 순종형으로서 긴밀한 유대를 맺고 남의 위에 있기 보다는 참모적인 입장에 서게 된다. 또한 그러한 직종이라야 성공 하고 부하에게도 존경을 받는다.

　타고난 기틀이 좋고 여건이 부합하여, 세상 일을 너무 쉽게 보고 매사 소극적인 성격으로 굳어지기 쉽다.

　물려받은 것에 만족하지 말고 내 손으로 만들고 다스리며 뛰어다니면 더 좋은 결과를 얻을 것이다. 가정내에서도 그러하다.

　아래위의 흙이 쇠를 부축하고 있어 고루 조화를 이루는 형국으로 외모가 준수하고 유순해 보여 사람들도 따른다.

　미식을 하는 경향이 있고 유행감각도 뛰어나기에 어디가서도 시대에 뒤떨어졌다는 소리는 듣지 않는다.

　결심이 굳은 것은 좋으나 한번쯤 주위를 둘러보고 나아가는 것도 원만한 인간관계를 위해 바람직하다.

　바탕과 여건이 좋으매 자기 적성에 맞는 직종을 택하여 꾸준히 밀고 나가면 가히 누구도 넘보지 못할 경지에 이른다.

　가정이 화복하므로 가슴 쓰릴 일이 없겠다.

어드바이스 ─────────────────────

특별한 주장이 없지만 우유부단하지 않도록 박력 함양을.

土 金 金　몫이 좋은 숭장

　　덕스러운 면이 부족하여 손가락질받기가 쉽다. 그러나 수단이 좋고 얼굴이 두꺼운 편이라 사는 일에 궁색함이 없다. 명예보다는 현실주의적인 성향으로 인색한 가운데 성공할 수 있다. 그러나 좋은 참모를 만나지 못하거나 제 주장만 내세우다가는 항우같이 되기 십상이다.

　　아집과 독성이 강해서 집안에서도 동지가 없는 형이나 여성의 경우 남편복이 있는 편이다.

　　잘 나갈 때일수록 겸손하고 인자하도록 노력해야 한다.

　　의지가 강한 만큼 신념도 뛰어나다. 하지만 지위가 높을수록 주변의 인사들에게 관심 갖는 아량이 필요하다.

　　자기 신념과 대망을 꽃피우기 위해서는 그들이 필요하기 때문이다. 포부가 너무 커 작은 일은 지나치기 쉬운 성격이기에 권고하는 말이다.

　　돈이 있거든 돈으로, 명예가 크거든 명예로 한세상을 풍미하겠지만 가정내에서는 화기가 부족하다.

　　그렇다고 이별을 할 만큼은 아니니 힘써 자상한 가장이 되도록 신경 쓰는 게 자신을 위해 좋다.

어드바이스

폐 · 신경계에 관한 질병은 빨리 치료를.

土 金 水　종이 호랑이

　자기가 주체가 아니면 잘 행동하지 않을 만큼 독단적이고 융화에 부족함이 있어 재난에 도울 자가 없다.

　독단적인 것이 필요한 부분에서 성공하는 예도 가끔 있으나 사람으로 인하여 실패할 확률이 더 크다. 집안에서도 긴장감을 조성함으로서 고립하게 되고 동지가 없어 스산하다. 여성의 경우 우월한 남편을 만나지만 따뜻하지는 못하다.

　호방한 기질에 굵직굵직한 보법이 몸에 배어 매사에 성큼성큼 진전하는 형국이다.

　이쪽에서 베푸는 입장이기에 주고도 받지 못하는 경우가 중중하겠지만, 일단 나간 것은 미련을 갖지 않는 게 좋다.

　배우자와의 애정도 박한 편이다.

　자신의 생각만을 옳게 여기는 우월감 등으로 시기심을 유발, 일을 그르칠 수 있으니 겸허하게 자신을 돌아볼줄 알아야 한다.

　비뇨기계 질환 등에 늘 신경쓰도록 하라.

어드바이스

강인한 체질이지만 새나 강아지 등 애완동물과 친하기를.

土 水 木 갈림길의 용사

남에게 도전하거나 빼앗으려고는 하지 않지만 속으로 불평이 항상 내제돼 있다. 불만이 있어도 침묵하는 것은 재주가 승하나 실력이 뒤지기 때문이다.

한두 가지 장점이 있더라도 그것을 내세우지 말고 동지애를 발휘하고 도움을 청하는 게 현명한 일이다.

부모의 사정으로 곤경을 겪고 자녀의 실수로 밤잠을 설치는 형국이나 남성의 경우 좋은 아내를 만난다.

확실하고 명쾌한 태도를 가지는 게 좋다.

남을 앞지르는 지모와 술수를 갖고 있음에도 표현력이 약하고 선뜻 나서는 적극성 부족과 주위의 협조가 인색하여 때를 놓치거나 장애를 겪게 된다.

위로는 맞부딪치는 형국이기에 선배·상사에게는 중중 충고를 듣거나 질책성 독려를 받지만 후배와 부하에게는 평판이 좋아 그들의 도움 속에 진로를 모색하게 된다.

그러나 의지가 약하고 추진력이 미흡하여 중도에 와해되거나 걸림돌에 의해 좌절을 맛보게 될 수도 있다.

부모의 은덕은 희박한 편이고 간섭까지 받을 확률이 높다. 자녀를 어릴 때부터 잘 돌보도록 하라.

어드바이스

여성은 대하, 남성은 폐나 신장·울혈·골절 등에 유의를.

土 水 火　너무 밝은 안경

　　신경과민증 성향을 가졌으나 생각보다 행동이 좋다. 자기 생각을 다 적용하려다가는 이해 부족을 느낀 동지가 곁을 떠날 수 있으므로 혼자 투덜대게 된다.

　　가진 돈이 있으면 사업이나 투자보다는 차라리 은행에 넣어 이자를 얻는 편이 현명할 만큼 돕는 이가 없다. 부모나 자식 모두가 내 편이 아니라는 것도 문제이다.

　　뜻 같지 않은 배우자로 외로운 처지가 될 수 있다.

　　위에서 흙이 내려와 물기운을 덮는 형국이라 충분한 지략을 가지고도 기세를 발휘할 기회가 적다.

　　아주 부지런한 체질이지만 얻어지는 열매가 적어 무한히 공력을 허비하는 편이나 대출 업무나 자금활용업을 가지면 이재력이 출중하여 큰 재미를 볼 수 있다.

　　하지만 사람을 많이 거느리는 직종을 택하면 사사건건 충돌하거나 이해가 달라 노임 걱정에 깊은 잠을 이루기 힘든 형편에 처하기 쉽다.

　　과도하게 신경 쓰는 업종은 택하지 말아야 한다.

어드바이스

심폐질환 · 유행성 독감 · 자궁암 등에 대처를.

土水土　오르막에 선 짐꾼

자신은 온갖 이치에 밝다고 생각하나 다른 사람은 인정하지 않고, 의견이 달라 동지가 흔치 않다.

몸으로 뛰는 일보다는 꾀나 두뇌를 활용하여 종사하는 일에 승산이 있다.

느긋해 보이지만 속으로는 노심초사하게 되는 것은 주객이 전도되는 예가 중중하기 때문이다.

부모와 자녀 쌍방이 다 내 편이 못 되고 속만 썩이며 부부 역시 충돌이 잦게 된다. 이 모든 관계가 내 탓이란 것을 깨달을 필요가 있다.

아래위에서 흙이 몰려와 물을 덮치고 물은 물대로 좌우의 흙에 저항하고 있으니 균형이 안 맞고 활동에 제약이 따른다. 더욱이 여럿이 어울려 동업을 하거나 함께 도모하는 비책은 성사되기 힘들다.

상사에게도 칭찬받기가 어렵지만 아랫사람 역시 고단한 사역만 안겨주는 꼴이라 일찍이 혼자 궁구하며 매진할 수 있는 일에서 활로를 찾는 게 현명하다.

그나마 밖에서는 나은 편이다. 안의 상황은 한짐 가득 짊어지고 먼 길을 돌아왔는데 가정에서는 문도 열어주지 않는 형편과 흡사하기 때문이다.

어드바이스

신장 · 방광 · 요도가 약하고 급변에도 주의를.

土 水 金 **날이 넘은 칼날**

한두 가지 출중한 재주가 있으나 알아주는 사람이 적고 기용하는 이가 적어 속불만이 내재되어 있다.

때를 만나지 못했음을 한탄할 수도 있으나 사실 어느 시기 어느 입장에 놓이게 돼도 답답하기는 여전하고, 수입보다 지출이 많아 애를 먹기 쉽다.

부모 쪽 관계는 시원치 않으나 자식들은 재미있고 기쁨을 더해준다. 부부는 무난하나 아내 입장이라면 남편이 벅차다.

총명하고 영민함이 있으나 한쪽으로 치우친 경향이 있고 남이 나를 알아주기를 너무 바라고, 허세가 가득하여 남이 이뤄놓은 결과에서 열매만 얻으려는 속성 때문에 미움을 산다.

어디 가서나 상좌에 앉기를 좋아하는 것도 동지감의 결여를 초래할 수 있고 일확천금을 꿈꾸다 하루 아침에 거리에 나앉을 수도 있다.

말하자면 누울 자리를 보고 발을 뻗어야 하는데, 바지가 짧다 보니 허리띠를 매고 나면 대님을 못 매게 되고 대님을 드리고 나면 허리춤이 모자라는 격이다.

조난이 예고되므로 격한 운동이나 모험이 있는 일은 피해야 한다.

뭔가 걸린 다음에 치료를 하기보다 예방 정신을.

土水水　평지의 구렁

　　예지가 발달하고 기민하여 바쁘게 움직이는 형이라 꽤 성공할 것 같은데 부산하기만 하고 실속은 별로 없다.

　　뛰어난 지모와 계략도 아까운 부분이 없지 않으나 때가 아니라고 생각한다.

　　자녀와의 관계는 무난하지만 부모와 부부간에 찬바람이 돌거나 나눌 게 없는 형국이다. 단적으로 서로가 악다구니를 퍼붓기 좋은 상대를 만난 격이다.

　　내 실책이 아닌 일로 문책받을 수도 있는데, 두 줄기의 물이 하극상하여 흙더미를 무너지게 하는 형국이라, 처음부터 피해의식이 강한 성격이다.

　　말을 잘 하고 임기응변에 강하여 사회자나 통역 등 발이 넓게 뛰어다닐 수 있으나 신뢰심이 부족하고 꾸미기를 좋아하여 손가락질받기 쉽다.

　　두루 신경 쓰는 타입이고 세심해서 적을 사는 일은 적으나 윗사람에게 고분고분하지 않다가 손해볼 수 있다.

　　오나가나 사람에 휩싸이지만 정작 가슴을 여는 상대가 적어 속이 늘 고독하다. 심장을 다칠 수 있고 이성에 약한 결점이 있다.

어드바이스

조난 · 횡액 · 교통사고 · 골절 등에 주의를.

金木木 이름 모를 방해자

꾀도 있고 노력도 하는데 동지나 협조가가 없는 것은 근본적으로 자신이 까다롭고 따지는 체질 때문이다.

내가 너그럽게 대하는 이들이 이미 동지가 아닌 때가 많다. 타고난 상황과 여건이 좋은데도 서서히 침체하거나 퇴보하기 쉽다.

가정적으로도 어려서부터 떠나 살거나 별거하기 쉬우므로 특히 남성은 너그럽게 집안을 보살펴야 한다.

두 나무가 치솟아 오르지만 하늘의 톱날이 좌충우돌하며 가지를 베는 형국이라서 역부족이 되기 쉽다.

어려서부터 눈치가 비상하여 얼른 숙일 줄 알고 이웃을 돕는 기질도 있으나 칭찬이나 표창운이 희박하다.

사람들 사이에서 절충하거나 협조함으로써 이루는 사업엔 끼지 않는 게 좋다. 오히려 가내수공업 등 혼자서 결정하고 진행하는 일이 적성에 맞는다.

물려받기보다는 빈손으로 개업하거나 자수성가하는 편이고, 부부간 티격태격하는 잔 싸움이 많다.

조난·격변이 있을 수 있으니 등산·수영·운전 등에 조심하며 지내는 것이 좋다.

金 木 火　물 속의 걸림돌

　사물과 상황을 잘 파악하지만 얼른 긍정하지 못하고 주위를 살피는 것은 과민하여 주위가 못 미덥기 때문이다.

　하극상하는 경향이 있어 부하의 실전적 동조에도 불구하고 상황이 떠나가게 만들 때가 중중할 것이기에 원만해 보이는 중에도 본인은 쓸쓸하거나 투덜대게 된다.

　부부운이 좋지 못하여 대립하게 되는데, 여성의 경우 고심이 크다.

　나무에는 불꽃이 일지만 그루터기 밑에 톱날이 있는 형국으로, 피해의식과 위축 감정, 열등감에 빠지기 쉽다.

　신경과민 탓으로 남과 어울리기보다는 혼자 움직이는 형이다.

　처음부터 발명·창작 등 외골수로 혼자 감내하는 직업에 길이 있고, 동업이나 대인관계 사업은 적성이 아니고 힘도 배로 든다.

　비교적 선량한데도 종종 타의에 의한 구설수에 오르게 되고 대신 짐을 지고도 원망까지 듣는 입장이 된다.

　자수성가하는 입장이기에 일찍이 따로 떠돌기 십상이고, 영민한 자녀 중에 횡액수가 내포돼 있다.

어드바이스

호흡기 질환·신경 질환·내분비 질병에 신경 쓰기를.

金 木 土 그늘에 갇힌 나무

남이 볼 때는 무난해 보이는데 속으로 불평이 있는 것은 목표가 너무 크거나 자신을 과대평가하는 경향 때문이다. 하극상도 할 수 있고 신경질도 잘 부리나 체면을 중시하여 부하에겐 너그러울 수 있다.

타고난 재주나 그릇보다는 이상이 높지만 비교적 무난하게 살아간다. 그러나 그런 무난함도 투덜대게 되는 요인이다. 가족은 서로에게 온화하게 대하지 못하는 형국이다. 여성은 자기만 못한 배우자를 만나기 쉽다.

위에는 쇠칼이 있고 아래에는 뿌리를 가두는 흙이 쌓여 샌드위치가 된 형국이다. 상하가 밀고 당겨 좌불안석이다.

억눌린 감정이 바탕에서부터 뚫고 치솟으려다 보니 머리가 지극히 예민하고 민첩하여 남의 꾀를 간파하는 기술 등 추리력과 넘겨짚는 수완이 대단하다. 몸을 쓰는 직업보다는 아이디어, 개발상품, 찬스를 노리는 업종에 길이 있으나 혼자 독주하는 경향 때문에 동지감이 결여되거나 이웃 때문에 상처를 입기 쉽다.

융통성이 모자라기에 선인들의 지혜와 전기를 참고한다든지, 자기 재량에 스스로 제동을 걸어가며 살 필요가 있다.

가슴 아픈 자녀를 두기 쉽다.

어드바이스

우울증 · 신경쇠약 · 독감 · 폐결핵 등에 주의를.

金木金　져버린 열매

　사람을 좋아하고 참여하기를 즐겨하지만 상대방은 참견으로 받아들이기 쉽고, 남게에 냉정하게 보일 때가 많다. 심리적인 안정감의 결여로 친구·직장을 자주 바꾸거나 거처를 자주 옮기는데 이것이 결국은 해결책이 아니다.

　어릴 때부터 객지생활을 하거나 부모·친척 사이에서도 만나지 않는 이가 있고 중복된 결혼을 할 수도 있다.

　두 톱날이 가운데 선 나무를 베려고 하는 형국이다.

　별것 아닌 일에도 과민 반응을 보이는 건 타고난 피해의식과 열등감 때문이다. 베풀고도 칭찬받지 못하는 건 성품이 까다롭거나 미리 불평을 해버리기 때문인데, 그러기에 널리 사귀고 절충하는 직종은 차라리 피하는 게 상책이다.

　자녀 중에 장애인이 있을 수 있고 부모 또한 따스한 은덕을 베풀기는커녕 대립하기 십상이다.

　특히 성기능 약화 등 강인성과 거리가 먼 체질이기 쉬우니 늘 섭생에 유의하며 잔병치료에도 최선을 다하는 습관을 갖는 게 좋다.

어드바이스

조울증 · 신경쇠약 · 화병 · 조루 · 탐색에 유의를.

金 木 水 잡다 놓친 손

　항상 참아내며 노력도 할 뿐 아니라 타고난 머리가 아주 우수하다. 따라서 주변에 있는 사람들을 놀라게 할 만큼 뛰어난 장점이 있다. 그러나 지구력이 부족하여 견디어내지 못하여 하나둘씩 흩어지고 허물어지기 쉽다.

　수리가 잘 맞지 않으면 더욱 박약한 형국에 이르기 쉽다. 여성의 경우 자기만 못한 남편을 만나기가 쉽다.

　기본적으로 다방면에 재주를 가지고 있으며 다정한 성품인데도 스스로는 갈등이 많은 편이다.

　하지만 좌절하지 않고 꾸준히 노력한다면 대개 노력한 만큼의 결실을 얻어내는 편이다.

　金과 木이 대립하며 최선을 다하는데도 게으른 사람으로 낙인찍히거나 융화가 안 돼 상사의 덕을 보기 힘들다.

　두루 어울리는 일보다 혼자 개발하고 추진하는 사업이나 업종을 택하는 게 무난하다.

　부모하고는 뜻이 안 맞아 따로 떨어지거나 혼자 일어서서 나아가는 입장이지만 착한 자녀를 둔다.

어드바이스 ─────────────────────────────

호흡기 · 두뇌질환 · 우울증 · 신경쇠약에 주의를.

金 火 木　고적한 투사

　　꾸밈이 없고 정직하기에 자기 주장이 강한 면이 있지만 남과 잘 어울린다.

　　때로 대범하기도 하고 풍류 기질이 있어 현실보다는 다소 낭만적인 성향으로 흐르는 경향이 있다.

　　차분한 마음으로 쌓아나간다면 의식의 부족은 없으나 투기심이 발동하거나 과욕을 부리면 낭패한다.

　　여성의 경우 핑계 많은 남편을 만나기 쉽다.

　　그러나 대체적으로 상냥하고 친절하며 어려움에 처해서도 능동적으로 움직이려는 욕구를 갖고 있다.

　　남과 잘 사귀는 덕으로 비교적 협조를 받는 입장에서 진로를 열어나가게 되나 부모나 상사에게서는 별반 따뜻한 배려와 관심을 끌지 못한다.

　　남의 아픔에 같이 아파하는 심성이 있기에 작은 도움을 주었던 일로 나중에 큰 협조를 받기도 한다.

　　다만 중년 이후에 한번 삐걱하면 걷잡을 수 없이 무너질 수 있으니 주의해야 한다.

　　자녀로 인해 가슴이 아플 수 있다.

어드바이스

두뇌질환 · 스트레스를 염두에 두고 과로에 대한 체크를.

金 火 火　　미끄러운 외다리

　꼼꼼하게 현실적으로 밟아나가기보다는 투기적이고 일확천금을 꿈꾸는 경향이 있다.

　있는 것에 만족하며 내 능력에 맞는 일만을 골라 꾸준하게 노력해야 외톨이가 되지 않는다.

　가정운은 무난한 편이고 자녀들도 순탄한 편이다.

　여성의 경우는 남편의 몫까지 해내야 하는 경우가 있다. 모험이 전제된 투자는 삼가할 필요가 있다.

　두 불덩이가 위로 치밀어 쇠를 녹이는 형국이라 쇠가 과민하게 들떠 있다. 그러기에 조급한 성격을 가지고 있고 못 미더워한 나머지 독단적이거나 자기 합리화로서 주위 시선을 무마하려는 경향이 있다.

　남이 나를 꿰뚫어볼까봐 겉치레에 과도히 신경 쓰는 타입이라서 반감을 살 수 있으나, 사실은 고지식한 일면이 있고 단순 선량한 편이다. 좀더 느긋이 생각하고 좌우를 돌아보면서 움직이면 한결 평탄한 길이 열린다.

　부모의 복이 희박하나 아내는 협조자로서 무난한 편이고, 자녀 역시 큰 문제가 없을 것이다.

어드바이스

심폐질환과 우울증 · 신경쇠약 등에 유의를.

金 火 土　흐려진 거울

　　하나씩 매듭지어 가면서 세월을 거스리지 말아야 한다. 지나치게 목표를 올려 잡거나 서둘러 나아가려다간 자기 꾀에 얽히기 쉽다. 자만하기 쉽고 칭찬 듣기를 좋아하는 연유로 판단력이 집중되지 않기 때문이다.

　　외화내빈이랄까, 남 보기보다는 근심이 있고 종종 이익을 앞에 놓고 다투거나 방법 차이로 충돌하게 된다. 가정적으로는 화기가 부족, 별거하거나 쌍방이 투덜대기 쉽다.

　　밑에 있는 土는 가운데 火를 돕지만 위에 있는 金이 피해의식으로 견제하거나 火가 공격을 함으로써 두루 원만치가 못하다. 다행히 밑의 土가 위의 金을 도움으로서 어느 정도 중화된 형국이다. 따라서 상사와의 충돌 때문에 출세에 지장이 있고 표창·칭찬이 비껴가게 된다.

　　자신의 입지를 생각하여 아랫사람에게 덕을 베풀지 못하면 하극상의 우려도 없지 않다.

　　부부간 티격태격하는 관계로 체력과 정신력이 아울러 소모될 염려가 있고 조난에의 대비를 요한다.

　　자녀와의 관계는 무난하다.

어드바이스

신경계 질병·심폐질환·우울증 등 체크를.

金 火 金　　토담에 갇힌 범

　　작은 일을 우습게 여기거나 자랑하는 경향이 있고 귀가 얇다. 나의 말이 상대에게 신뢰감 있게 전달되도록 인격 도야에 힘쓸 필요가 있다. 따돌림을 당하거나 사람이 흩어지면 그 이유부터 살필 필요가 있다.

　　스스로 갈등을 겪거나 결론을 못 내려 전전긍긍하면 남도 도와주지 않는다.

　　가정적으로도 바람직한 부부상이 못 되거나 자식을 감싸주지 못할 수 있다.

　　좌우의 쇳덩이를 녹이고자 하는 불꽃이 중앙에서 몸부림치는 형국이어서 자기 성찰이 부족하고 참을성이 미흡하여 화합이 어렵다.

　　겉으로 화려하게 꾸미고 늘상 웃음으로 자위하지만 가슴속 깊은 곳에서 공허감이 스며 오른다.

　　이것저것 손대거나 두리번거리지 말고 한 가지 일에 온 정력을 쏟는 연구직이나 기술직에 종사하는 것이 자기 발전에 도움이 되겠다.

　　부부간에 쌓인 불씨는, 어디서 시작됐는가 점검해보고 크게 번지지 않도록 자중하며 노력해야 이별을 막을 수 있다.

어드바이스

우울증 · 신경쇠약 · 심폐 기능 약화에 유의를.

金 火 水　뒤에서 부는 바람

　겉으로 얼른 드러내지 않는 성격으로 자존심이 강해 남에게 얕보이지는 않고 속고집이 있는 편이다.

　은연중 자기 주장이 강하게 드러나 처음의 동지가 차츰 소원해지거나 시작을 같이했던 사람과 멀어지기 쉽다.

　노력이 부족하여 도중에 흔들리면 스스로 갈피를 못 잡고 우왕좌왕하는 성격이다. 부부가 원만하기 어렵고 불만이 겹치기 쉽다.

　쇠가 불에 녹고 물이 치솟아 불을 끄는 형국이라 매사 안정감이 결여돼 있다. 따라서 이 배열의 이름은 신경과민증을 유발하여 짜증스러워하는 경향을 지니게 된다.

　화려한 옷을 입고 용모에 과도히 신경 쓰지만 한꺼풀만 들추면 이내 신경질이 도사리고 있다. 그러기에 상대방은 이중 성격으로 보기가 십상이다.

　사람들과 잘 어울리다가도 이내 혼자 되돌아서는 성격이라 동업이나 대인 상대의 사업은 어렵다.

　직장에서도 상하 충돌하거나 직장을 자꾸 옮기기 쉽다.

　자녀는 일찍부터 관심을 갖거나 객지로 보내야 자신이 알아서 길을 열어나가게 된다.

어드바이스

조난 · 교통사고 등에 조심하고 정신 안정을 위한 취미를.

金土木　철 지난 전령

　고집이 세고 타협심이 부족하여 치우친 방법에 매달려 시간을 허비할 수가 있다. 남과 잘 협조하고 마음에 두어야 할 충고를 가볍게 여기지 않아야 한다.

　부모나 선대에서 물려받은 재물이 있거든 경거망동하지 말고 잘 지키기 위해 신경 써야 한다.

　부부간에는 화목하더라도 속 썩이는 자식이 있기 쉽고 남성의 경우 건강에 신경 쓰이는 아내를 만나게 된다.

　스무 고개 내지는 퀴즈풀이하듯이 대하기 어려운 사람이라고 낙인 찍히기 쉽다. 자기 연민이 강하여 안으로 숨어들기 때문이다.

　근심이 있어 말과 행동이 엇박자를 놓게 되거나 약속을 일방적으로 무산시킬 수밖에 없을 만큼 돌출적인 상황이 잦아 자칫 신용마저 잃을 수가 있다.

　솔직 담백하게 털어놓고 부탁하기보다는 갖은 핑계를 동원하는 형이라서 나중에 자기 말로 인해 걸려 넘어지기 십상이다.

　상사와는 비교적 원만하지만 아랫사람에게는 책임질 일만 생기거나 돌봐주고도 미움받기 쉽다.

어드바이스

폐결핵 · 간장에 유의하고 교통사고 · 위장 장애 주의를.

金 土 火　다독여진 불씨

　　상황을 잘 간파하지만 자기 실수는 인정하지 않으려 하거나 남의 실수로 위장하려는 경향이 있다. 출세를 위해서는 자존심도 버리지만 아랫사람에게는 냉정하기 쉽다.

　　타고난 기초가 넉넉한데다 융통성 있는 구변과 눈치로 구김 없이 전진한다. 한눈 팔지 않는다면 부부운도 좋은 편이고, 자녀도 말을 잘 듣는다. 수리가 좋으면 명예도 얻게 되나 그렇지 않으면 외길로 가다 큰 타격을 입을 수이다.

　　좋은 배치로 사방에 길이 있고 돕는 손길도 항상 있다.

　　때로는 과단성 있는 행동으로 명예를 누리기도 하고 일확천금을 거둘 수 있으나 대체로 노력하여야 얻을 수 있다.

　　본심은 착하고 성실한 편인데도 더러 자기 꾀가 지나쳐 주위사람을 부추기다가 이름에 먹칠할 수도 있으니, 되도록 상상을 넓히지 말고 눈에 보이는 현실에 충실했으면 한다.

　　가끔 벅찬 배우자로 인해 자신의 부모와 불화하거나 중간에서 땀 흘리며 중재하게 될 수도 있으니 두루 원만하도록 처신해라. 그 점만 주의하면 무난할 것이다. 조난을 주의하라.

어드바이스

건강 체질이지만 울화 · 고혈압 · 심폐 · 간장 체크를.

金土土 맨손으로 잡은 고래

　우월감·자존심이 바탕에 깔려 있고, 목표에 대한 도전 의식이 강하여 일사천리로 밀고 나가는 형이다. 자자분한 걸림돌이 있다 해도 뚝심으로 밀어붙여 훌쩍 뛰어넘을 것이다.

　한미한 집안에 태어났다면 자수성가해서 명예까지 누리는 형국이다. 부부운도 좋고 자녀로 인한 기쁨이 중중할 수이니, 대체로 평탄한 일생을 보내더라는 통계이다.

　두 흙이 앞다퉈 쇠를 도우니 좌우에 막힘이 없다.

　악의 없는 친절함과 질박 온후한 성품으로 남 눈치 보지 않고 맡은 일에 충실하니 표창수도 중중하다.

　남과 어울려 하는 일에도 탁월한 수완이 있고 재판을 하거나 중재·변호하는 데도 두각을 나타낸다.

　물려받는 입장이기보다는 자수성가하는 편이고 재력도 풍부하며 이름도 얻는다.

　가정내에서도 화평하다. 혹 이성관계가 따로 맺어진다면 빨리 수습하고 자중하는 노력이 요구된다.

어드바이스 ───────────────────────

너무 몰두하는 경향이 있으매 종종 여행이나 취미를.

金 土 金　절 받는 은자

다소 수동적이고 소극적인 경향은 있으나 신용이 있고 원만하여 순탄한 삶을 영위하게 된다.

흥미와 호기심도 많고 명예욕도 남 못지않아 두루 참여하는 일이 많게 된다. 물려받은 것도 있고 남겨줄 것도 있을 만큼 여유가 있는데다 가정 분위기도 아주 화목하다.

어떤 직업·사업을 가져도 뒤처지지는 않는다.

흠잡을 데 없이 새겨진 배합이라 신분에 따라서는 부와 명예를 동시에 누리게 되고 여유 있게 발전하다.

집안이 한미했다 하더라도 자기 성실과 투지로써 개발해나간다.

남 보기에 유순해 보이지만, 한번 마음 먹으면 끝장을 보아야 손을 터는 지구력도 있고 두루 원만하게 사귄 주변으로 인해 생각지 않은 이득도 본다.

아내와 자녀 모두 기쁨과 안정을 나누는 상대로서 서로에게 웃음을 선사한다. 단, 이성에 탐닉하지 않도록 조심하라.

어드바이스 ─────────────────────

생각보다 복이 넘친다 싶거든 도와줄 이웃에 대한 관심을.

金土水 허물리는 축대

숨은 비밀이 있는데다 편중된 사고를 하는 경향이 있어 주위 사람과 융화를 도모하기 어려우니 노력이 필요하다.

박력이 부족하고 의지력이 약해 일사천리로 밀고 나가는 일에 미흡하고 외고집이기 쉽다. 가정적으로는 피차 흐뭇해하지 못할 상대를 만나 투덜대며 살아가기 쉽다.

좀더 너그럽게 이해하고 웃으며 참아가는 기술이 필요하다.

타고난 성품이 서두는 경향이므로 가끔 뒤돌아서서 다시 시작하거나 뉘우칠 일이 생기게 된다. 그러나 그런대로 자기 위치와 걸맞게 잘 처신하여 대처할 수 있다.

土와 水가 다투는 관계로 아랫사람 복이 없는 편이고 병약한 자녀를 두거나 아내와 뜻이 맞지 않을 수 있다.

후배의 공격은 웃고 넘겨야 무난한데 때로는 적장처럼 대항하여 체면을 구길 수 있다.

물놀이·등산·과속 질주 및 위험한 장난감 등은 삼가거나 주위에 두지 않는 게 좋다.

밝은 얼굴로 늘 친절하도록 힘써야 한다.

조난·횡액이 있을 수 있으니 모험을 삼가기를.

金 金 木 한밤의 휘파람

  과민한 성격인데다가 일방적인 주장이 강하여 상황에 맞는 처신과 어울려 행동하는 일에 훈련이 요구된다.

  이기심이 강하여 결정적일 때 외로워지거나 다툴 수 있고, 외화내빈하여 속으로 근심이 쌓이기 쉽다. 가정내 문제는 대개 자신이 유발하게 된다는 점도 십분 고려해볼 점이다.

  대개 이 배합은 누구와도 화목이 잘 안 되더라는 설이 있다.

  두 쇠가 나무를 성가시게 하니 나무 또한 지지 않으려고 대항하는 형국이라 고집이 세고 일방적인 행동을 하기 쉽다.

  보스적인 기질도 있어 대접받기를 좋아하고 남의 상석에 앉는 일에 혹하는 경향이 있어 사물을 옳게 보지 못한다.

  이익이 없어 보이는 상대를 깔보다가 결정적일 때 외면당하는 고통도 맛볼 수 있다.

  장애가 있는 자녀를 두기 쉽고 형제와도 불목하기 십상이다.

  미약해 보이는 이웃에게도 관심을 갖는 태도가 필요하다.

어드바이스

심폐질환 · 두통 · 우울증 · 고혈압 · 교통사고 등에 주의를.

金 金 火　물 젖은 장작

　성격이 화급하니 서두르다 일을 망치기 쉽다. 내 주장만 옳다고 여기는 편견 때문에 말을 함부로 하다 일을 그르치기 쉬우니 느긋하게 대처하고 화합하는 연습을 필히 하여야 한다.

　일이 꼬이면 속단한 나머지 비감해하거나 스스로 포기하는 버릇도 고쳐야 할 점이다.

　가정적으로도 화목하긴 어려운데, 이는 각자의 주장이 다르기 때문이다.

　상석에 앉아 예우받기를 즐기는 경향이 있고 형편보다도 화려한 옷, 의젓해 보이려는 태도가 역력하다.

　강한 자에게는 아부하는 버릇이 있으면서 아랫사람에겐 냉정하여 벗이 적고 동지애가 결손되기 쉽다.

　외고집적이기에, 편식하는 경향이 있고 좋아하는 사람만 좋아하고 한번 밉게 본 것은 근처에도 가지 않으려 하여 점점 괴벽스러운 행동을 낳게 한다.

　남과 어울리는 일보다 혼자 개척·궁구하면서 노력하는 일에 매진해야 의식 걱정을 덜게 된다.

　자녀의 하극상을 조심하라.

어드바이스

울화·신경쇠약·심폐질환·교통사고 및 조난에 주의를.

金 金 土　사금 캐는 농부

　　자기 주장이 강한 것이 장점이자 단점일 수 있다. 그런 중에도 판단력이 우수하여 주변의 상황을 잘 응용하나 끈질긴 면이 다소 부족하여 중간 정도에 머물기 쉽다.

　　여성의 경우, 벅찬 남편을 만나기 쉽고 피차 노력하지 않으면 화기 없이 삐걱거린다.

　　상대방을 좀더 너그럽게 대하고 숙여야 할 상황에서는 숙이는 아량과 용서하는 관용을 가져야 발전이 크다.

　　의적 일지매와 같은 기질로서 한번 마음먹으면 '맨손으로라도 바위를 깨려는 욕구와 규범 준수에 모범을 보이며 정도를 걸어가는 일에 거칠 것이 없고 당당하다.

　　내가 너그럽게 대한 만큼 상대도 호의적이나 괜한 고집을 꺾지 않으면 독불장군이 될 수도 있다.

　　기세가 왕성하여 정치가나 군계통에 적성이 있고 차라리 금속 가공 광산 운영 등 딱딱한 일도 잘 맞고 성공할 수 있다.

　　집안에서 너그럽고 부드럽게 처신한다면 부부간에도 무난한 편이고 좋은 자녀로 기쁨이 중중하겠다.

어드바이스 ————————————————————

순환기 질병 및 심폐질환을 가볍게 보지 말기를.

金 金 金　외로운 당나귀

　　남 못지않은 두뇌와 판단력을 지니고도 주변으로부터 칭찬을 얻어내지 못하는 건 별스럽게 고고한 성격 때문이다.

　　어디에서 무슨 일을 하든 옆사람과 주변 상황을 일단 살펴보고 혼자 독주하지 말아야 한다. 의식이 부족하게 된다는 건 아니지만 남의 뜻을 용납하지 않고 달리면 결국 외로운 길에 혼자만 서 있게 된다. 가족들도 외면하고 있어 집안에서도 쓸쓸한 형국이니 널리 화목하도록 노력하는 자세가 요구된다.

　　명예도 있고 재물도 넉넉한 편임에도 불구하고 친구삼기가 거북한 것은 난체를 너무하고 자랑이 극하여 반감을 사기 때문이다. 대인관계로 벌이는 사업에서 그만큼 성공도가 반감되는 것도 유별난 성격 탓이다.

　　괴팍성으로 인해 성공 뒤에 질병을 초래하거나 과단성으로 인해 자기 연민에 빠지게 만들 수도 있다. 사회는 동지감으로 구성된 것이지 결코 경쟁자만 모인 곳이 아니라는 것을 숙지할 필요가 있다.

　　조난·급병·과민성 신경계 질병 등이 예고되기도 하는 바 좀 더 느긋하게, 마음의 안정을 갖도록 하라.

어드바이스

호흡기 질환, 특히 만성 독감 등 계절병에 유의를.

金 金 水　반쯤 이룬 성

겉으로는 상당히 부드러워 보이나 속으로는 고고한 자존심과 내향성 성격 때문에 옹졸하기 쉽다.

다른 사람들이 가는 길과 여럿이 뜻을 모으는 일에 훼방하거나 돌아서지 말고 함께 참여해야 동지도 생기고 협조자도 는다.

가정적으로는 뜻이 맞지 않는 부부가 될 수 있고 자녀를 방임하여 기르다 보면 마음을 다칠 수 있다.

나쁜 운은 아니기에 자기 처신에 따라 삶의 방향이 크게 좌우할 것이다.

글씨를 잘 쓰거나 문장에 뛰어나 예술·학문 분야에서도 크게 될 수 있고, 사회자·진행자·아나운서 등 탤런트 기질도 가지고 있다.

겉보기와는 달리 자기 의지가 강해 추진력이 특출하지만 주변 여건을 잘 바꾸는 경향이 있다.

정치·판관·수사 관계 등에서도 우수한 기량으로 발전할 수 있고 철가공·운수·토목에도 승산이 있다.

상사를 동지로 착각하는 경향은 평생 조심할 부분이다.

부모에게서 물려받기보다는 자수성가 내지는 창업형 스타일이고, 심장·폐질환에 유의해야 한다.

어드바이스

교통사고·조난·외상을 입을 수 있으니 조심하길.

金 水 木 무리 속의 고독

남에게 대들지 않고 잔재주가 많은 편이지만 적극성이 부족하고 추진력이 결여돼 있다.

선대로부터 물려받은 것이 있거나 윗사람에게 지시받는 수동적인 직책에 있으면 무난하게 자기의 길을 갈 수 있다. 그러나 독립적인 사업을 차리면 승산이 반감하게 된다.

건강치 못한 자녀를 둘 수 있으나 자신과 부부간에는 원만하여 평온한 가정을 이룬다.

비교적 좋은 배치인데도 완전에 이르지 못하는 건 金과 木이 앞뒤로 대치해 있기 때문이다.

우수한 두뇌에 적응력이 좋아 두루 기반을 넓히면 정치 분야에서도 두각을 나타낼 수 있다.

다만, 사람을 함부로 들이거나 믿었다가 그로 인하여 치명타를 입을 수 있으니 사전 점검을 잘 해두기 바란다.

자녀를 너무 감싸기만 했다가는 나중에 그로 인하여 돌이킬 수 없는 화를 입을 수 있으니 상식선에서 보호하고 이끌어야 무난하다.

金 水 火　이어 엮은 대들보

　끝까지 참는 일에는 지구력 부족으로 짜증을 잘 내는 편이지만 책임감도 있고 성실한 성품이다.

　선대로부터 이어받은 전토나 사업을 기반으로 발전하거나 선배·조상의 도움을 입는 직업에 종사하면 꾸준한 발전이 있겠다. 그러나 중말년에 제동이 걸리기 쉬우니 주의할 필요가 있다. 남성의 경우 불만스런 아내를 만날 수 있고 자식을 무섭게 다뤄 불평을 살 수 있다. 원만하게 대하고 웃음으로 지도하는 편이 좋다.

　긍정적인 면보다 부정적인 면이 중중한 배열이기에 잘 나가는 듯싶다가도 문득 때아닌 복병을 만나기 쉽다.

　아이디어맨으로 순간적인 포착과 승부수가 뛰어나지만 일확천금을 꿈꾸면 안 된다.

　과민한 성격과 추리력으로 당장은 이기나, 끈기 부족으로 뒷손이 허전해질 수 있다. 급격히 화를 내지는 않는다 하더라도 싫어하는 것은 사물이나 사람이나 금방 표시를 내어 아랫사람에게 원망을 사기 쉽다.

　나의 불만을 자식에게서 해결하려고 하지 말아야 한다.

어드바이스

편식·과음으로 인한 질병 및 하체 신경통 등에 주의를.

金 水 土　한낮의 찬비

자존심과 우월감이 지나쳐 융화를 깨기 쉽다. 내 수단을 인정하는 상사에게서는 칭찬을 받을 수 있으나 부하에게는 하극상당할 수 있고 인화를 잘 이루지 못해 고민하게 될 수이다.

윗대로부터 명예나 재물을 다소 받을 수 있으나 자식은 속을 썩이게 되고, 남성의 경우 감싸이지 않는 아내 때문에 피곤할 수 있다.

자기 자신의 한계를 돌아보는 눈이 필요하다. 물〔水〕은 쇠와 친화하지만 흙〔土〕을 무너뜨리려 하기에 흠집이 나고 신역이 고되다. 상사에게는 아부하고 부하에게 냉랭하여, 인덕이 없다고 불평하지만 절반은 자기 탓이다.

윗사람은 칭찬하지만 궁극적으로 도와주는 데는 인색한 형국이다.

대개의 경우, 대인관계를 바탕으로 열어가는 사업은 적성이 맞지 않고 직장에서도 왔다갔다하게 된다.

독특한 분야에서 따로 집행하고, 연구하는 일에 몰두하는 게 좋다. 남을 시기하지 말아야 한다.

어드바이스

간장 · 신장에 관련한 질병에 주의를.

金 水 金　전대 속의 금화

　　유머와 재치가 가득하여 어디서나 환영받는 형이다. 사람도 잘 사귀고 일에 대한 판단과 임기응변에 능해 적을 사는 일도 드물다.

　　물려받은 재산과 명예를 바탕으로 자기 노력도 성실하니 나날이 다르게 전진하고 발전한다.

　　더욱이 수리가 좋으면 뜻밖의 계기와 상황으로 생각지 않은 부와 명예를 얻게 되고 질병도 피해간다.

　　대가족이라 하더라도 온기가 있고 평화로워 웃음이 중중하고 경사가 많다.

　　화술이 좋고 언어감각도 있어 외국어에 능하다. 사업을 하더라도 주위의 협조로 순탄하게 달릴 수 있다. 무슨 일을 결정하기까지 심사숙고만 했다면 그대로 밀고 나가도 거칠 것이 없다.

　　온순하지만 결단력이 있고 지혜롭지만 자만하지 않으매 사람들이 많이 몰린다.

　　신장과 폐질환이 있을 수 있으니 술·담배 등 기호식품과 편식을 삼가도록 하라.

어드바이스

과음·과식하지 말고 가끔 오락을 겸한 휴식을.

金 水 水　　**물 먹은 꽃눈**

　사교적이고 언변이 좋아 주변에 사람이 들끓는다. 임기응변에 강하고 기지가 뛰어나며 일처리도 잘한다. 자신감이 지나쳐 한때 곤경에 처할 수도 있으나 계산이 빨라 금방 이겨낸다. 어려운 일에 봉착해도 재도전의 의지를 불태워 스스로 일어선다.

　남성의 경우 마음 같지 않은 짝을 만날 수 있으나 대체적으로 무난한 가정을 이룬다.

　유순해 보이면서도 내심 결단력이 출중하고 지혜가 있어 사물을 보고 판단하는 예지가 놀랍다.

　다만, 척 보면 알게 되더라는 경험 하나만을 과신한 나머지 주위의 권고나 조언을 자꾸 뿌리친다든지 숨겨둔 계략으로 이재에만 눈독을 들이면 동지가 적군으로 변해 창을 돌려댈 수가 있다.

　비교적 좋은 배우자를 만나며 똑똑한 자녀로 인해 기쁨이 중중할 것이다.

　조난이 있을 수 있으니 위험한 등산·수영 등은 자제하도록 하라.

어드바이스 ────────────────

심장질환·우울증·습진 등에 유의를.

水 木 木　누각에 오른 문사

자기 주장이 있으나 이를 잘 드러내지 않는 면이 있다.

누군가의 협조를 받아야 뒤끝이 좋을 수다.

한때 어려운 고비를 맞으나 성실성을 인정받아 일어서며 또 정직하게 행하므로서 성공한다. 수리만 길하게 배치되면 일생 무난하게 전진할 입장이며 물려받은 재산과 원만한 부부관계, 착한 자녀들로 평탄한 일생을 보낼 수 있다.

또한 남 보기에는 평범해 보이더라도 가슴에 품고 있는 웅지를 이루려고 끊임없이 노력하며 달려가는 인물이다.

사람 상대하는 일이면 사람을 잘 인용하고, 사물을 판단하고 재량으로 가꿔가는 일이면 투지로써 돌파하는 활동가이다. 더욱이 주변 인사들과도 두루 화합하는 기술을 일찍이 터득하고 있기에 발전할 수 있다.

그러나 마지막 결재 단계에서 주춤거리는 경향이 있고 자칫 귀가 얇거나 혼자 책임지려 하지 않다가 때를 놓칠 수 있으니 유의하기 바란다.

명석한 자녀로 인한 기쁨이 크다.

어드바이스

나를 도와준 이에게 늘 감사하며 보답에 힘쓰기를.

水 木 火　방에 붙은 이름

　　사물에 대한 이해도가 높고 민감하게 반응하며 상황을 잘 살피고 민첩하게 행동한다. 숨은 투지가 대단하여 남을 밟고 일어서려는 욕심까지 있으니 이 생각에는 제동을 걸어야 한다.

　　재주가 좋아 인간적인 유대에만 성공한다면 한 번 실패의 기복을 겪게 되더라도 다시 일어설 수 있으나 자만하거나 편벽된 꾀를 쓰다가는 낭패한다.

　　가정적으로는 지나칠 만큼 감싸는 자세여서 대체로 무난하나 여성의 경우는 남편이 신경 쓰이게 될 수도 있다.

　　비교적 좋은 배치이나 물〔水〕과 불〔火〕이 상하에 마주쳐 있다는 게 흠이다. 문학·예술 방면에서 타고난 감성과 예지를 꽃피울 수 있고 탤런트적 기질도 농후하다.

　　다소 모략가적인 기질이 있으니 참모 자리에 있으면 기량을 발휘할 수도 있으나 잔꾀를 쓰면 해롭다.

　　조난이나 병화 등 예상치 못한 걸림돌만 채이지 않으면 비교적 무난하겠으나 아내와 부모 사이에서 갈등을 겪을 수 있다. 자녀복이 꽤 있는 편이다.

어드바이스

건강은 치료보다도 예방으로서 유지한다는 정신을.

水 木 土　일복 탄 머슴

　　빨리 보고 순간적으로 판단하는 기지와 재치가 뛰어나 무슨 일에 처하든지 능수능란하다.

　　도와주고자 하는 이도 있고 내가 살펴준 사람으로부터 협조도 받게 되어 무난하게 전진한다. 상급자의 눈에 들어 진급도 빠를 수다.

　　윗대로부터 물려받은 것도 있고 근면하게 일하기에 가정적으로도 화목한 분위기를 유지할 수 있다.

　　부하들을 사랑했다면 그들도 협조자가 돼 준다.

　　사교적이고 활달하여 막힘이 없으나 아내와 부하의 면에서 조금 아쉽다. 한쪽은 건강이 딸리고 한쪽은 협조가 부족하기 때문이다.

　　두루 바쁜 입장이고 주고받는 상대도 많아 이것저것 벌이는 일과 관여하는 단체가 많게 된다.

　　자녀가 거스르지는 않는다 해도 그들에게서 큰 기쁨을 얻거나 도움받기에는 부족함이 있다.

　　잔신경을 많이 쓰다 보면 뇌의 손상을 부를 수 있고 위장이 약화될 수도 있으니 주기적인 휴양·여행을 하면 좋다.

어드바이스 ————————————————————————

모험을 하거나 기벽에 빠지지 말고 예방 치료를.

水 木 金 혼자 가는 밭

이해심이 넓고 두루 긍정하다 보니 마음 쓸 곳이 많다.

출발점은 미약한 편이나 노력하여 어느 정도 우뚝해질 수 있다. 문제는 그 다음이다.

너무 자질구레한 일에 신경 쓰다가는 필요치 않는 곳에 투자하거나 감언이설에 속아 곤경에 처할 수 있기 때문이다.

부모와 상사는 도움이 되나 처자 관계는 썰렁한 편으로 남성은 여의치 못한 아내를 만나기 쉽다.

제삼자의 입장에서 보면 부드럽기 그지없지만 가슴속엔 작은 갈등의 씨앗과 아랫사람과의 마찰이 있어 이를 견디고 참아가는 형이다.

잘 참는 인내력으로 목적을 이뤄가지만 누구와 어떤 형태의 일을 하며 내 위치가 어느 쪽이냐에 따라 성패가 갈린다.

부모의 유산이 결국 내 손에 머물기 어렵고 벅찬 아내와 도전적인 자녀로 심신의 노고를 허비할 수 있다.

폭음 폭식을 삼가고 종종 조용한 곳으로 여행하기를 바란다.

어드바이스

등산 · 운전 · 승마 · 경주 등 모험을 요하는 운동은 조심을.

水 木 水 # 떼꿩에 놓인 매

감수성이 예민한데다 두뇌 회전이 빨라서 척 보면 알 만큼 뛰어난 예지력을 가졌을 뿐만 아니라 매사에 노력하는 형이다.

무슨 일이든 순조롭게 시작하고 무난하게 마무리를 하기에 남의 부러움 속에 대성하게 된다.

그러나 늦바람을 스스로 조심해야만 조상으로부터 받은 재물이나 명예도 손상되지 않는다.

부부간의 애정은 소원한 편으로 아쉬운 점이다.

사회 각 분야에 두루 참여하고 여기저기서 왕성하게 활동하므로 본업과 부업이 혼동될 정도로 부르는 곳이 많다.

하지만 본인이 이를 즐기며 주어진 상황과 위치를 잘 가려 처신하고 대처하기에 팔방미인으로 비춰질 수 있다.

물〔水〕이 너무 넘쳐 신장과 간장 등에 해를 입을 수 있으니 과음 과식을 피하고 종종 휴식을 겸한 레크리에이션으로서 심신의 과로를 무마시켜야 좋다.

오나가나 사람을 좋아하고 또 많이 따르는 탓으로 나만의 시간이 부족할 수 있다.

어드바이스 ————————————————————————

두뇌 활용이 지나쳐 발생하는 사소한 질병에 미리 대처하기를.

水 火 木　짐이 많은 소

서두르는 경향이 있으나 판단력이 우수하다. 주변 환경도 좋아서 이삭을 모아 낟가리를 쌓는 형이다.

하지만 자기 능력을 과신하다 보면 크게 고통받는 올무에 걸릴 수가 있다.

여성의 경우는 벅찬 남편을 만나게 되나 비교적 무난한 가정을 이룬다. 선거·투표로 뽑히는 운세는 박약한 편이다.

친절하지만 감추어진 신경질이 있고 뛰면서도 조마조마해하는 성격으로서 폭이 넓지를 못한 게 흠이다.

인생은 단거리 선수처럼 후닥닥 달리고 마는 것이 아니므로 꾸준히 관망하면서 진행할 필요가 있다.

水와 火가 마주치는 형상이니, 노력에도 불구하고 윗사람이 보기엔 칭찬할 일보다 질타할 일이 더 눈에 띄고, 진심보다는 아부를 요구하여 고통을 당할 수 있다.

어려서부터 객지로 나와 떠돌았다면 좀더 느긋이 대처하고 자애롭게 주변을 다독이며 살피면 평안하다.

어드바이스

조난·자포자기 뇌출혈·고혈압·심장마비 등에 항시 주의를.

水火火　가버린 손님

　　과민하고 행동이 빠르나 그로 인해 화를 부를 수 있다. 급격히 화를 내는 버릇이 있어 주변의 사람이 다 떠나버리는 형국이다.

　　항상 매사에 느긋하게 생각하고 천천히 대답하는 연습을 해두어야 대과가 없고 적을 사지 않게 된다.

　　부모와 친척, 부부, 자녀 등 가정내 문제가 복잡하고 냉랭하니 고독하게 될 수 있다.

　　두 줄기 화광이 치밀어올라 물을 말리는 격이요, 하늘의 물이 불길을 뒤덮는 형국이라서 여의치 못하다.

　　숨기는 게 없고 솔직함에도 빨리 일으켜세우거나 목표에 접근하려고 서둘다 보니 나쁜 방법을 택하기 쉽고 이로 인해 화를 입기 십상이다.

　　상사보다는 아랫사람과 도모하는 일에 발전이 있다.

　　일방적인 부모의 지시 등의 이유로 독립 · 유랑하다가 홀로 집을 세우는 형국이다.

　　부부관계는 독선만 행하지 않는다면 애틋한 분위기가 있고 말다툼이 들락날락하더라도 비교적 재미있게 산다.

어드바이스

심폐질환 · 우울증 · 뇌일혈 · 자포자기에 주의를.

水 火 土 피다 삭다 하는 불

감정이 예민하고 착상도 빠르며 민첩하다. 급격히 화를 내는 버릇이 있어 일을 그르치거나 사람이 떠나게 된다.

무엇보다도 먼저 심신의 안정을 꾀하고 널리 이해하며 느긋이 긍정하는 습관부터 기르도록 힘써야 한다.

가정은 무난한 편이나 여성의 경우 자기만 못한 남편을 만나는 반면 남성의 경우는 처가의 덕을 보게 된다.

순간 포착에 승부를 거는 직종이나 신속한 해결을 요하는 업무, 아이디어와 순발력으로 승부하는 세계에서 기량을 발휘할 수 있다.

사람들과 어울려 진행하고 절충하는 직종은 될 수 있는 대로 피하는 게 성공의 지름길이다.

특히 윗사람하고의 사이가 원만치를 못해 본의 아니게 직장을 여러 번 바꿀 수도 있다.

부모의 유산은 기대하지 않는 게 좋고, 차라리 부부간 맞벌이를 하는 것이 유망하다. 자녀의 덕은 미약한 편이다.

어드바이스 —————————————————————————

뇌일혈 · 고혈압 · 당뇨 · 심신 장애 · 자포자기에 대처를.

水 火 金 **몰래 온 방해자**

먹은 맘이 없으면서도 불평이 많고 화를 잘 내는 경향이 있다. 이는 외화내빈 탓으로 가슴속이 공허하기 때문이다. 따라서 아랫사람에게 부드럽게 대하고 이해해줘야 나중에 화를 입지 않고 발전의 속도도 줄이지 않는다.

한번 더 생각해보고 상대방의 입장에 서서 판단할 필요가 있다. 가정운은 상하좌우가 모두 원만치 못하거나 충돌이 잦게 된다.

물과 불과 쇠가 다 각기 다른 체질이라서 마주칠 때마다 부조화가 연출되는 형국이기 때문이다.

스스로 지닌 갈등과 설명하지 못할 불만 등이 누적된 심신이라 웃음 속에도 짜증이 있다.

외화내빈의 격으로 노력에 비해 얻는 게 적고 남이 추측하는 것보다 주머니가 허전하다.

상사의 외면과 부하의 불손으로 상처를 입기 쉬우니 여럿이 하는 일이나 중간에 끼는 위치로는 심신이 고달프다. 단독적인 직업이나 단순 연구직 등 간섭이 적은 직종을 택하고, 어려움이 있더라도 자포자기하지 말아야 한다.

水 火 水　늪에 빠진 사자

　　우월감에 빠진 나머지 주변의 의견을 무시하고 독주하다가 홀로 늪에 빠지는 격이다. 잘 나간다 싶을 때일수록 주변을 돌아보고 적당히 양보해야 한다.

　　안정권에 있는 것만도 성공이라 할 만큼 평범한 상황이며 배우자 운이 좋지 못하다. 서로가 이해하고 포용한다는 원칙으로 분위기를 이끌어가야 무난하다.

　　아무튼 고독이 기쁨보다 많은 수이다.

　　겉으로는 미소를 짓고 있으면서도 다음 일에 대한 근심 때문에 언제 폭발할지 모르는 형국이다.

　　사람에 따라서는 허장성세로, 또는 지나친 우유부단으로 자기를 감추려 하지만 상대방은 나에 대해 긍정적이지 못하기 십상이다.

　　한 가지 일에 매달렸으면 끝을 본 뒤에 결과를 공개하는 것이 미리 말해놓고 못 이루는 것보다 현명하다.

　　일이 뒤틀린다고 자포자기하거나 열등감에 빠진다면 더욱 해결의 실마리가 안 보이게 된다.

　　병약한 자녀로 신경 쓰일 수도 있다.

어드바이스

조난 · 과속으로 인한 사고, 뇌일혈 · 심폐질환에 주의를.

水 土 木　꽃에 달린 가시

　　주관과 자만은 구별되어야 한다. 아무 일에나 고집을 부리다 보면 본의건 아니건 하극상을 하게 되거나 전체의 질서를 깨뜨리게 된다.

　　여럿이 공동 보조를 맞추거나 사람을 상대로 하는 직종은 처음부터 갖지 말거나 꾸준한 자기 수양을 통해 안정된 마음을 가지고 임해야 한다.

　　본인도 효자 소리는 듣지 못하는 경우인데 자녀를 너무 감싸다간 하극상을 입는다. 배우자 형편은 피차 박약한 상황이다.

　　순리를 거슬러 앉은 배치로 뒤죽박죽이 된 상태이기 때문이다.

　　내가 꿈꿔온 일이 잘 안 됐다고 남의 일까지 우습게 보거나 안 되기를 바라서는 안 된다.

　　또 정당한 방법이 아니면 천금이 걸린 문제라도 손대지 않는 게 현명하다. 명예도 사람도 잃을 수 있다.

　　남과 어울려 하는 일은 안 하는 게 좋으나 그렇다고 일체 두문불출하거나 지나치게 가려 사귀는 것도 좋지 않다.

　　이도저도 안 된다고 푸념하지 말고 작은 일에라도 일관성 있는 집념으로 투자할 필요가 있다. 꿈이 지나치면 풍운아가 된다.

어드바이스

두뇌, 순환기계 및 폭음 · 폭식으로 인한 질병 대처를.

水土火 음치의 꽃노래

우월감이 지나치고 자존심이 끝간 데 없어 상황 여건이 아님에도 일방적으로 밀고 나가려는 황소고집형이다.

우여곡절이 심한 일생을 살기 쉬운데, 이는 나와 상대 사이의 감정 조절이 잘 안 되거나 견해 차이에서 오는 갈등을 원만하게 해결치 못하기 때문이다.

부모와 일찍이 헤어져 살거나 남처럼 지내게 되나 자식들은 잘 되는 편이고 여성의 경우는 자기만 못한 남편을 만나게 된다.

겉으로 꾸미지만 가슴이 비어 있다. 일부러 그러려고 하는 것은 아니나 결과가 대개 욕심에 미치지 못하기 때문이다.

상사보다는 아랫사람과 도모해야 길이 있게 된다.

도박이나 내기 따위에 심취하거나 기벽·괴습에 탐닉하다 결정적인 친구를 만나면 크게 낭패한다. 외롭다고 아무 데나 가지 않도록 하라. 마음에 들지 않아도 주위 사람, 특히 선배나 상사 앞에 허리를 굽힐 줄도 알아야 하고 내키지 않는 일이라도 주어지면 끝까지 감당해보도록 노력하는 자세가 필요하다. 조난에 주의하고 모험을 하지 않았으면 한다.

水土土 중간에 바뀐 약속

　노력보다는 요행을 바라는 심사가 크고 헛이론에 치중하여 하극상을 저지를 수도 있다.

　특별히 조심하지 않으면 물려받은 재산도 허비하게 되거나 일단의 횡재도 신액이 따라 탕진할 수가 있다.

　여성의 경우는 자기만 못한 남편을 만날 수 있다.

　노력만큼 거둔다는 진리에 눈을 돌릴 필요가 있다.

　물이 쏟아져 두 더미의 흙을 무너뜨리고 동시에 흙은 물줄기를 막아 가두매 끝없이 대치하는 형국이다.

　土가 중첩해 있는 형국이니 부동산 분야에 신경 쓰는 것도 괜찮다. 자기 갈등을 잘 승화시킨다면 예능 방면에서 우뚝한 이름으로 설 수도 있겠고 꾸미기나 외모에 치중하는 객기를 부리지 않는다면 좋은 참모 내지 동지를 만나 문을 열어갈 수 있겠다. 그러나 독선을 행하면 있던 것도 까먹게 된다.

　물려받은 것은 없으나 내외간에 협조하면 의식 걱정은 않아도 된다. 고단백, 지방이 많은 음식을 피해야 좋다.

水土金　**비단옷에 비**

자상하고 소심한 성격으로 맡은 일엔 정성을 다한다. 한편 자기 이론과 주장이 자존심과 맞물려 때아닌 장소에서 목소리를 높여 낭패할 수 있다.

사람과 어울려 진행하는 사업은 적성이 아니다. 너무 파고들어 꼼꼼히 헤아리기 때문이다.

여성의 경우 속썩이는 남편을 만나기 쉽다. 처자와의 관계는 무난하나 끈기가 지나쳐 심신이 피곤할 수 있다.

세밀하게 살피고 정밀하게 짚어나가는 타입이라 전혀 실수를 하지 않을 것 같은데도 때로는 자기 컨트롤이 안 돼 엇박자를 놓을 수 있다. 이는 자기 갈등이 느닷없이 표출되는 때문이다.

하지만 대체적으로는 신중한 편이며, 복종심이 부족하지만 후배를 아끼는 맘이 가득하여 성패가 반반이다.

부모에게서는 물려받는 것도 없고 칭찬도 기대하기 어려우나 영민한 자녀를 둔다. 덕은 박한 편이다.

자식을 너무 감싸지 말도록 하라.

어드바이스 ——————————————————————
신장 · 간장 및 성기능 장애 등에 주의를.

水 土 水　이 빠진 호랑이

　　임기응변도 있고 눈치도 비상한 반면 너그러운 양보심이 부족하여 남과 충돌이 잦고 이로 인해 손해를 볼 수 있다.

　　적성에 맞는 직종을 택하여 좌우 눈치를 보지 않고 꾸준히 매진하면 가난하지는 않을 것이다. 그 전에 이기심과 독단을 버리는 일이 선행되어야 한다.

　　가정적으로는 부부간에 피차 동지애가 결여돼 있고 한 쪽의 주장과 고성으로 전체가 편치 못하다.

　　아래윗물이 몰려와 흙더미를 허물고자 하니 흙은 양쪽으로 둑을 쌓아 이를 막아야 하므로 심신이 고단하고 체력 소모가 크다.

　　좌충우돌하며 외치지만 귀를 기울이는 이가 적어 내심 몹시 초조하고 원망스럽다.

　　널리 수단을 펴는 일보다는 조출하더라도 간섭을 피해 몰두할 수 있는 직종, 즉 짐승 기르기, 초목 가꾸기 등이 아니면 금속 가공, 기계 수리 등 부리지도 않고 부림을 당하지도 않는 일을 택할 필요가 있다.

　　부모에게 저항하지 말고 처자에게도 관대해야 한다.

　　나약한 자녀를 두기 쉽다.

고적한 영웅

　　재주가 있고 눈치가 비상한 재치꾼이나 과민 반응을 보이는 성격 때문에 신뢰감이 결여되기 쉽다. 남보기에 다소 옹졸해 보이는 면 때문에 동지도 적다.

　　결손가정에서 자라기 쉽고, 그런 자신의 처지 때문에 자녀에게 너무 엄격하여 반감을 사기 쉽다.

　　남성의 경우, 능력 미달의 아내를 만날 가능성이 있고 초반에 잘 나가던 일을 유지하려면 감정을 잘 다스려야 한다.

　　위에서는 물의 협조가 있으나 밑의 나무〔木〕가 걸림돌이 되어 심기가 매우 불편하다. 대체로 기가 약하고 소심ㆍ다변한 성품이나 적응력 하나로 이리저리 오가는 데가 많다. 그리고 예의범절에 철저한 일면에도 불구하고 후배나 아랫사람이 제자리를 지키지 않거나 핑계를 대어 자신이 화를 입는 입장이다.

　　밖에서 잘 나가더라도 집안에 와서까지 강권적으로 밀고 나가서는 안 된다. 가족이 분산될 수 있다.

　　자녀의 건강에 늘 관심을 가지도록 하라.

어드바이스

신경계 질환, 호흡기 질환에 미리 대처를.

水 金 火 덫에 걸린 새

상황이 그렇지 않을 때도 자기비하 감정이 있어 늘 억울하다는 생각을 가지고 있다. 그런 심정 때문에 뒤끝은 없다 해도 함부로 대들거나 두들겨 부수는 경향이 있다.

초반에 잘 나가던 사업·직장에 징크스가 생기거나 제동이 걸리는 것도 인화 문제가 돌출되기 때문이다.

부모와 자녀, 양쪽이 다 원만치를 못하다. 남성의 경우, 마음에 흡족치 않은 아내를 만나기 쉽다.

누가 견제하지 않더라도 스스로 노여움을 타는 성격이라 문득문득 가슴을 닫게 되고 우울해하기 쉽다.

필요치 않는 이에게까지 아부하는 경향과 권력에 복종하는 체질이나 아랫사람이 억세어 나를 침범하거나 견제하기에 심신이 괴롭다.

날고자 할 때 날개를 붙잡는 것도 역시 아랫사람이거나 또는 엉뚱하게 아내일 수도 있다.

자녀를 얻는 기쁨과 삶의 고비가 교차되기 쉽다.

스피드를 즐기거나 위험한 등산, 파도타기 등은 주의를 요한다.

어드바이스

폐결핵·천식 등이 전제되기에 우선 금연을.

水 金 土　뜰이 넓은 한사

　　비상한 두뇌와 재치로 좌중을 리드하기에 주변의 사람들을 즐겁게 한다.

　　판단이 좋고 투지력도 대단하여 순풍에 돛을 단 듯이 발전할 수 있다.

　　무너진 집안도 일으켜세우고 국가를 경영하는 수완도 보일 수 있다.

　　부모와 내외, 자녀와의 관계도 원활하여 기쁨이 중첩된 나날을 영위하게 된다.

　　거꾸로 앉기는 했지만 상생조화가 좋다. 임기응변에 빠르고 두루 활달하다. 특히 나아가고 물러날 때를 알고, 앉고 떠날 자리를 잘 파악하며, 상대가 누구며 어떻게 처신해야 좋은지를 잘 체득하고 있어 맨손으로도 높은 탑을 올릴 수 있다.

　　부모가 물려준 것이 없어도 지극히 받들고 그 교훈을 애써 지키매 칭송이 자자하다.

　　모험이나 스피드, 승부수를 즐기면 뜻하지 않은 조난, 교통사고 등을 당할 수 있다.

어두운 그늘에 있는 이를 돌아보고 궁한 자에게 자비를.

水 金 金　**떡을 든 손님**

지모와 재치를 겸비했으나 소탈한 면이 있다.

공상이 지나치거나 너무 고고한 사상을 지녀 보기보다 외로울 수가 있다.

자기만의 세계에 투지를 발휘하는 것은 좋으나 혼자 사는 세상이 아니란 점에 유의, 나만 못한 사람이라 할지라도 두루 포용하면서 화목에 힘써야 좋다. 떠나는 사람이 있는 것은 대부분 내 탓 때문이다.

가정내 분위기도 내가 할 탓이다.

좋은 입장과 여건이면서도 극상이라 예찬할 수 없는 것은 물 하나에 두 금이 다투기 때문이다.

그런 한편 천재 소리를 듣거나 기적에 가까운 업적으로 세상을 놀라게도 하고, 조심조심하다가도 충격적인 보도를 접할 만큼 특출한 소지를 숨기고 있다.

다만 금전관계에 냉혹하거나 이기적인 면이 강하여 이름을 다치거나 손해를 입을 수 있다.

맨손으로 시작했더라도 부럽지 않을 만큼 넉넉한 입지에 오를 수 있고 냉정하지만 영민한 자녀를 둘 수 있다.

어드바이스

과도하게 신경 쓰는 버릇과 증오감에서 탈피를.

水 金 水 꿀 담은 항아리

남을 거스르지 않고 공손하게 처신하므로 누구에게도 적대감을 사는 일이 적다. 예의범절과 법도를 잘 따르고자 하는 욕구가 강하게 작용하기 때문이다.

순종형의 기질이라서 남의 앞에 서는 일이나 경영보다는 사무직 등 체제 안에 소속된 직책에서 지위를 보장받으며 명예도 따른다.

사람이 너무 좋다 보니 손벌리는 이가 많다. 부모나 부부간에는 화목하나 자녀 쪽은 기쁨이 적다.

상황 판단에 영특할 만큼 특출한 일면이 있으나 함부로 드러내지 않아 평범한 사람처럼 보이기 쉽다. 숨은 재량이 있으니 나중에 주위를 놀라게 하는 사람이다.

다만 물이 많은 관계로〔金에 비하여〕무슨 일에 임해서든 선뜻 결정을 못 내리거나 서성이다가 시간 낭비를 할 수 있고 예상치 못한 궁지에서 헤맬 수 있다.

갑자기 쇠가 튈 수 있다는 오행역할 때문이다.

아내는 친절하지만 자기 입장에만 신경을 쓰거나 수동적이어서 맞벌이 등은 기대하지 않는 편이 낫다.

성기능 장애 · 각기 · 과로 등에 유의를.

水 水 木 봄바람에 임소식

타고난 바탕이 싹싹하고 총명하나 우월감이 지나칠 경우 과욕을 품게 되거나 두 가정을 거느릴 수가 있다.

투기나 모험이 따르는 사업보다는 차분히 정도를 달리는 사업·직장에 무난하며 발전한다.

가정적으로는 화목한 분위기가 결여된 형편이고, 지나치게 생각을 많이 하다 보면 신경 소모가 지나쳐 건강을 해치기 쉽다.

두 줄기의 물이 나무에게 공급되고 있어 미처 소화하지 못한 여건에서 새 사업〔임무〕이 발생될 만큼 일거리가 많고, 부르는 이도 많다.

여기저기에 참여하여 인기가 높은 반면, 이성적 욕구가 강하거나 자신을 기다리는 눈길이 주위에 기다리고 있기에 곁길로 빠지기 쉽다.

뒷마무리가 약한 상황이라 도와준 사람이 인사도 없이 훌쩍 떠나버리거나 크게 베풀었는데도 적당한 인사로 끝내는 경우가 있어 마음을 다치기 쉽다.

어드바이스 ───────────────────────

심폐기능 이상, 신장·방광의 질병에 대처를.

水 水 火　망태에 담긴 눈덩이

　　잔재주는 많으나 관민한 체질이라 짜증이 중첩한다. 세상을 두루 관망하는 눈이 약해 한쪽으로 기운 방법을 택하기 쉽고 투자하는 일에는 기발한 착상에도 불구하고 낭패한다. 나보다 못한 이를 너그럽게 대하고 충고를 고맙게 여기는 심성을 기를 필요가 있다.

　　남녀 모두 뜻 같지 않은 상대를 만나 투덜대기 쉽고 너무 엄격하여 자녀가 등을 돌릴 수 있다.

　　누가 그대 이름을 돈키호테라 하는가. 사실은 초조하고 세심히 살피는 관망주의자이다.

　　몸으로 뛰는 일보다 사고와 이지로서 대처하는 경향이고 이것이 역부족이다 싶으면 물리적인 방법을 동원할 뿐이다.

　　때로는 일확천금, 횡재를 할 수 있으나 내 손에 남지 않는데 어쩌랴.

　　윗사람이나 선배들은 다 좋다는데 내가 거느린 사람들은 아무도 내 편이 돼주지 않고 오히려 폭로하려 들거나 대항하려 드니 괴롭다.

　　부모마저 나를 불효자라 하거나 떨어져 살기 십상이다.

어드바이스

조난 · 중풍 · 고혈압 · 심장 등의 질병에 각별한 신경을.

水 水 土 되돌려진 어음

착상을 잘하고 비상한 꾀가 많으나 이것이 또한 약점일 수 있다. 상대방도 이미 간파한 방법이라면 차라리 가만 있느니만 못하다.

일확천금을 꿈꾸는 경향이 있고 자꾸 직장을 바꾸는 습성이 있으니 자신을 유의하여 되돌아볼 필요가 있다. 과욕을 버려야 무난하고 남에게 과도히 의존하다가는 송두리째 떼이기 쉽다.

부모와의 관계와는 달리 처자와의 관계는 소원하다.

내가 잘 해준 상대가 나만큼 잘 해주기에 안정권에 있게 되면 상황에 최선을 다하라. 그가 동지다. 그리고 상사에게서는 칭찬을 들으며 잘 어울리는데, 친구나 후배, 부하가 내 마음 같지 않아 나의 단점을 자꾸 물고 늘어진다.

계약에 동참했던 친구가 보증 수표의 부도를 내는 등 결정적으로 배신할 수 있다.

홍수와 화재, 전염병에 관심을 두고 악성 루머에 휘말리지 않도록 조심하라.

어드바이스
성기능 장애 · 성병 · 신장 · 방광 이상에 주의를.

水 水 金　뛰다 주운 금화

　잘 대처하고 적응하는 두뇌로 승승장구하나 우월감이 지나치거나 성과에만 치중하다가는 곤경에 처할 수도 있다. 어느 정도 이루었으면 스스로 제동을 걸거나 그쯤에서 만족하는 자세로 차분히 주변을 점검해볼 필요가 있다.

　후반기에 특히 과속·자만하지 말아야 한다.

　여성의 경우, 생각만 못한 남편으로 고단하게 되기 쉬우나 자녀들은 기쁨을 안겨준다.

　사실은 거꾸로 앉은 상태지만 오행이 순조롭다. 시작이 좋다고 다 좋은 줄 알지 말고 중간 점검을 하는 세심함이 요구된다.

　성공하기까지의 문제보다 성공 뒤의 처신이 더욱 중요하다.

　좋은 여건인데도 만족하지 못하고 부족하다고 여겨 과욕을 부리면 아무도 막을 수 없다.

　부모에게 물려받기보다는 오히려 자수성가하거나 창업으로 성공하는 형이다.

　나쁜 습관, 필요치 않는 호기심은 금물이다.

어드바이스 ────────────────────

성병이나 위, 신장 기벽에 의한 성기능 장애 등에 주의를.

| 水 | 水 | 水 | # 홀로 선 왕자

눈치가 빠르고 비상한 재치가 있으나 자신의 능력을 너무 자만하면 안 된다. 그렇게 되면 누구에게도 도움을 받을 수 없거나 잘 나가던 일을 그르치게 된다.

두루 섭렵하는 일보다는 단순 직종이나 관직에 머물러 내 분수를 지키는 게 오히려 안전하고 발전할 수 있다.

부부간 감정이 들떠 있는 형국이라 온기가 사라져 있기 쉽다. 피차 노력해야 무난하다. 딸이 많을 확률이 높다.

잘 나갈 때는 재벌이란 찬사도 들을 수 있고 삐걱하면 길거리에 나앉을 수도 있는 양면성이 있다.

유순한 인상에다 어눌한 듯하면서도 의외로 큰 것에 집착하는 버릇이 있어 들고나는 관계가 예측하기 어려울 만큼 기복이 심하다. 물끼리 만났으므로 쉽게 동화하고 순간적으로 말이 통해서 좋은 점도 있고 단점도 있게 된다.

차라리 가까이 있는 사람과 교류적 사업을 하기보다는 물 건너 사람과 교두보를 놓는 업종에서 승리할 확률이 있다. 예컨대 무역·통역 등이다.

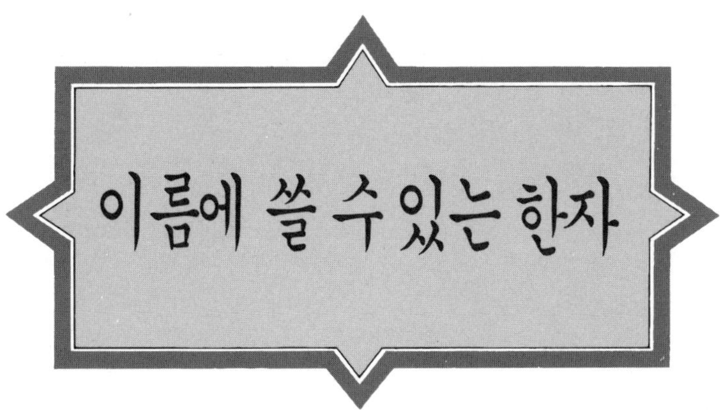
이름에 쓸 수 있는 한자

이름에 쓸 수 있는 한자

일반적으로 이름(작명)에 쓸 수 있는 한자는 모두 2천 9백64자이다.

이는 교육부가 지정한 바 있는 중고등학교 교육용한자 (본문 글자 중 왼쪽 어깨에 * 로 표시를 함) 1천8백자에다 인명용으로 호적에 올릴 수 있도록 대법원이 허용한 1천1백64자를 포함한 글자들이다.

그러나 예로부터 이름에 사용해온 한자는 최소한 이보다 3배 내지는 5배 정도 더 많았으리란 것이다. 이는 한자의 수가 너무 방대하고 또 실제 거의 쓰이지 않는 글자들을 포함했기 때문이다. 그러나 현대인에게는 그 내용이나 획수가 지나치게 복잡다단하여 이를 정부 방침으로서 한정한 것이라 여겨진다.

아무튼 여기서는 같은 글자가 여러 발음 내지는 두 가지 이상의 뜻으로 해석될 수 있는 글자도 적지 않으므로 현대인이 이해하기 쉽고도 보편적으로 이해하고 있는 표현으로서 토(뜻풀이)를 달았다.

그리고 반드시 주의할 점은 일반적인 상식과는 달리 이름을 연구하고 풀이하는 성명학적 획수법을 응용, 각 글자마다 옥편을 찾는 부수[변]와 그에 따른 획수를 더하여 작명에 사용하도록 했음을 알아 둘 필요가 있다.

가령 길 도(道)자를 찾으려면, 옥편에서 먼저 '辶' (달릴 주) 부[책받침변]를 찾아낸 뒤 다시 9획에 해당하는 首(머리 수)를 찾아야 한다. 그러기에 길도(道)자는 13획이 아니라 16획이 된다.

〈예〉 鄭 … 邑(고을읍변 : 7획) + 奠(12획) … 총 19획
　　　 洙 … 水(물수변 : 4획) + 朱(6획) … 총 10획
　　　 隊 … 阜(언덕부변 : 8획) +   (9획)   총 17획

이같은 상식을 전제로 획수를 따져가며 작명에 임하기를 바란다.

가·각·간

*家	*佳	*街	*可	*歌
집 가(10)	아름다울 가(8)	거리 가(12)	옳을 가(5)	노래 가(14)
*加	*價	賈	嫁	稼
더할 가(5)	값 가(15)	값 가(13)	시집갈 가(13)	농사 가(15)
駕	*假	*暇	嘉	*架
멍에 가(15)	거짓 가(11)	겨를 가(13)	아름다울 가(14)	시렁 가(9)
伽	*各	*角	*脚	*閣
절 가(7)	각각 각(6)	뿔 각(7)	다리 각(13)	누각 각(14)
恪	*刻	*覺	珏	殼
삼갈 각(10)	새길 각(8)	깨달을 각(20)	쌍옥 각(10)	껍질 각(12)
*却	*干	艮	*肝	杆
물리칠 각(7)	방패 간(3)	괘이름 간(6)	간 간(9)	지레 간(7)
*間	*看	*幹	玕	竿
사이 간(12)	볼 간(9)	줄기 간(13)	옥돌 간(8)	장대 간(9)

갈·감·갑·강

侃 굳셀 간(8)	*姦 간음할 간(9)	揀 가릴 간(13)	諫 간할 간(16)	*懇 간절할 간(17)
墾 따비질할 간	*簡 편지 간(18)	刊 책펴낼 간(5)	*渴 목마를 갈(13)	葛 칡 갈(15)
*甘 달 감(5)	勘 헤아릴 감(11)	*敢 감히 감(12)	瞰 볼 감(17)	*減 덜 감(13)
*感 느낄 감(13)	*監 볼 감(14)	*鑑 거울 감(22)	堪 견딜 감(12)	*甲 비롯할 갑(5)
鉀 갑옷 갑(13)	*江 강 강(7)	崗 산등성이 강(11)	*降 내릴 강(14)	姜 성 강(9)
岡 매 강(8)	*康 편안할 강(11)	慷 강개할 강(15)	*强 굳셀 강(12)	杠 깃대 강(7)
*剛 굳셀 강(10)	堈 언덕 강(11)	*綱 벼리 강(14)	*鋼 강철 강(16)	*講 익힐 강(17)

橿	彊	价	*改	*皆
참죽나무 강(17)	힘쓸 강(16)	클 개(6)	고칠 개(7)	모두 개(9)
*個	*蓋	*開	*介	凱
낱 개(10)	덮을 개(16)	열 개(12)	끼일 개(4)	개선할 개(12)
愷	漑	*慨	*槪	*客
편안할 개	물댈 개(15)	슬퍼할 개(15)	대개 개(15)	손 객(9)
坑	*更	*去	*車	*巨
구덩이 갱(7)	다시 갱(7)	갈 거(5)	수레 거(7)	클 거(5)
*居	*擧	*距	*拒	遽
살 거(8)	들 거(18)	떨어질 거(12)	막을 거(9)	갑자기 거(20)
渠	*據	鉅	*件	*建
개천 거(13)	의지할 거(17)	클 거(13)	사건 건(6)	세울 건(9)
*乾	鍵	巾	虔	健
하늘 건(11)	자물쇠 건(17)	수건 건(3)	정성스러울 건(10)	건강할 건(11)

걸·검·게·격·견·결·겸·경

楗	*傑	杰	*儉	*檢
빗장 건(13)	뛰어날 걸(12)	뛰어날 걸(8)	검소할 검(15)	검사할 검(17)
*劍	揭	*憩	*格	隔
칼 검(15)	높이들 게(13)	쉴 게(16)	격식 격(10)	사이뜰 격(18)
*擊	檄	*激	*見	鵑
칠 격(17)	격문 격(17)	과격할 격(17)	볼 견(7)	두견 견(18)
*堅	*犬	*肩	*絹	*遣
굳을 견(11)	개 견(4)	어깨 견(10)	비단 견(13)	보낼 견(17)
牽	*決	潔	*結	*缺
끌 견(11)	정할 결(8)	깨끗할 결(16)	맺을 결(12)	이지러질 결(10)
*訣	*兼	鎌	*謙	*京
이별할 결(7)	겸할 겸(10)	낫 겸(18)	겸손할 겸(17)	서울 경(8)
*景	*警	*輕	*經	*庚
볕 경(12)	경계할 경(20)	가벼울 경(14)	경서 경(13)	일곱째천간 경(8)

*耕	*敬	*驚	*慶	*競
밭갈 경(10)	공경할 경(13)	놀랄 경(23)	경사 경(15)	다툴 경(20)
*竟	*境	*鏡	*頃	*傾
마침내 경(11)	지경 경(14)	거울 경(19)	잠깐 경(12)	기울어질 경(13)
*硬	梗	*徑	*卿	俓
굳셀 경(12)	대개 경(11)	지름길 경(10)	벼슬 경(12)	지름길 경(9)
倞	儆	勁	坰	憬
굳셀 경(10)	경계할 경(15)	굳을 경(9)	들 경(8)	깨달을 경(16)
擎	暻	更	涇	炅
받들 경(17)	밝을 경(16)	고칠 경(7)	통할 경(11)	빛날 경(8)
璟	瓊	耿	莖	逕
옥빛 경(17)	아름다운옥 경(20)	빛날 경(10)	줄기 경(13)	좁은길 경(14)
橄	頴	鯨	冏	*癸
도지개 경(15)	빛날 경(15)	고래 경(19)	빛날 경(7)	열째천간 계(9)

고·곡

*季	*界	*計	*溪	*鷄
끝 계(8)	지경 계(9)	셈할 계(9)	시내 계(14)	닭 계(21)
*系	*係	*戒	*械	*繼
이을 계7)	걸릴 계(9)	경계할 계(7)	기계 계(11)	이을 계(20)
*契	*桂	*棨	*階	誡
맺을 계(9)	계수나무계(10)	열 계(11)	섬돌 계(17)	경계할 계(14)
炷	*古	*告	*故	*固
밝을 계(10)	예 고(5)	알릴 고(7)	연고 고(9)	굳을 고(8)
*苦	*考	*高	叩	*枯
괴로울 고(11)	상고할 고(8)	높을 고(10)	두드릴 고(5)	마를 고(9)
*姑	*庫	*孤	*鼓	*稿
시어미 고(8)	곳집 고(10)	외로울 고(8)	북 고(13)	볏짚 고(15)
*顧	敲	皐	谷	曲
돌아볼 고(21)	두드릴 고(14)	언덕 고(11)	골 곡(7)	굽을 곡(6)

곤·골·공·과·곽·관

*哭	*穀	*困	*坤	昆
울 곡(10)	곡식 곡(15)	곤할 곤(7)	땅 곤(8)	맏 곤(8)
崑	琨	錕	*骨	*工
산이름 곤(11)	옥돌 곤(13)	붉은쇠 곤(16)	뼈 골(10)	장인 공(3)
*功	*空	*共	*公	*孔
공 공(5)	빌 공(8)	함께 공(6)	공평할 공(4)	구멍 공(4)
*供	*攻	*恭	*貢	*恐
이바지할 공(8)	칠 공(7)	공손할 공(10)	바칠 공(12)	두려울 공(10)
珙	控	*果	*課	*科
큰구슬 공(11)	당길 공(12)	결과 과(8)	부과할 과(15)	과목 과(9)
*過	*戈	*瓜	*誇	菓
지날 과(16)	창 과(4)	오이 과(6)	자랑할 과(13)	과실 과(14)
*寡	*郭	廓	*官	*觀
적을 과(14)	바깥성 곽(15)	둘레 곽(14)	벼슬 관(8)	볼 관(25)

괄·광·괘·괴·굉·교

*關	*館	琯	*菅	*貫
빗장 관(19)	집 관(17)	옥저 관(13)	주관할 관(14)	꿸 관(11)
*慣	*冠	*寬	灌	瓘
익숙할 관(15)	갓 관(9)	너그러울 관(15)	물댈 관(22)	관옥 관(23)
錧	款	梡	括	*光
비녀장 관(16)	정성 관(12)	도마 관(11)	쌀 괄(10)	빛 광(6)
*廣	*鑛	侊	匡	曠
넓을 광(15)	쇳돌 광(23)	클 광(8)	바를 광(6)	휑할 광(19)
珖	洸	桄	昡	掛
옥피리 광(11)	용솟음쳐빛날 광(10)	광랑나무 광(10)	비칠, 밝을 광(8)	걸 괘(12)
*塊	*愧	*怪	*壞	宏
덩어리 괴(13)	부끄러워할 괴(14)	괴이할 괴(9)	무너질 괴(19)	클 굉(7)
*交	*校	*橋	*敎	*郊
사귈 교(6)	학교 교(10)	다리 교(14)	가르칠 교(11)	들 교(13)

구

*較	*巧	*矯	僑	喬
비교할 교(13)	공교로울 교(5)	바로잡을 교(17)	객지에살 교(14)	높을 교(12)
嬌	膠	*九	*口	*求
아리따울 교(15)	아교 교(21)	아홉 구(9)	입 구(3)	구할 구(6)
*救	*究	*久	*句	*舊
구원할 구(11)	궁구할 구(7)	오랠 구(3)	글귀 구(5)	예 구(18)
*具	*俱	*區	*驅	*鷗
갖출 구(8)	함께 구(10)	구역 구(11)	몰 구(21)	갈매기 구(22)
*苟	*拘	*狗	*丘	*懼
진실로 구(11)	거리낄 구(9)	개 구(9)	언덕 구(5)	두려워할 구(22)
*龜	*構	溝	購	*球
거북 구(16)	얽을 구(14)	도랑 구(14)	살 구(17)	구슬 구(12)
坵	玖	矩	邱	銶
구획 구(8)	옥돌 구(8)	법 구(10)	언덕 구(12)	끌 구(15)

국·굴·궁·권·궤·귀·규

鳩	軀	耇	*國	*局
비둘기 구(13)	몸 구(18)	늙을 구(11)	나라 국(13)	판 국(7)
*菊	鞠	*君	*群	*郡
국화 국(14)	기를 국(17)	임금 군(7)	무리 군(13)	고을 군(14)
*軍	*屈	窟	*弓	*宮
군사 군(9)	굽을 굴(8)	굴 굴(13)	활 궁(3)	집 궁(10)
*躬	*窮	*拳	*權	*勸
몸소 궁(10)	궁할 궁(15)	주먹 권(10)	권세 권(22)	권할 권(20)
*卷	*券	圈	眷	*厥
책 권(8)	문서 권(8)	우리 권(9)	돌아볼 권(11)	그 궐(12)
闕	軌	*貴	龜	*歸
대궐 궐(18)	수레바퀴 궤(10)	귀할 귀(12)	거북 귀(16)	돌아올 귀(18)
*鬼	*叫	揆	*規	*閨
귀신 귀(10)	부르짖을 규(5)	헤아릴 규(13)	법 규(11)	안방 규(14)

圭	奎	逵	珪	窺
서옥 규(6)	별 규(9)	길 규(15)	서옥 규(11)	엿볼 규(16)
葵	*均	鈞	*菌	昀
아욱 규(15)	고를 균(7)	무게단위 균(12)	버섯 균(14)	밝개간할 균(19)
橘	*克	*極	剋	*劇
귤 귤(16)	이길 극(7)	지극할 극(13)	이길 극(9)	연극할 극(15)
隙	*斤	*近	*勤	*根
틈 극(18)	근 근(4)	가까울 근(11)	부지런할 근(13)	뿌리 근(10)
筋	*僅	*嫤	謹	槿
힘줄 근(12)	겨우 근(13)	고울 근(14)	삼갈 근(18)	무궁화나무 근(15)
墐	漌	瑾	劤	*金
매흙질할 근(14)	맑을 근(15)	붉은옥 근(16)	강할 근(6)	쇠 금(8)
*錦	*今	衾	*禁	*琴
비단 금(16)	이제 금(4)	이불 금(10)	금할 금(13)	거문고 금(13)

급·긍·기

*襟	*禽	昑	*及	*級
옷깃 금(19)	날짐승 금(12)	밝을 금(8)	미칠 급(4)	등급 급(10)
*給	*急	汲	*肯	亘
줄 급(12)	급할 급(9)	길을 급(8)	즐길 긍(10)	뻗칠 긍(6)
兢	矜	*其	*基	*期
조심할 긍(14)	자랑할 긍(9)	그 기(8)	터 기(11)	기약할 기(14)
*旗	*己	*紀	*記	*起
기 기(14)	몸 기(3)	규율 기(9)	기록할 기(10)	일어날 기(10)
*奇	*寄	*騎	*器	*旣
기이할 기(8)	부칠 기(11)	말탈 기(18)	그릇 기(16)	이미 기(11)
*技	埼	*企	*氣	*祈
재주 기(8)	언덕머리 기(11)	꾀할 기(6)	기운 기(10)	빌 기(9)
*幾	*機	*畿	*豈	*忌
몇 기(12)	베틀 기(16)	경기 기(15)	어찌 기(10)	꺼릴 기(7)

*飢	*棄	*欺	淇	棋
주릴 기(11)	버릴 기(12)	속일 기(12)	물이름 기(12)	옥이름 기(13)
棋	祺	鎡	騏	麒
바둑 기(12)	좋을 기(13)	호미 기(16)	털총이 기(18)	기린 기(19)
瑧	譏	玘	杞	崎
고깔꾸미 기(16)	나무랄 기(19)	노리개 기(8)	구기자 기(7)	산길험할 기(11)
琦	綺	錡	箕	岐
옥이름 기(13)	비단 기(14)	세발솥 기(16)	키 기(14)	가닥나뉠 기(7)
汽	沂	圻	耆	璣
김 기(8)	물이름 기(8)	지경 기(7)	늙은이 기(10)	구슬 기(17)
磯	冀	驥	嗜	曁
여울돌 기(17)	바랄 기(16)	천리마 기(27)	즐길 기(13)	별기운 기(14)
伎	*緊	*吉	佶	桔
재주 기(6)	긴요할 긴(14)	길할 길(6)	건장할 길(8)	도라지 길(10)

姞	*那	娜	奈	柰
이름 길(9)	어찌 나(11)	날신할 나(9)	어찌 나(8)	능금 나(9)
拏	*諾	*暖	煖	*難
잡을 나(9)	대답할 낙(16)	따뜻할 난(13)	따뜻할 난(13)	어려울 난(19)
捺	*南	*男	楠	湳
손으로누를 날(12)	남녘 남(9)	사내 남(7)	녹나무 남(13)	물이름 남(13)
*納	*娘	*乃	*内	*奈
들일 납(10)	아가씨 낭(10)	이에 내(2)	안 내(4)	어찌 내(8)
*耐	*柰	*女	*年	*念
견딜 내(9)	능금 내(9)	계집 녀(3)	해 년(6)	생각 념(8)
*寧	*奴	*努	*怒	*農
편안할 녕(14)	종 노(5)	힘쓸 노(7)	성낼 노(9)	농사 농(13)
*濃	*腦	*惱	紐	*鈕
짙을 농(17)	뇌 뇌(15)	괴로워할 뇌(13)	맬 뉴(10)	인꼭지 뉴(12)

능·니·다·단·달·담·답·당

*能	*泥	*多	*茶	*旦
능할 능(10)	진흙 니(9)	많을 다(6)	차 다(12)	아침 단(5)
*但	*丹	*單	*短	*團
다만 단(7)	붉을 단(4)	홑 단(12)	짧을 단(12)	둥글 단(14)
*端	*段	*斷	*壇	*檀
끝 단(14)	층계 단(9)	끊을 단(18)	제단 단(16)	박달나무 단(17)
鍛	段	*達	*談	*淡
단련할 단(17)	비단 단(15)	통달할 달(16)	말씀 담(15)	맑을 담(12)
*潭	*擔	譚	膽	澹
못 담(16)	멜 담(17)	클 담(19)	쓸개 담(19)	물모양 담(17)
覃	*答	*畓	*踏	*堂
미칠 담(12)	대답할 답(12)	논 답(9)	밟을 답(15)	집 당(11)
*當	*唐	*糖	*黨	塘
마땅할 당(13)	당나라 당(10)	사탕 당(16)	무리 당(20)	못 당(13)

대·덕·도

鐺	*大	*代	*待	*隊
쇠사슬 당(19)	큰 대(3)	대신할 대(5)	기다릴 대(9)	떼 대(17)
*帶	*對	*貸	*臺	垈
띠 대(11)	대답할 대(14)	빌릴 대(12)	누각 대(14)	터 대(8)
袋	玳	戴	擡	*德
자루 대(11)	대모 대(10)	받들 대(18)	들 대(18)	큰 덕(15)
*道	*導	*度	*渡	*島
길 도(16)	인도할 도(16)	법도 도(9)	건널 도(13)	섬 도(10)
*都	*桃	*圖	*途	*到
도읍 도(16)	복숭아 도(10)	그림 도(14)	길 도(14)	이를 도(8)
*徒	*稻	*跳	*陶	*刀
무리 도(10)	벼 도(15)	뛸 도(13)	질그릇 도(16)	칼 도(2)
*倒	*盜	*逃	*挑	堵
넘어질 도(10)	도둑 도(12)	달아날 도(13)	돋울 도(10)	담 도(12)

塗	棹	濤	燾	禱
바를 도(13)	노 도(12)	큰물결 도(18)	비칠 도(18)	빌 도(19)
鍍	蹈	*獨	*督	*篤
도금할 도(17)	밟을 도(17)	홀로 독(17)	감독할 독(13)	두터울 독(16)
*讀	*毒	*豚	*敦	暾
읽을 독(22)	독할 독(8)	돼지 돈(11)	두터울 돈(12)	아침해 돈(16)
墩	惇	燉	頓	*突
돈대 돈(15)	두터울 돈(12)	불빛 돈(16)	조아릴 돈(13)	부딪칠 돌(9)
乭	*東	*凍	*同	*洞
이름 돌(6)	동녘 동(8)	얼 동(10)	한가지 동(6)	마을 동(10)
*桐	*銅	*動	*童	*冬
오동나무 동(10)	구리 동(14)	움직일 동(11)	아이 동(12)	겨울 동(5)
棟	董	潼	垌	瞳
마룻대 동(112)	동독할 동(15)	물이름 동(16)	항아리 동(9)	눈동자 동(17)

두·둔·득·등·라·락·란·람·랑

*斗	*豆	*頭	杜	枓
말 두(4)	콩 두(7)	머리 두(16)	막을 두(7)	주두 두(8)
鈍	遁	屯	*得	*登
둔할 둔(12)	달아날 둔(16)	모일 둔(4)	얻을 득(11)	오를 등(12)
*燈	*等	藤	騰	謄
등잔 등(16)	무리 등(12)	등나무 등(21)	오를 등(20)	베낄 등(17)
鄧	*羅	*螺	*樂	*洛
등나라 등(19)	벌일 라(20)	소라 라(17)	즐길 락(15)	물 락(10)
*落	*絡	酪	珞	*卵
떨어질 락(15)	이을 락(12)	진한유즙 락(13)	목걸이 락(11)	알 란(7)
*亂	*蘭	卵	*爛	*欄
어지러울 란(13)	난초 란(23)	옥광채 란(22)	빛날 란(21)	난간 란(21)
瀾	*籃	*覽	*濫	*郞
큰물결 란(21)	쪽 람(20)	볼 람(21)	넘칠 람(18)	사내 랑(14)

*浪	*朗	*廊	琅	瑯
물결 랑(11)	밝을 랑(11)	행랑 랑(13)	옥이름 랑(12)	옥이름 랑(15)
*來	崍	萊	*冷	*略
올 래(8)	산이름 래(11)	명아주 래(14)	찰 랭(7)	간략할 략(11)
掠	良	凉	兩	梁
노략질할 략(12)	어질 량(7)	서늘할 량(10)	두 량(8)	들보 량(11)
*量	*糧	*諒	亮	倆
헤아릴 량(12)	양식 량(18)	살필 량(15)	밝을 량(9)	재주 량(10)
樑	*旅	*麗	*慮	*勵
들보 량(15)	나그네 려(10)	고울 려(19)	생각할 려(15)	힘쓸 려(17)
閭	呂	侶	黎	*力
이문 려(15)	음률 려(7)	짝 려(9)	검을 려(15)	힘 력(2)
*歷	*曆	*連	*蓮	*聯
지낼 력(16)	책력 력(16)	연할 련(14)	연 련(17)	잇닿을 련(17)

렬·렴·렵·령·례·로

練	鍊	戀	憐	煉
익힐 련(15)	단련할 련(17)	사모할 련(23)	불쌍히여길 련(16)	쇠불릴 련(13)
璉	列	烈	裂	劣
호련 련(16)	벌일 렬(6)	매울 렬(10)	찢을 렬(12)	용렬할 렬(6)
冽	廉	濂	簾	斂
맑을 렬	청렴할 렴(13)	엷을 렴(17)	발 렴(19)	거둘 렴(17)
獵	令	姈	昑	領
사냥할 렵(19)	명령할 령(5)	계집영리할 령(8)	빛날 령(9)	거느릴 령(14)
嶺	零	靈	伶	玲
산고개 령(17)	떨어질 령(13)	신령 령(24)	영리할 령(7)	옥소리 령(10)
鈴	齡	怜	禮	例
방울 령(13)	나이 령(20)	영리할 령(9)	예도 례(18)	법식 례(8)
老	勞	路	露	爐
늙을 로(6)	수고로울 로(12)	길 로(13)	이슬 로(20)	화로 로(20)

록·론·롱·뢰·료·룡·루·류·륙·륜

魯	盧	鷺	*祿	*綠
둔할 로(15)	성 로(16)	해오라기 로(23)	녹 록(13)	푸를 록(14)
錄	*鹿	彔	*論	*弄
기록할 록(16)	사슴 록(11)	나무깎을 록(7)	논의할 론(15)	희롱할 롱(7)
*瓏	*籠	*瀧	*賴	*雷
환할 롱(21)	대그릇 롱(22)	여울 롱(20)	의지할 뢰(16)	우뢰 뢰(13)
了	僚	*料	*龍	*累
마칠 료(2)	동료 료(14)	헤아릴 료(10)	용 룡(16)	여러 루(11)
*樓	*屢	*淚	*漏	*柳
다락 루(15)	자주 루(14)	눈물 루(12)	샐 루(15)	버들 류(9)
*流	*留	*類	琉	劉
흐를 류(11)	머무를 류(10)	무리 류(19)	유리 류(12)	성 류(15)
瑠	*六	*陸	*倫	*輪
유리 류(15)	여섯 륙(6)	뭍 륙(6)	인륜 륜(10)	바퀴 륜(15)

률·륭·름·릉·리·림·립

侖	崙	綸	*律	*栗
덩어리 륜(8)	산이름 륜(11)	인끈 륜(14)	법 률(9)	밤 률(10)
*率	*隆	*凜	*陵	綾
비율 률(11)	높을 륭(17)	찰 름(15)	언덕 릉(16)	비단 릉(14)
菱	*利	*梨	*里	俚
마름 릉(14)	이로울 리(7)	배 리(11)	마을 리(7)	속될 리(9)
理	裏	離	吏	履
다스릴 리(12)	속 리(13)	떠날 리(19)	관리 리(6)	밟을 리(15)
*李	璃	莉	离	俐
오얏 리(7)	유리 리(16)	말리꽃 리(13)	밝을 리(11)	영리할 리(11)
隣	璘	潾	麟	林
이웃 린(20)	옥무늬 린(17)	물맑은 린(16)	기린 린(23)	수풀 림(8)
*臨	琳	霖	淋	*立
임할 림(18)	옥이름 림(13)	장마 림(16)	물뿌릴 림(12)	설 립(5)

마·막·만·말·망·매

笠	粒	*馬	*麻	*磨
삿갓 립(11)	낱알 립(10)	말 마(10)	삼 마(11)	갈 마(16)
瑪	*莫	*漠	*幕	*萬
마노 마(15)	아닐 막(13)	사막 막(15)	휘장 막(14)	일만 만(15)
万	*滿	*晩	*慢	*漫
일만 만(3)	찰 만(15)	늦을 만(11)	거만할 만(15)	부질없을 만(15)
*蠻	曼	蔓	鏋	*末
오랑캐 만(25)	길 만(11)	덩굴 만(17)	금정기 만(19)	끝 말(5)
*茉	*亡	*妄	*忘	*忙
말리꽃 말(11)	망할 망(3)	망녕될 망(6)	잊을 망(7)	바쁠 망(7)
*望	*罔	*茫	網	*每
바랄 망(11)	없을 망(9)	망망할 망(12)	그물 망(14)	매양 매(7)
*梅	*妹	*埋	*媒	*賣
매화 매(11)	손아랫누이 매(8)	묻을 매(10)	중매 매(12)	팔 매(15)

맥·맹·면·멸·명·모

*買	*麥	*脈	*孟	*猛
살 매(12)	보리 맥(11)	맥 맥(12)	맏 맹(8)	사나울 맹(12)
*盟	萌	*盲	面	*免
맹세할 맹(13)	싹 맹(14)	소경 맹(8)	낯 면(9)	면할 면(7)
*勉	*綿	*眠	冕	棉
힘쓸 면(9)	솜 면(14)	잠잘 면(10)	면류관 면(11)	목화 면(12)
滅	明	名	銘	命
멸망할 멸(14)	밝을 명(8)	이름 명(6)	새길 명(14)	목숨 명(8)
*鳴	*冥	溟	*模	*謀
울 명(14)	어두울 명(10)	바다 명(14)	법 모(15)	꾀할 모(16)
*某	冒	*貌	*矛	*毛
아무 모(9)	무릅쓸 모(9)	모양 모(14)	창 모(5)	털 모(4)
*母	*暮	*慕	*募	摸
어머니 모(5)	저물 모(15)	사모할 모(15)	모을 모(17)	본뜰 모(15)

牟	謨	*木	*沐	*牧
보리 모(6)	꾀 모(18)	나무 목(4)	머리감을 목(8)	칠 목(8)
*目	*睦	穆	*沒	*夢
눈 목(5)	화목할 목(13)	화목할 목(16)	빠질 몰(8)	꿈 몽(14)
*蒙	*卯	*妙	*苗	*墓
어릴 몽(16)	토끼 묘(5)	묘할 묘(7)	싹 묘(11)	무덤 묘(14)
*廟	猫	錨	畝	*戊
사당 묘(15)	그릴 묘(13)	닻 묘(17)	이랑 묘(9)	다섯째천간 무(5)
撫	*武	*務	*霧	*茂
어루만질 무(16)	호반 무(7)	힘쓸 무(11)	안개 무(19)	무성할 무(11)
畝	*無	*舞	*貿	拇
밭이랑 무(10)	없을 무(12)	춤출 무(14)	무역할 무(12)	엄지손가락 무(9)
珷	懋	*默	*墨	*門
옥돌 무(13)	힘쓸 무(17)	말없을 묵(16)	먹 묵(15)	문 문(8)

*文	紋	炆	汶	*聞
글월 문(4)	무늬 문(10)	연기날 문(8)	더럽힐 문(8)	들을 문(14)
問	物	勿	渼	美
물을 문(11)	만물 물(8)	말 물(4)	물결무늬 미(13)	아름다울 미(9)
*未	*味	*米	*尾	*迷
아닐 미(5)	맛 미(8)	쌀 미(6)	꼬리 미(8)	미혹할 미(13)
*眉	*微	薇	彌	嵋
눈썹 미(9)	작을 미(13)	고비 미(19)	두루 미(17)	산 미(12)
旼	珉	岷	*憫	*民
온화할 민(8)	옥돌 민(10)	산이름 민(8)	불쌍히여길 민(16)	백성 민(5)
*敏	旻	閔	玟	忞
민첩할 민(11)	하늘 민(8)	민망할 민(12)	옥돌 민(9)	힘쓸 민(8)
慜	敃	*密	*蜜	撲
총명할 민(15)	강할 민(9)	빽빽할 밀(11)	꿀 밀(13)	두드릴 박(16)

반·발·방

朴	搏	泊	拍	迫
순박할 박(6)	넓을 박(12)	배댈 박(9)	손뼉칠 박(9)	핍박할 박(12)
薄	璞	珀	鉑	叛
엷을 박(19)	옥돌 박(17)	호박 박(10)	금박 박(13)	배반할 반(9)
返	反	盤	潘	畔
돌아올 반(11)	돌이킬 반(4)	쟁반 반(15)	쌀뜨물 반(16)	밭고랑 반(10)
磐	伴	半	班	般
반석 반(15)	짝 반(7)	반 반(5)	나눌 반(11)	옮길 반(10)
頒	飯	髮	鉢	發
반포할 반(13)	밥 반(13)	터럭 발(15)	바리때 발(13)	필 발(12)
渤	拔	潑	防	妨
바다이름 발(13)	뺄 발(9)	물뿌릴 발(16)	막을 방(12)	방해할 방(7)
房	邦	坊	倣	訪
방 방(8)	나라 방(11)	동네 방(7)	본받을 방(10)	찾을 방(11)

昉	彷	*方	*傍	*芳
밝을 방(8)	거닐 방(7)	모 방(4)	곁 방(12)	꽃다발 방(10)
*放	龐	陪	*拜	裵
놓을 방(8)	클 방(19)	도울 배(16)	절 배(9)	성 배(14)
*配	*杯	*背	*排	*輩
짝 배(10)	잔 배(8)	등 배(11)	물리칠 배(12)	무리 배(15)
湃	*倍	*培	*白	帛
물결칠 배(13)	곱 배(10)	북돋울 배(11)	흰 백(5)	비단 백(8)
*百	*伯	*栢	佰	*煩
일백 백(6)	맏 백(7)	잣나무 백(10)	백사람어린이 백(8)	번거로울 번(13)
*番	*飜	*繁	蕃	閥
차례 번(12)	펄럭일 번(21)	번성할 번(17)	번성할 번(18)	문벌 벌(14)
*伐	*罰	凡	*犯	*範
칠 벌(6)	벌줄 벌(15)	떼나무 범(7)	범할 범(6)	법 범(15)

帆	氾	范	*凡	*汎
돛 범(6)	넘칠 범(6)	벌 범(11)	무릇 범(3)	뜰 범(7)
*法	*壁	*碧	璧	闢
법 법(9)	바람 벽(16)	푸를 벽(14)	동근옥 벽(18)	열 벽(21)
卞	*邊	*辯	*辨	*變
조급할 변(4)	갓 변(22)	말잘할 변(21)	분별할 변(16)	변할 변(23)
*別	并	瓶	軿	鉼
다를 별(7)	합할 병(8)	병 병(113)	들렐 병(15)	판금 병(16)
棅	*丙	*兵	*竝	*屛
자루 병(12)	남녘 병(5)	군사 병(7)	아우를 병(10)	병풍 병(11)
*病	炳	柄	昞	倂
병들 병(10)	밝을 병(9)	자루 병(9)	밝을 병(9)	아우를 병(10)
秉	輔	*保	*報	*步
잡을 병(8)	도울 보(14)	보호할 보(9)	갚을 보(11)	걸음 보(7)

복·본·봉·부

*普	*補	*譜	*寶	堡
넓을 보(12)	도울 보(13)	계보 보(20)	보배 보(20)	작은성 보(12)
甫	菩	馥	*福	*復
클 보(7)	보살 보(14)	향기 복(18)	복 복(14)	회복할 복(12)
腹	複	卜	伏	服
배 복(15)	겹칠 복(15)	점 복(2)	업드릴 복(6)	옷 복(10)
鍑	*本	蓬	鋒	*鳳
아구리큰솥 복(17)	근본 본(5)	쑥 봉(17)	칼날 봉(15)	새 봉(14)
*封	*奉	*逢	*峯	*蜂
봉할 봉(9)	받을 봉(8)	만날 봉(14)	봉우리 봉(10)	벌 봉(13)
俸	捧	琫	棒	烽
봉급 봉(10)	받들 봉12)	칼집장식옥 봉(13)	몽둥이 봉(12)	봉화 봉(11)
傅	復	*富	*副	*付
스승 부(12)	다시 부(12)	넉넉할 부(12)	버금 부(11)	줄 부(5)

북·분·불

*府	*符	*附	*夫	*扶
마을 부(8)	증거 부(11)	붙을 부(13)	사내 부(4)	도울 부(8)
*部	*浮	溥	*簿	*婦
나눌 부(15)	뜰 부(11)	클 부(14)	장부 부(19)	며느리 부(11)
*赴	*賦	父	膚	負
다다를 부(9)	세금거둘 부(15)	아비 부(4)	살갗 부(17)	짐질 부(9)
*否	*腐	孚	芙	敷
아니 부(7)	썩을 부(14)	믿을 부(7)	연꽃 부(10)	펼 부(15)
*北	盆	*分	*紛	*粉
북녘 북(5)	동이 분(9)	나눌 분(4)	어지러울 분(10)	가루분(10)
*憤	*墳	*奔	*奮	汾
분할 분(16)	봉분 분(15)	달아날 분(9)	떨칠 분(16)	물굽이쳐흐를 분(8)
芬	*拂	*不	*弗	*佛
향기 분(10)	떨칠 불(9)	아닐 불(4)	어길 불(5)	부처 불(7)

鵬	*朋	*崩	譬	*比
붕새 붕(19)	벗 붕(8)	산무너질 붕(11)	비유할 비(20)	견줄 비(4)
*批	*非	*悲	*妃	*備
비평할 비(8)	아닐 비(8)	슬픔 비(12)	왕비 비(6)	갖출 비(12)
*肥	*秘	*飛	*費	*鼻
살찔 비(10)	숨길 비(10)	날 비(9)	비용 비(12)	코 비(14)
*卑	*婢	*碑	枇	扉
낮을 비(8)	여종 비(11)	비석 비(13)	비파나무 비(8)	문짝 비(12)
琵	庇	斌	*貧	*賓
비파 비(13)	덮을 비(7)	빛날 빈(12)	가난할 빈(11)	손 빈(14)
彬	*頻	嬪	濱	*氷
빛날 빈(11)	자주 빈(14)	궁녀 빈(17)	물가 빈(17)	얼음 빙(6)
憑	*聘	*四	糸	*士
의지할 빙(16)	청할 빙(13)	넉 사(4)	실 사(6)	선비 사(3)

*仕	*寺	*社	*思	*事
벼슬 사(5)	절 사(6)	모일 사(8)	생각 사(9)	일 사(8)
*史	*使	*私	*司	*詞
역사 사(5)	하여금 사(8)	사사 사(7)	맡을 사(5)	말 사(12)
*巳	*祀	*師	*絲	*沙
뱀 사(3)	제사 사(8)	스승 사(10)	실 사(12)	모래 사(8)
*舍	*査	*射	砂	紗
집 사(8)	사실 사(9)	쏠 사(10)	모래 사(9)	깁 사(10)
*謝	*寫	*辭	*似	徙
사례할 사(17)	베낄 사(15)	말 사(19)	같을 사(6)	옮길 사(11)
*斯	*斜	奢	*賜	*詐
이 사(12)	비낄 사(11)	사치 사(12)	줄 사(15)	속일 사(12)
*捨	*死	*蛇	*邪	娑
버릴 사(12)	죽을 사(6)	뱀 사(11)	간사할 사(11)	춤출 사(10)

삭·산·살·삼·삽·상

泗	嗣	*朔	*削	*山
물이름 사(9)	이을 사(13)	초하루 삭(10)	깎을 삭(9)	메 산(3)
珊	*産	*算	傘	*散
산호 산(10)	낳을 산(11)	셈할 산(14)	우산 산(12)	흩을 산(12)
*酸	*殺	薩	*三	杉
실 산(14)	죽일 살(11)	보살 살(20)	셋 삼(3)	삼나무 삼(7)
*森	參	蔘	插	*上
나무빽빽할 삼(12)	석 삼(11)	인삼 삼(17)	꽂을 삽(13)	위 상(3)
翔	*相	*想	爽	*霜
날 상(12)	서로 상(9)	생각할 상(13)	시원할 상(11)	서리 상(17)
*祥	*詳	*床	*尚	*常
상서 상(11)	자세할 상(13)	평상 상(7)	오히려 상(8)	떳떳할 상(11)
*裳	*賞	*償	*象	*像
치마 상(14)	상줄 상(15)	갚을 상(17)	코끼리 상(12)	형상 상(14)

*狀	*嘗	*桑	*商	*像
모양 상(8)	맛볼 상(14)	뽕나무 상(10)	장사 상(11)	상할 상(13)
*喪	庠	湘	箱	*塽
복입을 상(12)	학교 상(9)	물이름 상(13)	상자 상(15)	땅높고밝은곳 상(14)
*雙	*塞	*色	嗇	*索
쌍 쌍(18)	변방 새(13)	배추 색(6)	인색할 색(13)	찾을 색(10)
穡	*生	*西	誓	*書
거둘 색(18)	날 생(5)	서녘 서(6)	맹세할 서(14)	글 서(10)
*緒	*序	*敍	*徐	*庶
실마리 서(15)	차례 서(7)	펼 서(11)	천천히할 서(10)	여럿 서(11)
*暑	*署	*恕	抒	瑞
더울 서(13)	관청 서(15)	용서할 서(10)	펼 서(8)	상서로울 서(14)
棲	婿	曙	舒	惰
깃들일 서(12)	사위 서(12)	새벽 서(18)	펼 서(12)	지혜 서(13)

석·선

石	鉐	*夕	*昔	*惜
돌 석(5)	놋쇠 석(13)	저녁 석(3)	옛 석(8)	아낄 석(12)
*席	*析	錫	秳	*釋
자리 석(10)	쪼갤 석(8)	주석 석(16)	섬 석(10)	풀 석(20)
碩	汐	奭	淅	晳
클 석(14)	저녁조수 석(7)	클 석(15)	일 석(12)	밝을 석(12)
渲	*仙	*善	*先	*宣
바람 선(13)	신선 선(5)	착할 선(12)	먼저 선(6)	베풀 선(9)
*鮮	*選	*船	*線	*旋
고울 선(17)	가릴 선(19)	배 선(11)	줄 선(14)	돌 선(11)
*禪	扇	瑄	琁	璿
고요할 선(17)	부채 선(10)	도리옥 선(14)	아름다운옥 선(12)	아름다운옥 선(19)
璇	渲	羨	嬋	銑
옥이름 선(16)	쾌할 선(13)	부러워할 선(13)	고울 선(15)	무쇠 선(14)

설·섬·섭·성·세

膳	鐥	墡	珗	*雪
반찬 선(18)	기울 선(18)	백토 선(15)	옥돌 선(11)	눈 설(11)
*說	*卨	*説	舌	楔
말씀 설(14)	사람이름 설(11)	베풀 설(11)	혀 설(6)	문설주 설(13)
薛	暹	纖	蟾	攝
다북쑥 설(19)	나아갈 섬(16)	가늘 섬(23)	두꺼비 섬(19)	끌어잡을 섭(22)
涉	燮	葉	珵	*成
건널 섭(11)	화할 섭(17)	땅이름 섭(15)	옥빛 성(14)	이룰 성(7)
*城	*誠	*盛	*省	*聖
재 성(10)	정성 성(14)	성할 성(12)	살필 성(9)	성인 성(13)
*聲	*星	*性	*姓	娍
소리 성(17)	별 성(9)	성품 성(9)	성 성(8)	아름다울 성(10)
惺	晟	瑊	醒	*稅
깨달을 성(13)	밝을 성(11)	옥이름 성(12)	술깰 성(16)	세금 세(12)

소·속

*世	*歲	*洗	*勢	*細
대 세(5)	해 세(13)	씻을 세(10)	기세 세(13)	가늘 세(11)
*小	*少	*召	*昭	*所
작을 소(3)	젊을 소(4)	부를 소(5)	밝을 소(9)	바 소(8)
*素	*笑	*訴	*掃	*疎
흴 소(10)	웃을 소(10)	하소연할 소(12)	쓸 소(12)	멀리할 소(12)
*疏	*蘇	*蔬	*消	*燒
멀 소(12)	깨어날 소(22)	나물 소(17)	사라질 소(11)	불사를 소(16)
炤	騷	沼	紹	遡
밝을 소(9)	시끄러울 소(20)	늪 소(9)	이을(계승) 소(11)	거스를 소(17)
*邵	*韶	*巢	*梢	*玿
땅이름 소(12)	아름다울 소(14)	새집 소(11)	나무흔들릴 소(9)	아름다운옥 소(10)
*粟	*束	*速	*俗	*續
조 속(12)	묶을 속(7)	빠를 속(14)	풍속 속(9)	이을 속(21)

손·솔·송·쇄·쇠·수

*屬	*巽	*孫	*損	*遜
붙을 속(21)	괘이름 손(12)	손자 손(10)	덜 손(14)	겸손할 손(17)
率	帥	松	送	訟
거느릴 솔(11)	거느릴 솔(9)	솔 송(8)	보낼 송(13)	송사할 송(11)
頌	誦	宋	淞	刷
칭송할 송(13)	욀 송(114)	송나라 송(7)	물 송(12)	인쇄할 쇄(8)
鎖	釗	衰	水	穗
쇠사슬 쇄(18)	힘쓸 쇠(10)	쇠잔할 쇠(10)	물 수(4)	이삭 수(17)
*殊	*守	*秀	*壽	*數
다를 수(10)	지킬 수(6)	빼어날 수(7)	목숨 수(14)	셈 수(15)
*樹	*修	*須	*首	*受
나무 수(16)	닦을 수(10)	모름지기 수(12)	머리 수(9)	받을 수(8)
*授	*收	*帥	*手	*隨
줄 수(11)	거둘 수(6)	장수 수(9)	손 수(4)	따를 수(21)

숙 · 순

遂	需	輸	誰	愁
*遂	*需	*輸	*誰	*愁
드디어 수(16)	구할 수(14)	실어낼 수(16)	누구 수(15)	근심할 수(13)
*睡	*雖	*囚	*獸	洙
졸 수(13)	비록 수(17)	가둘 수(5)	짐승 수(19)	물이름 수(10)
琇	銖	垂	粹	繡
옥돌 수(12)	무게단위 수(14)	드리울 수(8)	순수할 수(14)	수놓을 수(18)
隋	髓	*叔	*淑	*肅
수나라 수(17)	골수 수(23)	아제비 숙(8)	맑을 숙(12)	엄숙할 숙(13)
*宿	*孰	*熟	塾	琡
잘 숙(11)	누구 숙(11)	익을 숙(15)	글방 숙(14)	옥이름 숙(12)
璹	橚	*順	*純	醇
옥그릇 숙(19)	길고꼿꼿할 숙(16)	순할 순(12)	순수할 순(10)	순후할 순(15)
*旬	*瞬	*巡	*盾	*徇
열흘 순(6)	눈깜짝일 순(17)	순행할 순(7)	방패 순(9)	돌 순(9)

슐·슝·슬·습·승·시

脣	殉	洵	珣	荀
*脣	*殉	洵	珣	荀
입술 순(13)	따라죽을 순(10)	믿을 순(10)	옥그릇 순(11)	풀이름 순(12)
筍	舜	淳	焞	諄
죽순 순(12)	순임금 순(12)	순박할 순(12)	밝을 순(12)	거듭이를 순(15)
錞	*戌	*述	*術	*崇
낮을 순(16)	개 술(6)	지을 술(12)	재주 술(11)	높일 숭(11)
嵩	瑟	膝	王瑟	*習
높을 숭(13)	악기이름 슬(14)	무릎 슬(17)	진주 슬(18)	익힐 습(11)
*拾	*襲	*濕	*勝	*承
주울 습(10)	엄습할 습(22)	젖을 습(18)	이길 승(12)	이을 승(8)
*昇	*升	*乘	*僧	丞
오를 승(8)	되 승(4)	탈 승(10)	중 승(14)	정승 승(6)
陞	繩	*時	*始	*是
오를 승	노 승(19)	때 시(10)	비로소 시(9)	이 시(9)

씨·식·신

*市 저자 시(5)	*侍 모실 시(8)	*詩 글귀 시(13)	*試 시험할 시(13)	*示 보일 시(5)
*矢 화살 시(5)	*施 베풀 시(9)	*視 볼 시(12)	柴 땔나무 시(9)	恃 의지할 시(10)
*氏 성 씨(4)	*式 법 식(6)	*植 심을 식(12)	*識 알 식(19)	*息 숨쉴 식(10)
*食 밥 식(9)	*飾 꾸밀 식(14)	埴 찰흙 식(11)	殖 번식할 식(12)	湜 물맑을 식(13)
軾 수레앞턱가로나무 식(13)	寔 이 식(12)	栻 점치는판 식(10)	*信 믿을 신(9)	*新 새 신(13)
*臣 신하 신(6)	*申 납 신(5)	*伸 펼 신(7)	*神 귀신 신(9)	*辛 매울 신(7)
*身 몸 신(7)	*晨 새벽 신(11)	*愼 삼갈 신(14)	紳 큰띠 신(11)	莘 긴모양 신(13)

실·심·십·아·악·안

薪	迅	訊	*實	*室
섶나무 신(19)	빠를 신(10)	물을 신(10)	열매 실(14)	집 실(9)
*失	悉	*心	*深	*審
잃을 실(5)	다할 실(11)	마음 심(4)	깊을 심(12)	살필 심(15)
*尋	*甚	沁	沈	*十
찾을 심(12)	심할 심(9)	물적실 심(8)	성 심(8)	열 십(10)
什	*亞	*兒	*阿	*牙
열 십(4)	버금 아(8)	아이 아(8)	언덕 아(13)	어금니 아(4)
芽	雅	我	餓	娥
싹 아(10)	아담할 아(12)	나 아(7)	주릴 아(16)	예쁠 아(10)
峨	衙	*岳	*惡	樂
산높을 아(10)	마을 아(13)	큰산 악(8)	악할 악(12)	풍류 악(15)
堊	嶽	*安	*案	*眼
흰흙 악(11)	큰산 악(17)	편안 안(6)	책상 안(10)	눈 안(11)

알·암·압·앙·애·액·앵·야·약

*岸	*雁	*顔	晏	按
언덕 안(8)	기러기 안(12)	얼굴 안(28)	늦을 안(10)	살필 안(10)
*謁	*巖	*暗	庵	菴
아뢸 알(16)	바위 암(23)	어두울 암(13)	초막 암(11)	암자 암(14)
*壓	押	鴨	*央	*仰
누를 압(17)	누를 압(9)	집오리 압(16)	가운데 앙(5)	우러러볼 앙(6)
*殃	昂	鴦	*愛	*涯
재앙 앙(9)	높을 앙(8)	원앙새 앙(16)	사랑 애(13)	물가 애(12)
*哀	厓	崖	艾	*額
슬픔 애(9)	언덕 애(8)	낭떠러지 애(11)	쑥 애(8)	이마 액(18)
*厄	液	鶯	*野	*夜
재앙 액(4)	진 액(12)	꾀꼬리 앵(21)	들 야(11)	밤 야(8)
*也	*耶	冶	*約	*藥
어조사 야(3)	어조사 야(9)	쇠불릴 야(7)	맺을 약(9)	약 약(21)

양·어·억·언·엄·업·여

*若	躍	*弱	*陽	*楊
같을 약(11)	뛸 약(21)	약할 약(10)	볕 양(17)	버들 양(13)
揚	羊	洋	養	樣
들날릴 양(13)	양 양(6)	큰바다 양(10)	기를 양(15)	모양 양(15)
*讓	*壤	襄	孃	양
사양할 양(24)	부드러운흙 양(20)	오를 양(17)	계집애 양(20)	출렁거릴 양(15)
*魚	*漁	*語	*御	*於
물고기 어(11)	고기잡을 어(15)	말씀 어(15)	거느릴 어(11)	어조사 어(8)
*億	*憶	*抑	檍	*言
억 억(15)	생각할 억(17)	누를 억(8)	참죽나무 억(17)	말씀 언(7)
*焉	諺	彦	*嚴	奄
어찌 언(11)	속담 언(16)	선비 언(9)	엄할 엄(20)	문득 엄(8)
俺	掩	*業	嶪	*予
나 엄(10)	가릴 엄(12)	업 업(13)	산높을 업(16)	나 여(4)

*余	*餘	*與	*輿	*如
나 여(7)	남을 여(16)	줄 여(13)	수레 여(17)	같을 여(6)
*汝	*亦	*易	*役	*域
너 여(7)	또 역(6)	바꿀 역(8)	부릴 역(7)	지경 역(11)
*譯	*驛	*疫	*逆	昜
통변할 역(20)	역말 역(23)	염병 역(9)	거스를 역(13)	볕 역(12)
*延	*硏	妍	*硯	*沿
끌 연(7)	갈 연(11)	고울 연(9)	벼루 연(12)	물따라내겨갈 연(9)
*鉛	*演	*然	*燃	*煙
납 연(13)	연역할 연(15)	그럴 연(12)	불탈 연(16)	연기 연(13)
*宴	*燕	*緣	*軟	衍
잔치 연(10)	제비 연(16)	인연 연(15)	연할 연(11)	퍼질 연(9)
淵	沇	娟	涓	筵
못 연(13)	물흐르는모양 연(8)	아름다울 연(10)	가릴 연(11)	대자리 연(13)

열·염·엽·영·예

瑌	*悦	*熱	閱	說
옥돌 연(14)	기뻐할 열(11)	더울 열(15)	볼 열(15)	기쁠 열(14)
*染	*炎	琰	*鹽	艶
물들 염(9)	불꽃 염(8)	비취옥 염(13)	소금 염(24)	고울 염(19)
*葉	燁	曄	*永	*泳
잎 엽(15)	빛날 엽(15)	빛날 엽(15)	길 영(5)	헤엄칠 영(9)
*詠	*英	*營	*榮	*映
읊을 영(12)	꽃부리 영(11)	경영할 영(17)	영화 영(14)	비칠 영(9)
楹	渶	煐	瑛	鍈
기둥영(13)	빛날 영(13)	빛날 영(13)	옥광채 영(14)	방울소리 영(17)
瑩	嬰	*迎	盈	*影
밝을 영(15)	어릴 영(17)	맞을 영(11)	찰 영(9)	그림자 영(15)
濚	暎	穎	瓔	*豫
물소리 영(21)	비칠 영(13)	이삭 영(20)	옥돌 영(22)	미리 예(16)

오·옥·온·옹

*藝	*譽	*銳	叡	預
재주 예(21)	기릴 예(21)	날카로울 예(15)	밝을 예(16)	미리 예(13)
芮	乂	*五	*吾	*梧
나라이름 예(19)	어질 예(2)	다섯 오(5)	나 오(7)	오동나무 오(11)
*悟	*誤	*娛	*午	*烏
깨달을 오(11)	그르칠 오(14)	즐거워할 오(10)	낮 오(4)	까마귀 오(10)
*嗚	*汚	唔	吳	旿
탄식할 오(13)	더러울 오(7)	대오 오(6)	오나라 오(7)	대낮 오(8)
*傲	奧	晤	珸	*玉
거만할 오(13)	속 오(13)	만날 오(11)	옥돌 오(12)	구슬 옥(5)
*屋	*獄	鈺	沃	*溫
집 옥(9)	옥 옥(14)	보배 옥(12)	기름질 옥(8)	따뜻할 온(14)
瑥	穩	媼	翁	雍
사람이름 온(15)	편안할 온(19)	할미 온(13)	늙은이 옹(10)	화할 옹(13)

雍	擁	*瓦	*臥	*完
막힐 옹(16)	안을 옹(17)	기와 와(5)	누울 와(8)	완전할 완(7)
緩	浣	婠	婉	玩
느릴 완(15)	씻을 완(11)	몸고울 완(11)	아름다울 완(11)	놀 완(9)
琓	琬	莞	垸	*曰
옥이름 완(11)	서옥 완(13)	빙그레웃을 완(13)	바를 완(10)	가로 왈(4)
*王	*往	*旺	汪	枉
임금 왕(4)	갈 왕(8)	왕성할 왕(8)	깊고넓을 왕(8)	굽을 왕(8)
外	*畏	*要	*夭	樂
바깥 외(5)	두려워할 외(9)	중요로울 요(9)	일찍죽을 요(4)	좋아할 요(15)
*遙	*搖	*謠	堯	*腰
멀 요(17)	흔들요(14)	노래 요(17)	요임금 요(12)	허리 요(15)
曜	耀	饒	瑤	姚
비칠 요(18)	빛날 요(20)	넉넉할 요(21)	아름다운옥 요(15)	예쁠 요(9)

욕·용·우

*欲	*浴	*慾	*辱	*用
하고자할 욕(11)	목욕 욕(11)	욕심 욕(15)	욕 욕(10)	쓸 용(5)
*庸	*勇	*容	溶	鎔
떳떳할 용(11)	날랠 용(9)	얼굴 용(10)	녹을 용(14)	녹일 용(18)
瑢	榕	蓉	湧	涌
패옥소리 용(15)	용나무 용(14)	부용 용(16)	물솟을 용(13)	물넘칠 용(11)
踊	傭	鏞	茸	墉
뛸 용(14)	품팔이 용(13)	큰쇠북 용(19)	무성할 용(12)	담 용(14)
*于	*宇	*雨	*羽	*遇
어조사 우(3)	집 우(6)	비 우(8)	깃 우(6)	만날 우(16)
*愚	*偶	*憂	*優	*郵
어리석을 우(13)	짝 우(11)	근심 우(115)	넉넉할 우(17)	우편 우(15)
*右	*友	*牛	*又	*尤
오른쪽 우(5)	벗 우(4)	소 우(4)	또 우(2)	더욱 우(4)

祐	佑	禹	寓	瑀
도울 우(10)	도울 우(7)	하우씨 우(9)	붙어살 우(12)	옥돌 우(1$)
迂	隅	堣	釪	玗
굽을 우(10)	모퉁이 우(17)	땅이름 우(12)	악기이름 우(11)	옥돌 우(8)
霺	昱	彧	煜	郁
물소리 우(14)	빛날 욱(9)	빛날 욱(10)	빛날 욱(13)	성할 욱(13)
頊	旭	*云	*雲	澐
삼가하는모양 욱(14)	아침해 욱(6)	이른 운4)	구름 운(12)	큰물결 운(16)
*運	*韻	沄	耘	蔚
운전할 운(16)	운 운(19)	돌아올 운(8)	김맬 운(10)	우거질 울(17)
*雄	熊	*元	*院	*原
수컷 웅(12)	곰 웅(14)	으뜸 원(4)	집 원(15)	근원 원(10)
*源	*願	*員	*圓	*遠
근원 원(14)	바랄 원(19)	관원 원(10)	둥글 원(13)	멀 원(17)

*援	*園	*怨	袁	垣
도울 원(13)	동산 원(13)	원망할 원(9)	성 원(10)	울타리 원(9)
媛	瑗	沅	洹	苑
예쁠 원(12)	도리옥 원(14)	물이름 원(8)	흐를 원(10)	동산 원(11)
轅	愿	嫄	婉	月
멍에채 원(17)	삼갈 원(14)	사람이름 원(13)	고울 원(11)	달 월(4)
*越	*位	*偉	*緯	*圍
넘을 월(12)	자리 위(7)	위대할 위(11)	씨 위(15)	둘레 위(12)
*衛	*爲	*僞	*謂	*委
호위할 위(15)	할 위(12)	거짓 위(14)	이를 위(16)	맡길 위(8)
*慰	*威	*胃	*危	暐
위로할 위(15)	위엄 위(9)	밥통 위(11)	위태할 위(6)	햇빛 위(13)
渭	瑋	尉	*違	韋
물이름 위(13)	노리개 위(14)	벼슬이름 위(11)	어길 위(16)	다름가죽 위(9)

유·육

魏	*乳	*有	*由	*油
위나라 위(18)	젖 유(8)	있을 유(6)	말미암을 유(5)	기름 유(9)
*儒	*遺	*愈	喩	瑜
선비 유(16)	남을 유(19)	더욱 유(13)	깨우칠 유(12)	옥 유(14)
*維	*惟	*唯	*酉	*幼
바 유(14)	생각할 유(12)	오직 유(11)	닭 유(7)	어릴 유(5)
*幽	*悠	*柔	*誘	猷
그윽할 유(9)	멀 유(11)	부드러울 유(9)	꾈 유(14)	꾀 유(13)
*猶	*遊	*裕	侑	宥
오히려 유(13)	놀 유(16)	넉넉할 유(13)	권할 유(8)	용서할 유(9)
庾	俞	楡	洧	濡
노적가리 유(12)	성 유(9)	느릅나무 유(13)	물이름 유(10)	젖을 유(18)
愉	釉	攸	柚	*肉
기쁠 유(13)	무성할 유(10)	바 유(7)	유자 유(9)	고기 육(6)

윤·융·은·을·음·읍·응·의

育	堉	*潤	*閏	尹
기를 육(10)	걸찬땅 육(11)	윤택할 윤(16)	윤달 윤(12)	다스릴 윤(4)
允	玧	鈗	胤	阭
진실로 윤(4)	귀막이구슬 윤(9)	창 윤(12)	맏아들 윤(11)	높을 윤(12)
奫	融	恩	銀	隱
물깊고넓을 윤(14)	녹을 융(16)	은혜 은(10)	은 은(14)	숨을 은(22)
垠	殷	誾	溵	*乙
끝 은(9)	은나라 은(10)	화평할 은(15)	물소리 은(14)	새 을(1)
*音	*陰	*吟	*飮	*淫
소리 음(9)	그늘 음(16)	읊을 음(7)	마실 음(13)	음란할 음(12)
*邑	*泣	*應	膺	鷹
고을 읍(7)	울 읍(9)	응할 응(17)	가슴 응(19)	매 응(24)
*凝	*義	*議	*儀	擬
엉길 응(16)	옳을 의(13)	의논할 의(20)	거동 의(15)	비길 의(18)

이·익·인

*衣	*依	*宜	*矣	*意
옷 의(6)	의지할 의(8)	마땅할 의(8)	어조사 의(7)	뜻 의(13)
*醫	*疑	倚	誼	毅
의원 의(18)	의심할 의(14)	의지할 의(10)	옳을 의(15)	굳셀 의(15)
懿	*二	*貳	*以	*夷
클 의(22)	두 이(2)	두 이(22)	써 이(5)	오랑캐 이(6)
*已	*耳	珥	*異	*移
이미 이(3)	귀 이(6)	귀고리 이(11)	다를 이(11)	옮길 이(11)
*而	伊	易	彜	怡
말이을 이(6)	저 이(6)	쉬울 이(8)	떳떳할 이(18)	기쁠 이(9)
爾	弛	頤	*益	*翼
너 이(14)	늦출 이(6)	턱 이(15)	더할 익(10)	날개 익(18)
翊	瀷	謚	翌	*人
도울 익(11)	스며흐를 익(21)	웃을 익(17)	명일 익(11)	사람 인(2)

일·임·입·잉·자

*仁	*印	*因	*姻	*寅
어질 인(4)	도장 인(6)	인할 인(6)	혼인 인(9)	동방 인(11)
*引	*忍	*認	*刃	*一
당길 인(4)	참을 인(7)	인정할 인(14)	칼날 인(3)	한 일(1)
*壹	*日	*逸	溢	鎰
한 일(12)	날 일(4)	편안할 일(15)	넘칠 일(14)	무게의단위 일(18)
馹	佾	*壬	*任	妊
역말 일(14)	춤출 일(8)	아홉째천간 임(4)	맡길 임(6)	아이밸 임(7)
姙	*賃	稔	*入	剩
아이밸 임(9)	품팔이 임(13)	곡식여물 임(13)	들 입(2)	남을 잉(12)
*子	*字	*者	*資	*姿
아들 자(3)	글자 자(6)	놈 자(10)	재물 자(13)	맵시 자(9)
*姉	*玆	滋	*慈	*紫
누이 자(10)	검을 자(10)	불을 자(13)	사랑 자(13)	자주빛 자(11)

작·잔·잠·잡·장

藉	*自	仔	*恣	瓷
빙자할 자(20)	스스로 자(6)	자세할 자(5)	방자할 자(10)	사기그릇 자(11)
*刺	磁	*雌	*作	*昨
찌를 자(8)	자석 자(15)	암 자(13)	지을 작(7)	어제 작(9)
*爵	芍	灼	*酌	雀
벼슬 작(18)	작약 작(9)	구울 작(7)	잔질할 작(10)	참새 작(11)
鵲	*殘	*潛	*暫	箴
가치 작(19)	남을 잔(12)	잠길 잠(16)	잠깐 잠(15)	돌침 잠(15)
*蠶	*雜	*丈	*長	*張
누에 잠(24)	섞일 잡(18)	어른 장(3)	길 장(8)	베풀 장(11)
*場	*章	*障	樟	璋
마당 장(12)	글 장(11)	막힐 장(19)	녹나무 장(15)	홀 장(16)
暲	*壯	*莊	*裝	*掌
햇발돋아올 장(15)	씩씩할 장(7)	장중할 장(13)	꾸밀 장(13)	손바닥 장(12)

*將	*奬	*墻	*帳	*藏
장수 장(11)	권면할 장(14)	담 장(16)	휘장 장(11)	감출 장(20)
*臟	*腸	*葬	匠	庄
오장 장(24)	창자 장(15)	장사 장(15)	장인 장(6)	장중할 장(6)
*粧	杖	薔	漳	裝
단장할 장(12)	지팡이 장(7)	장미 장(19)	강이름 장(15)	클 장(10)
蔣	*才	*材	*財	*再
과장풀 장(17)	재주 재(3)	재목 재(7)	재물 재(10)	두 재(6)
*在	*哉	*載	*栽	*裁
있을 재(6)	어조사 재(9)	실을 재(13)	심을 재(10)	마를 재(12)
宰	災	*梓	縡	齋
재상 재(10)	재앙 재(7)	가래나무 재(11)	일 재(16)	재계할 재(17)
溨	*爭	錚	*著	*低
맑을 재(13)	다툴 쟁(8)	쇳소리 쟁(16)	나타날 저(15)	낮을 저(7)

*底	*抵	邸	苧	*貯
밑 저(8)	막을 저(9)	집 저(12)	모시 저(11)	쌓을 저(12)
楮	*的	*寂	*適	*摘
닥나무 저(13)	과녁 적(8)	고요할 적(11)	맞을 적(18)	딸 적(15)
*滴	*積	*績	*赤	*跡
물방울 적(15)	쌓을 적(16)	길쌈할 적(17)	붉은 적(7)	발자취 적(13)
*蹟	*笛	迪	*敵	*賊
자취 적(18)	저 적(11)	나아갈 적(12)	대적할 적(15)	도둑 적(13)
*籍	*全	*錢	*田	*展
서적 적(20)	온전할 전(6)	돈 전(16)	밭 전(5)	펄 전(10)
*電	*前	*專	*傳	*轉
번개 전(13)	앞 전(9)	오로지 전(11)	전할 전(13)	구를 전(18)
*典	*戰	佺	栓	詮
법 전(8)	싸울 전(16)	신선이름 전(8)	나무못 전(10)	설명할 전(13)

절·점·접·정

銓	琠	甸	塡	殿
저울 전(14)	옥이름 전(13)	경기 전(7)	메울 전(13)	큰집 전(13)
奠	筌	雋	*切	*絶
둘 전(11)	향풀 전(12)	새살찔 전(13)	끊을 절(4)	끊을 절(12)
*節	*折	晢	*占	*店
마디 절(15)	꺾을 절(8)	밝을 절(11)	점 점(5)	점방 점(8)
*點	*漸	*接	*蝶	*亭
점 점(17)	차차 점(15)	접할 접(12)	나비 접(15)	정자 정(9)
*停	*訂	*頂	*井	*程
머무를 정(11)	고칠 정(8)	꼭대기 정(7)	우물 정(10)	법 정(12)
*貞	*定	*廷	*庭	*正
곧을 정(9)	정할 정(8)	조정 정(7)	뜰 정(10)	바를 정(5)
*政	*征	*整	*淨	*情
정사 정(8)	칠 정(8)	가지런할 정(16)	깨끗할 정(12)	뜻 정(12)

靚	*精	*靜	汀	玎
단장할 정(14)	찧을 정(13)	고요할 정(16)	물가 정(6)	옥소리 정(7)
町	呈	姃	偵	幀
밭두둑 정(7)	드릴 정(7)	계집단정할 정(8)	정탐할 정(11)	그림족자 장(12)
湞	楨	禎	珽	挺
물이름 정(13)	쥐똥나무 정(13)	상서 정(14)	옥이름 정(12)	빼어날 정(11)
綎	晶	鼎	晸	柾
샘물 정(13)	수정 정(12)	솥 정(13)	해뜰 정(12)	구 정(9)
鉦	淀	錠	鋌	鄭
징 정(13)	얕은물 정(14)	신선로 정(16)	쇳덩이 정(15)	정나라 정(19)
靖	桯	珵	丁	鋥
편안할 정(17)	탁자 정(11)	노리개 정(12)	장정 정(2)	칼날세울 정(15)
炡	*制	*堤	*提	瑅
빛날 정(9)	억제할 제(8)	방죽 제(12)	끌 제13)	옥이름 제(14)

조

*題	*帝	*弟	*齊	*濟
제목 제(18)	임금 제(9)	아우 제(7)	가지런할 제(14)	건널 제(18)
*製	*祭	*際	*諸	*除
지을 제(14)	제사 제(11)	끝 제(19)	모든 제(16)	덜 제(15)
*第	悌	梯	*兆	*助
차례 제(11)	공손할 제(11)	사닥다리 제(11)	조짐 조(6)	도울 조(7)
*祖	*組	*租	*調	*造
할아비 조(10)	짤 조(11)	구실 조(10)	고를 조(15)	지을 조(14)
*操	*早	*條	*朝	*潮
잡을 조(17)	일찍 조(6)	가지 조(11)	아침 조(12)	조수 조(16)
*照	*燥	*鳥	*弔	彫
비출 조(13)	마를 조(17)	새 조(11)	조상할 조(4)	새길 조(11)
措	趙	晁	窕	曹
둘 조(12)	조나라 조(14)	아침 조(10)	안존할 조(11)	무리 조(11)

족·존·졸·종·좌·죄·주

遭	祚	肇	釣	詔
만날 조(18)	북조 조(10)	시작할 조(14)	낚시 조(11)	고할 조(12)
*族	*足	*存	*尊	*卒
겨레 족(11)	발 족(7)	있을 존(6)	높을 존(12)	군사 졸(8)
*拙	*種	鍾	*鐘	*從
졸할 졸(9)	씨 종(14)	술잔 종(17)	쇠북 종(20)	쫓을 종(11)
玊從	*縱	*終	*宗	倧
패옥소리 종(16)	세로 종(17)	마칠 종(11)	마루 종(8)	한배 종(10)
淙	悰	琮	椶	綜
물소리 종(12)	즐거울 종(12)	서옥이름 종(13)	종려나무 종(12)	모을 종(14)
*左	*佐	*坐	*座	*罪
왼 좌(4)	도울 좌(7)	앉을 좌(7)	자리 좌(10)	허물 죄(14)
*主	*住	*柱	*注	*周
주인 주(5)	살 주(7)	기둥 주(9)	물댈 주(9)	두루 주(8)

*州	*洲	*宙	*走	*晝
고을 주(6)	섬 주(10)	하늘 주(8)	달릴 주(7)	낮 주(11)
*朱	*株	*舟	*酒	冑
붉을 주(6)	그루 주(10)	배 주(6)	술 주(10)	자손 주(11)
奏	湊	炷	註	珠
아뢸 주(9)	모일 주(13)	심지 주(9)	주낼 주(12)	구슬 주(11)
鑄	疇	週	駐	遒
부어만들 주(22)	무리 주(19)	주일 주(15)	머무를 주(15)	굳셀 주(16)
姝	澍	*竹	*俊	*準
예쁠 주(8)	물쏟을 주(16)	대나무 죽(6)	준걸 준(9)	법도 준(14)
*遵	峻	浚	晙	埈
좇을 준(19)	높을 준(10)	칠 준(11)	밝을 준(11)	높을 준(10)
焌	竣	駿	准	埻
불땔 준(11)	마칠 준(12)	준마 준(17)	승인할 준(10)	과녁 준(11)

줄·중·즉·즐·즙·증·지

儁	儒	濬	畯	隼
뛰어날 준(13)	뛰어날 준(15)	깊을 준(18)	농부 준(12)	새매 준(10)
茁	*中	*仲	*重	*衆
풀처음나는 줄(11)	가운데 중(4)	버금 중(6)	무거울 중(9)	무리 중(11)
*卽	櫛	汁	*曾	*增
골 즉(9)	빗 즐(19)	진액 즙(6)	일찍 증(12)	더할 증(15)
*憎	*贈	烝	*蒸	*症
미워할 증(16)	줄 증(19)	무리 증(10)	찔 증(16)	병증세 증(10)
*證	甑	*地	*池	*之
증거 증(19)	시루 증(17)	땅 지(6)	못 지(7)	갈 지(4)
*只	*止	*志	*誌	*持
다만 지(5)	그칠 지(4)	뜻 지(7)	기록할 지(14)	가질 지(10)
*指	*知	*智	*至	*紙
손가락 지(10)	알 지(8)	슬기 지(12)	이를 지(6)	종이 지(10)

支	枝	遲	旨	址
*支	*枝	*遲	旨	址
지탱할 지(4)	가지 지(8)	더딜 지(19)	또 지(6)	터 지(7)
沚	祉	趾	祗	芝
물가 지(8)	복 지(9)	발가락 지(11)	공경할 지(10)	지초 지(10)
摯	鋕	*直	*職	*織
잡을 지(15)	새길 지(15)	곧을 직(8)	직분 직(18)	짤 직(18)
稙	稷	*眞	*鎭	*辰
일찍심는벼 직(13)	기장 직(15)	참 진(10)	진압할 진(18)	별 진(7)
*振	*珍	*進	*盡	*陣
떨칠 진(11)	보배 진(10)	나아갈 진(15)	다할 진(14)	진칠 진(15)
*陳	晋	津	璡	秦
베풀 진(16)	진나라 진(10)	나루 진(10)	옥돌 진(17)	진나라 진(10)
軫	震	塵	瑱	瑨
수레뒤턱나무 진(12)	진동할 진(15)	티끌 진(13)	귀막이옥 진(15)	옥돌 진(17)

禛	診	繽	塡	賑
복받을 진(16)	볼 진(12)	맺을 진(16)	누를 진(13)	넉넉할 진(14)
*秩	*質	瓆	*姪	*疾
차례 질(10)	문서 질(15)	이름 질(20)	조카 질(9)	병 질(10)
什	集	*潗	執	楫
세간 집(4)	모을 집(12)	샘솟을 집(16)	잡을 집(11)	돛대 집(13)
輯	鏶	*徵	*懲	澄
모을 집(16)	쇳조각 집(20)	부를 징(15)	징계할 징(19)	맑을 징(16)
*次	*借	*且	*此	*差
버금 차(6)	빌 차(10)	또 차(5)	이 차(6)	어긋날 차(10)
車	叉	瑳	*着	*錯
수레 차(7)	깍지낄 차(3)	옥빛깨끗할 차(15)	붙을 착(12)	섞일 착(16)
*捉	撰	*贊	*讚	瓚
잡을 착(11)	글지을 찬(16)	찬성할 찬(19)	기릴 찬(26)	옥 찬(24)

찰 · 참 · 창 · 채 · 책

粲	澯	燦	璨	纂
밝고성할 찬(12)	맑을 찬(17)	빛날 찬(17)	옥빛찬란할 찬(18)	모을 찬(20)
纘	鑽	*察	*參	*慙
이을 찬(25)	뚫을 찬(27)	살필 찰(14)	참여할 참(11)	부끄러워할 참(15)
*慘	*昌	*唱	*倉	*創
참혹 참(15)	창성할 창(8)	노래 창(11)	곳집 창(10)	비롯할 창(12)
*滄	*蒼	*暢	*窓	敞
큰바다 창(14)	푸를 창(16)	화창할 창(14)	창 창(11)	드러날 창(12)
廠	彰	昶	菖	*採
헛간 창(15)	나타날 창(14)	밝을 창(9)	창포 창(14)	캘 채(12)
*彩	*菜	*債	埰	蔡
무늬 채(11)	나물 채(14)	빚 채(13)	나라에서준땅 채(11)	나라이름 채(17)
采	寀	綵	*策	*責
캘 채(8)	동관 채(11)	비단 채(14)	꾀 책(12)	꾸짖을 책(11)

처·척·천·철·첨·첩

*冊	*處	*妻	*悽	*戚
책 책(5)	곳 처(11)	아내 처(8)	슬퍼할 처(12)	겨레 척(11)
*坧	*拓	*尺	*斥	陟
터 척(8)	열 척(9)	자 척(4)	물리칠 척(5)	오를 척(15)
*川	*天	*千	仟	阡
내 천(3)	하늘 천(4)	일천 천(3)	일천 천(5)	밭둑길 천(11)
*泉	*薦	*遷	*淺	*踐
샘 천(9)	천거할 천(19)	옮길 천(19)	얕을 천(12)	밟을 천(15)
*賤	*哲	喆	*鐵	*徹
천할 천(15)	밝을 철(10)	밝을 철(12)	쇠 철(21)	뚫을 철(15)
澈	撤	轍	綴	*添
물맑을 철(16)	걷을 철(16)	수레바퀴자국 철(19)	철할 철(14)	더할 첨(12)
*尖	僉	瞻	*妾	帖
뽀족할 첨(6)	다할 첨(13)	볼 첨(17)	작은집 첩(8)	문서 첩(8)

청·체·초·촉·촌·총·최

捷	*青	*清	*晴	*請
빠를 첩(12)	푸를 청(8)	맑을 청(12)	갤 청(12)	청할 청(15)
*廳	*聽	*體	*替	締
관청 청(25)	들을 청(22)	몸 체(23)	바꿀 체(12)	맺을 체(15)
諦	遞	*草	*初	*抄
살필 체(16)	갈마들 체(17)	풀 초(12)	처음 초(7)	베낄 초(8)
*招	*超	*礎	*肖	焦
부를 초(9)	뛰어넘을 초(12)	주춧돌 초(18)	닮을 초(9)	그슬릴 초(12)
蕉	樵	楚	*促	*燭
파 초(18)	나무할 초(16)	초나라 초(13)	재촉할 촉(9)	촛불 촉(17)
*觸	*寸	*村	*總	*聰
닿을 촉(20)	치 촌(3)	마을 촌(7)	거느릴 총(17)	밝을 총(17)
寵	叢	*銃	*最	崔
사랑할 총(19)	모을 총(18)	총 총(14)	가장 최(12)	높을 최(11)

催	追	抽	推	秋
*催	*追	*抽	*推	*秋
재촉할 최(13)	따를 추(13)	뽑을 추(9)	옮길 추(12)	가을 추(9)
楸	樞	*醜	鄒	錐
가래나무 추(13)	지도리 추(15)	추할 추(17)	나라이름 추(17)	송곳 추(16)
錘	*丑	*畜	*蓄	*祝
저울 추(16)	소 축(4)	가축 축(10)	쌓을 축(16)	빌 축(10)
*築	*縮	*逐	軸	*春
쌓을 축(16)	오그라들 축(17)	쫓을 축(14)	굴대 축(12)	봄 춘(9)
椿	瑃	賰	*出	*忠
참죽나무 춘(13)	옥이름 춘(14)	넉넉할 춘(16)	날 출(5)	충성 충(8)
*充	琉	*衝	*蟲	沖
가득할 충(6)	귀치장옥 충(11)	찌를 충(15)	벌레 충(18)	화할 충(8)
衷	萃	*取	*趣	*就
정성 충(10)	모을 췌(14)	취할 취(8)	주창할 취(15)	나아갈 취(12)

측 · 층 · 치 · 칙 · 친 · 칠 · 침 · 칩 · 칭 · 쾌

*吹	*臭	*醉	翠	聚
불 취(7)	냄새 취(10)	취할 취(15)	비취색 취(14)	모을 취(14)
*側	*測	*層	*治	*値
곁 측(11)	측량할 측(13)	층 층(15)	다스릴 치(9)	값 치(10)
*置	*致	*恥	*稚	*齒
둘 치(14)	이를 치(10)	부끄러울 치(10)	어릴 치(13)	이 치(15)
熾	峙	雉	馳	*則
불활활탈 치(16)	산우뚝설 치(9)	꿩 치(16)	달릴 치(13)	법 칙(9)
勅	*親	*七	*漆	*針
칙서 칙(9)	친할 친(16)	일곱 칠(7)	옷칠할 칠(15)	바늘 침(10)
*侵	*浸	*寢	*沈	*枕
침노할 침(9)	적실 침(11)	잠잘 침(14)	잠길 침(8)	배개 침(8)
琛	蟄	*稱	秤	夬
보배 침(13)	겨울잠 칩(17)	일컬을 칭(14)	저울 칭(10)	쾌괘 쾌(4)

타·탁·탄·탈·탐·탑·탕·태

*快	*他	*打	*墮	*妥
쾌할 쾌(8)	다를 타(5)	칠 타(6)	떨어질 타(15)	온당할 타(7)
*濯	*托	*琢	度	擢
빨래할 탁(18)	받칠 탁(7)	쫄 탁(13)	헤아릴 탁(9)	뽑을 탁(18)
*濁	卓	倬	琸	晫
흐릴 탁(17)	높을 탁(8)	클 탁(10)	사람이름 탁(13)	환할 탁(12)
託	鐸	拓	*炭	*彈
부탁할 탁(10)	방울 탁(21)	박을 탁(9)	숯 탄(9)	총알 탄(15)
*歎	呑	坦	灘	誕
탄식할 탄(15)	삼킬 탄(7)	평탄할 탄(8)	여울 탄(23)	태어날 탄(14)
*脫	*奪	*探	*貪	耽
벗을 탈(13)	빼앗을 탈(14)	찾을 탐(12)	탐낼 탐(11)	즐길 탐(10)
*塔	*湯	*太	*態	台
탑 탑(13)	끓을 탕(13)	클 태(4)	태도 태(14)	별이름 태(5)

*怠	*殆	胎	邰	兌
게으를 태(9)	위태로울 태(9)	아이밸 태(9)	태나라 태(12)	바꿀 태(7)
汰	*泰	*宅	*澤	*擇
씻을 태(8)	클 태(9)	집 택(6)	못 택(17)	가릴 택(16)
垞	*土	*吐	*兎	*討
언덕 택(9)	흙 토(3)	토할 토(6)	토끼 토(8)	칠 토(10)
*通	*統	*痛	桶	*退
통할 통(14)	거느릴 통(12)	아플 통(12)	통 통(11)	물러날 퇴(13)
堆	*投	*透	*鬪	*特
쌓을 퇴(11)	던질 투(8)	통할 투(14)	싸움 투(20)	특별할 특(10)
*波	*波	*頗	*罷	*播
물결 파(9)	물갈래 파(10)	자못 파(14)	파할 파(16)	씨뿌릴 파(16)
坡	*破	巴	把	芭
고개 파(8)	깨뜨릴 파(10)	땅이름 파(4)	잡을 파(8)	파초 파(10)

琶	*判	*板	阪	坂
비파 파(13)	판단할 판(7)	널 판(8)	산비탈 판(12)	고개 판(7)
*版	*販	*八	*貝	*敗
판목 판(8)	팔 판(11)	여덟 팔(8)	조개 패(7)	패할 패(11)
牌	佩	霸	湏	彭
패 패(12)	찰 패(8)	으뜸 패(21)	물이름 패(11)	나라이름 팽(11)
澎	*便	*片	扁	偏
물결부딪치는 팽(16)	편할 편(9)	조각 편(4)	작을 편(9)	치우칠 편(11)
*遍	*篇	*編	*平	坪
두루 편(16)	책 편(15)	엮을 편(15)	평할 평(5)	땅평평할 평(8)
枰	*評	*幣	*廢	*閉
바둑판 평(9)	평론할 평(12)	폐백 폐(15)	폐할 폐(15)	닫을 폐(11)
*肺	*弊	*蔽	陛	*布
허파 폐(11)	폐단 폐(15)	가릴 폐(18)	대궐섬돌 폐(15)	베 포(5)

폭·포·품·풍·피·필

*包	*抱	*胞	砲	*飽
쌀 포(5)	안을 포(9)	태보 포(11)	대포 포(10)	배부를 포(14)
*浦	*捕	葡	褒	*暴
물가 포(11)	잡을 포(11)	포도 포(15)	기릴 포(15)	사나울 폭(15)
*爆	*幅	*票	*漂	*標
폭발할 폭(19)	폭 폭(12)	표 표(11)	뜰 표(15)	표할 표(15)
*表	杓	彪	豹	驃
거죽 표(9)	자루 표(7)	범 표(11)	표범 표(10)	굳셀 표(21)
*品	稟	*豊	*風	*楓
품수 품(9)	여쭐 품(13)	풍성할 풍(13)	바람 풍(9)	단풍나무 풍(13)
*皮	*彼	*被	*避	*疲
가죽 피(5)	저 피(8)	이불 피(11)	피할 피(20)	피곤할 피(10)
*匹	*必	*筆	*畢	泌
짝 필(4)	반드시 필(5)	붓 필(12)	마칠 필(11)	개천물 필(9)

珌	馝	弼	苾	鉍
칼장식옥 필(10)	향내날 필(14)	도울 필(12)	필추풀 필(11)	창자루 필(13)
畢	*下	*何	*河	*荷
점잖을 필(7)	아래 하(3)	어찌 하(7)	물 하(9)	연 하(13)
*夏	厦	*賀	昰	霞
여름 하(10)	큰집 하(13)	하례할 하(12)	나라 하(9)	놀 하(17)
*學	*鶴	*寒	*汗	*漢
배울 학(16)	두루미 학(21)	찰 한(12)	땀 한(7)	한수 한(15)
*韓	*限	*恨	*旱	*閑
나라이름 한(17)	한정 한(14)	한할 한(10)	가물 한(7)	한가할 한(14)
澣	瀚	翰	閒	*割
빨래할 한(17)	넓고클 한(20)	붓 한(16)	한가할 한(12)	나눌 할(12)
轄	*咸	*含	函	涵
다스릴 할(17)	다 함(9)	머금을 함(7)	함 함(8)	젖을 함(12)

*陷	艦	*合	*抗	*航
빠질 함(16)	싸움배 함(20)	합할 합(6)	대항할 항(8)	배로물건널 항(10)
*項	*巷	*港	*恒	姮
목덜미 항(12)	거리 항(9)	항구 항(13)	항상 항(10)	항아 항(9)
亢	沆	*亥	諧	*奚
목 항(4)	큰물 항(8)	돼지 해(6)	화할 해(16)	어찌 해(10)
*海	*解	*害	*該	偕
바다 해(11)	풀 해(13)	해칠 해(10)	그 해(13)	함께 해(11)
*楷	*核	*行	*幸	杏
해서 해(13)	씨 핵(10)	다닐 행(6)	다행 행(8)	살구 행(7)
*向	*香	*享	*鄕	*響
향할 향(6)	향기 향(9)	누릴 향(8)	시골 향(17)	울릴 향(22)
珦	*許	*虛	墟	*憲
옥이름 향(11)	허락할 허(11)	빌 허(12)	터 허(15)	법 헌(16)

험 · 혁 · 현 · 혈 · 협 · 형

*獻	*軒	櫶	*險	*驗
드릴 헌(20)	추녀 헌(10)	곧은나무 헌(20)	험할 험(21)	시험할 험(19)
*革	赫	爀	奕	*玄
가죽 혁(9)	붉을 혁(14)	불빛 혁(18)	클 혁(9)	검을 현(5)
*弦	*絃	見	*現	峴
활시위 현(8)	악기줄 현(11)	드러날 현(7)	나타날 현(12)	재 현(10)
晛	*顯	*縣	*懸	*賢
햇빛 현(11)	나타날 현(23)	고을 현(16)	매달 현(20)	어질 현(15)
泫	炫	玹	鉉	眩
물깊고넓을 현(9)	밝을 현(9)	옥돌 현(10)	솥귀 현(13)	현황할 현(10)
*血	*穴	*協	*脅	俠
피 혈(6)	구멍 혈(5)	화할 협(8)	으를 협(12)	호협할 협(9)
峽	挾	浹	*亨	*兄
골짜기 협(10)	낄 협(11)	두루 협(11)	형통할 형(7)	맏 형(5)

혜 · 호

*形	*刑	*螢	型	邢
형상 형(7)	형벌 형(6)	개똥벌레 형(16)	거푸집 형(9)	나라이름 형(11)
珩	泂	炯	衡	瑩
노리개 형(11)	찰 형(9)	빛날 형(9)	저울 형(16)	맑을 형(15)
瀅	馨	熒	*惠	彗
물맑을 형(19)	향기로울 형(20)	밝을 형(14)	은혜 혜12)	비 혜11)
*慧	譿	蕙	*兮	憲
지혜 혜(15)	슬기로울 혜(22)	난초 혜(18)	어조사 혜(4)	밝을 혜(15)
憓	*乎	*呼	*互	*好
사랑할 혜(16)	온 호(5)	부를 호(8)	서로 호(4)	좋을 호(6)
*戶	*毫	*豪	*浩	*湖
지게 호(4)	가는털 호(11)	호걸 호(14)	넓을 호(11)	호수 호(13)
*胡	*虎	*號	*護	晧
어찌 호(11)	범 호(8)	부르짖을 호(13)	호위할 호(21)	밝을 호(11)

皓	澔	昊	淏	濠
빛 호(12)	넓을 호(16)	하늘 호(8)	맑을 호(12)	호수 호(18)
灝	扈	鎬	壺	祜
넓을 호(25)	뒤따를 호(11)	빛날 호(18)	병 호(12)	복 호(10)
琥	瑚	護	顥	壕
호박 호(13)	산호 호(14)	풍류이름 호(23)	클 호(21)	해자 호(17)
濩	*或	*惑	*昏	*婚
퍼질 호(18)	혹 혹(8)	미혹할 혹(12)	어두울 혼(8)	혼인할 혼(11)
*混	*魂	渾	*忽	惚
섞을 혼(12)	넋 혼(14)	흐릴 혼(13)	문득 홀(8)	황홀할 홀(12)
*弘	泓	*洪	烘	虹
넓을 홍(5)	물속깊을 홍(9)	클 홍(10)	화톳불 홍(10)	무지개 홍(9)
*紅	*鴻	鉷	*化	*花
붉을 홍(9)	큰기러기 홍(17)	쇠뇌고동 홍(14)	될 화(4)	꽃 화(10)

*貨	*禾	*和	*華	嬅
재물 화(11)	벼 화(5)	화할 화(8)	빛날 화(14)	탐스러울 화(15)
樺	*火	*畵	*話	*禍
자작나무 화(16)	불 화(4)	그림 화(12)	말할 화(13)	재앙 화(14)
*擴	*確	*穫	桓	幻
넓힐 확(19)	확실할 확(15)	거둘 확(19)	굳셀 환(10)	허깨비 환(4)
*換	*環	*還	*丸	*患
바꿀 환(13)	고리 환(18)	돌아올 환(20)	알 환(3)	근심 환(11)
*歡	奐	喚	煥	晥
좋아할 환(22)	빛날 환(9)	부를 환(12)	불꽃 환(13)	환할 환(11)
鐶	渙	驩	*活	濶
고리 환(21)	흩어질 환(13)	기뻐할 환(28)	살 활(10)	넓을 활(19)
*黃	*皇	堭	*況	*荒
누를 황(12)	임금 황(9)	정자 황(12)	하물며 황(9)	거칠 황(12)

회·획·횡·효·후

凰	晃	湟	榥	煌
봉황새 황(11)	밝을 황(11)	물깊고넓을 황(14)	책상 황(14)	빛날 황(13)
媓	璜	熀	*會	廻
여자이름 황(12)	패옥 황(17)	불빛이글거릴 황(13)	모을 회(13)	돌아올 회(9)
*悔	*懷	*灰	恢	晦
뉘우칠 회(11)	품을 회(20)	재 회(6)	클 회(10)	그믐 회(11)
澮	檜	繪	*回	誨
밭고랑 회(17)	전나무 회(17)	그림 회(19)	돌아올 회(6)	가르칠 회(14)
*劃	*獲	*橫	鐄	*孝
그을 획(14)	얻을 획(18)	가로 횡(16)	큰쇠북 횡(20)	효도 효(7)
*效	*曉	驍	爻	滹
본받을 효(10)	새벽 효(16)	날랠 효(22)	효 효(4)	물가 효(11)
斅	*侯	*候	*喉	厚
가르칠 효(20)	제후 후(9)	기후 후(10)	목구멍 후(12)	두터울 후(9)

*後	后	逅	垕	*訓
뒤 후(9)	왕후 후(6)	만날 후(13)	두터울 후(9)	가르칠 훈(10)
焄	熏	薰	壎	勳
불길오를 훈(11)	불길 훈(14)	향기 훈(20)	질나팔 훈(17)	공 훈(16)
燻	塤	鑂	喧	喧
연기낄 훈(18)	질나팔 훈(13)	금빛투색할 훈(22)	따뜻할 훤(13)	시끄러울 훤(12)
萱	*毁	*揮	*輝	彙
원추리 훤(15)	헐 훼(13)	휘두를 휘(13)	빛날 휘(15)	무리 휘(13)
徽	暉	煇	*休	*携
아름다울 휘(17)	빛 휘(13)	빛날 휘(13)	쉴 휴(6)	가질 휴(14)
烋	*胸	*凶	*黑	欣
아름다울 휴(10)	가슴 흉(12)	흉할 흉(4)	검을 흑(12)	기뻐할 흔(8)
炘	昕	屹	欽	*吸
화끈거릴 흔(8)	아침 흔(8)	산우뚝솟을 흘(6)	곤경할 흠(12)	숨들이쉴 흡(7)

洽	恰	翕	*興	*熙
젖을 흡(10)	흡사할 흡(10)	모일 흡(12)	일어날 흥(15)	빛날 희(13)
*希	晞	*稀	*喜	*戲
바랄 희(7)	마를 희(11)	드물 희(12)	기쁠 희(12)	희롱할 희(17)
噫	姬	僖	嬉	憘
탄식할 희(16)	계집 희(9)	즐길 희(14)	즐길 희(15)	성할 희(16)
禧	爔	熹	憙	熙
복 희(15)	햇빛 희(20)	성할 희(16)	기뻐할 희(16)	화할 희(15)
羲	曦	橲	詰	
황제이름 희(16)	햇빛 희(20)	나무이름 희(16)	힐난할 힐(12)	

*이 모든 글자를 획수로 찾는 법은 다음 면에 있다.

참고와 자료

1. 발음오행으로 나눠본 한국의 성씨

같은 글자라도 본 발음과 두음법칙에 의해 소리가 바뀔 수 있
는 문자는 양쪽에 다 넣었음〔예 : 梁＝량·양, 성으로 쓸 때는 양
(土)이다〕.

☐木☐에 해당하는 성씨들(가·까·카 音)
賈 介 丘 具 桂 奇 高 邱 箕 國 鞠 郭 曲 菊 堅 君 葛 吉 斤 簡
權 甄 姜 弓 强 康 公 慶 孔 景 剛 彊 甘 金 琴

☐火☐에 해당하는 성씨들(나·다·라·타 音)
杜 大 泰 台 那 番 路 魯 乃 劉 太 奈 老 盧 卓 梁 端 湯 浪 董
唐 南 廉 頓 彈 敦 獨 孤 東 方

☐土☐에 해당하는 성씨들(아·하 音)
呂 也 余 于 吳 汝 李 何 柳 兪 河 韋 禹 姚 魚 胡 海 阿 藝 許

化 伊 后 夜 艾 芮 異 夏 庚 永 魏 梁 雍 楊 樑 應 邢 襄 王 洪 邑
黃 洪 陵 龍 韓 漢 元 安 尹 印 玄 恩 袁 殷 雲 溫 燕 連 廉 葉 咸
任 陰 林 嚴

金 에 해당하는 성씨들(사·자·차 音)
史 車 水 左 施 肖 秋 曺 崔 楚 紫 蔡 周 謝 鄒 西 朱 采 徐 池
洙 智 邵 菜 趙 諸 慈 石 蘇 昔 碩 田 千 申 辛 俊 陳 善 薛 天 全
先 晋 眞 奏 孫 淳 順 舜 愼 荀 錢 宋 莊 成 張 星 章 蔣 鄭 鍾 丁
昌 昇 宗 承 程 尙 占 沈 森 司空 西門 諸葛

水 에 해당하는 성씨(마·바·파 音)
馬 毛 牟 夫 不 裵 白 皮 表 睦 包 墨 梅 判 麻 鮑 萬 扁 彬 片
班 文 弼 卜 寶 潘 卜 旁 閔 方 奉 孟 房 明 憑 鳳 凡 范 彭 龐

이 중에는 현재 볼 수 없는 성씨도 있고 또 새로 등장한 성씨도
있으나 보편적으로 쓰여온 성씨의 글자들을 가려본 것이므로 본
의 아니게 누락된 성씨가 있다면 해당되는 난에 적용하기 바랍니
다.

2. 획수로 찾는 작명 한자

여기에 수록된 한자는 정부에서 허용한 '인명용 한자'〔호적법 시행규칙 제37조〕를 획수별로 찾아보기 쉽게 한번 더 구분한 것으로 일반적인 상식의 획수와는 다르다는 것을 전제한다.

〈예 1〉

글자	一	二	三	四	五	六	七	八	九	十
획수	1	2	3	4	5	6	7	8	9	10

※ 획수와 관계없이 자기수를 획수를 간주한다

〈예 2〉

글자	草	道	除	都	洄	羅	琇
획수	6+6 (12)	7+9 (16)	8+7 (15)	7+9 (16)	4+6 (10)	6+14 (20)	5+7 (12)
부수	艸	走	阜	邑	水	网	玉

작명시 실수하게 될까봐 이같은 원칙을 다시 한번 강조해두면서 '좋은 이름'을 짓는데 두루 참고가 되기를 바란다.

1 획의 글자들
乙 一

2 획의 글자들
乃 刀 力 子 卜 乂 又 二 人 丁

3 획의 글자들
于 巾 工 口 久 弓 女 大 万 凡 士 巳 山 三 上 夕 小 也 才 又 川 千 寸 土 下 丸

4 획의 글자들
介 犬 公 孔 斤 今 及 內 丹 屯 斗 毛 文 勿 反 方 卞 夫 父 分 不 比 四 少 水 手 升 氏 心 什 牙 厄 予 午 曰 夭 王 右 友 牛 犬 云 元 月 允 尹 仁 引 日 壬 井 弔 左 中 之 止 支 什 尺 天 丑 太 巴 片 匹 亢 兮 互 戶 化 幻 爻 凶

5 획의 글자들
可 加 甲 刊 巨 去 古 叩 句 丘 叫 旦 代 冬 今 立 末 矛 母 目 卯 戊 米 未 民 半 白 丙 本 付 北 弗 仕 史 生 石 仙 君 囚 市 示 申 辛 失 史 五 玉 外 用 由 以 仔 田 占 正 主 只 具 斥 仟 出 台 平 布 必 玄 穴 兄 乎 禾

368

6 획의 글자들

各 艮 价 件 曲 共 瓜 光 交 求 圭 劦 亘 企 伎 吉 多 艼 同 劣
六 吏 妄 名 车 米 朴 百 代 犯 氾 帆 伏 氷 系 寺 似 死 色 西 先
收 旬 戍 丞 式 臣 仰 羊 亦 如 俉 宇 旭 有 肉 六 衣 夷 耳 弛 而
伊 印 因 任 字 自 匠 庄 再 在 全 汀 兆 早 存 州 舟 竹 仲 汁 地
至 旨 此 充 玎 宅 吐 合 亥 行 向 血 刑 好 灰 后 休 屹

7 획의 글자들

伽 角 却 杆 江 杠 改 坑 更 車 見 訣 更 系 告 谷 困 攻 宏 究
局 君 均 克 杞 圻 男 努 但 豆 杜 卵 冷 良 呂 彔 弄 里 李 忘 每
免 妙 武 伴 妨 坊 彷 伯 汎 別 兵 步 甫 否 佛 庇 床 序 汐 束 宋
秀 巡 伸 辛 身 我 治 言 余 汝 役 延 吾 汚 吳 完 佑 位 酉 攸 流
吟 矣 忍 作 灼 壯 杖 材 災 低 赤 廷 玎 呈 弟 助 足 坐 住 走 池
志 址 辰 車 初 村 吹 七 妥 托 吞 兌 坂 具 枸 托 含 亨 形 吸 希

8 획의 글자들

佳 刻 玗 侃 岡 居 杰 決 京 垧 庚 炅 季 姑 孤 坤 毘 空 果 官
侊 具 坵 玖 卷 券 汲 昑 其 奇 技 玘 奈 念 東 科 來 兩 冽 例 侖
妹 孟 盲 明 命 牧 門 物 尾 旼 岷 旻 房 昉 放 杯 帛 并 秉 奉 府
扶 汾 朋 批 非 卑 社 事 使 舍 沙 祀 狀 抒 昔 圻 姓 所 松 受 垂
昇 承 侍 沈 兒 亞 岳 岸 昴 艾 夜 於 奄 易 沇 炎 旿 沃 臥 往 雨
玗 沅 乳 侑 依 易 侚 刺 長 爭 的 典 折 店 定 政 征 制 卒 宗 周
宙 姓 知 枝 直 昌 采 坧 妾 靑 抄 沖 取 沈 枕 快 卓 汰 兎 投 坡
把 板 版 佩 坪 彼 函 抗 沆 幸 亨 弦 協 呼 虎 昊 或 忽 和 昕 炘

[9] 획의 글자들

架肝看竿姦姜皆客拒建俓癸界計係契故枯科畎
九拘狗軌奎尅急衿紀祈姑娜拏南耐奈怒泥段畓待
度突峒亮侶昑怜柳俚岡面勉某昌畝美玫泊拜法炳
柄晒保封赴負盆奔拂飛思査砂削相庠宣省星性昭
炤柖俗師首盾徇始是施食信神室甚押殃耶約彦疫
姸沿衍泳盈屋玩要姚勇禹昱怨威韋油幽宥柚垠音
怡姻姙姿昨芍哉抵前亭貞柾炡帝拙柱注奏俊重祉
昶拓泉招促抽秋治則刺侵炭胎泰垈波便枰抱表品
泌河昰咸巷香革奕泫炫俠型炯虹紅奐皇況侯厚後
姬

[10] 획의 글자들

家恪珏剛個虔格肩缺兼倞耕耿桂洼高庫哭骨恭恐
括桃矩宮鬼根衾級肯記起氣豈耆桔納娘紐能唐玳島
桃徒倒挑洞桐旅烈玲料留倫栗粒馬埋眠紋珉珀畔芳
傲配倍栢竝服峯俸芙紛芬肥師射紗娑珊索徐恕席扇
城娀洗素笑孫釗衰殊修洙純殉拾乘時恃息栻迅牙娥
峨案晏弱洋俺宴娟烏翁辱容祐迂或耘原員袁洧釉育
恩殷倚盎耆姉玆恋栽宰展栓庭祖晃祚倧座洲株酒峻
准準烝症指祇芝眞珍晉津秦秩疾借差倉哲畜衷値針
秤倬耽討芭破砲豹夏恨航恒奚害軒峴玹眩峽洪花桓
活恢效候訓烋洽恰

[11] 획의 글자들

假勘崗堈疆乾健堅牽訣竟頃梗涇械啓苦皐崑珙貫

桄 敎 救 區 苟 耆 眷 規 珪 近 寄 旣 埼 飢 崎 堂 帶 代 豚 動 得 珞
浪 峽 略 鹿 流 崙 率 利 悧 痲 晚 曼 望 梅 麥 苗 務 茂 問 敏 密 邦
訪 背 培 范 報 烽 副 符 浮 婦 崩 婢 貧 斜 蛇 邪 徙 産 參 爽 常 商
庶 船 珗 雪 髙 設 涉 晟 細 消 巢 率 訟 授 宿 埶 珣 術 崇 習 埴 晨
紳 悉 眼 庵 厓 野 魚 御 焉 域 硏 軟 涓 英 迎 梧 晤 浣 婭 涌 偶 釬
苑 偉 胃 尉 唯 悠 堉 胤 珥 異 寅 紫 瓷 雀 將 張 帳 梓 苧 寂 笛 專
尊 停 頂 偵 珽 程 祭 悌 梯 條 鳥 彫 窕 釣 族 終 晝 胄 珠 浚 晙 焌
埻 苗 衆 趾 振 執 參 唱 窓 彩 採 宷 責 處 寂 笛 崔 側 浸 貧 桶 堆
販 敗 偏 閉 肺 浦 捕 票 彪 被 畢 苾 偕 珦 許 絃 浹 挾 珩 彗 毫 晧
胡 浩 扈 婚 貨 晥 凰 晃 悔 㳠 焄 晞

12 획의 글자들
街 殼 間 敢 堪 强 開 凱 距 傑 結 景 硬 貢 控 穀 掛 蕎 球 邱 厥
貴 筋 禽 給 幾 棄 欺 淇 棋 鈕 茶 單 短 淡 覃 答 貸 盜 堵 棹 敦 惇
童 棟 鈍 等 絡 琅 掠 量 裂 淚 琉 理 淋 媒 買 猛 棉 無 貿 嵋 搏 迫
發 防 傍 排 番 棟 普 堡 捧 棒 傅 腹 富 備 扉 詞 斯 奢 詐 捨 率 森
翔 象 喪 棲 惜 淅 晳 琔 盛 城 稅 掃 疎 疏 邵 栗 淞 須 琇 淑 順 筍
舜 淳 焞 勝 植 殖 寔 深 尋 雅 惡 涯 液 雁 暘 然 詠 珸 鈺 堯 茸 寓
堨 雲 雄 媛 越 圍 喩 惟 庚 閏 銃 貳 壹 剩 殘 場 掌 粧 裁 邸 貯 迪
筌 絶 接 程 淨 情 幀 晶 堤 朝 措 詔 淙 悰 註 竣 晙 會 智 軫 診 集
着 粲 創 敞 採 策 悽 淺 捷 淸 晴 替 草 超 焦 最 推 軸 就 晫 探 邰
統 痛 阪 牌 評 幅 筆 弼 賀 寒 函 項 虛 現 脅 惠 晧 淏 壺 咸 混 畵
喚 黃 琸 荒 喉 胸 欽 稀 熹 話 視

13 획의 글자들
嫁 暇 脚 幹 揀 渴 減 鉀 渠 鉅 健 絹 經 敬 傾 莖 鼓 琨 誇 琯 塊

郊較鳩國群揆極勤僅禁琴琪祺琦嗜暖煖楠湳農惱當
塘渡跳逃塗督頓酩亂廊煉廉零路祿雷裏莉琳莫盟睦
描斌迷微蜜鉑頒飯鉢渤湃煩瓶補蜂附碑琵聘嗣挿詳
傷塞暑鉐渲羨楔聖惺歲勢頌愁睡肅脣嵩詩試湜莘阿
暗愛楊揚業與逆鉛煙淵筵琰楹漢煐暎預嗚奧雍琬莞
湧傭愚煜圓援園嫄暐渭愈猷楡愉飮義意賃稔資慈莊
裝載哉楮賊電傳詮琠塡殿湞楨綎堤照琮溱寯塵稙眞
楫楚追催椿側椎馳琛琢琸脫湯退稟豊楓鉍厚解該鉉
湖號琥渾活換煥煌惶會逅塤毀暉彙輝熙

 획의 글자들

歌嘉閣監降綱愷輕境逕溪誠敲菓寡廓管愧橋僑構
溝菊郡閨菌兢期祺綺堅寧端對臺圖途銅郞連郎萊綠
僚屢菱幕網萌綿滅銘鳴溟貌夢墓舞聞閥碧輔菩福鳳
逢溥腐鼻賓算酸像裳㙜誓瑞碩線瑄設誠韶速損需碩
銑線瑄說誠韶速損銖塾瑟僧飾愼實菴堨設瑛誤獄瑤
溶榕踊墉瑪項熊源瑗愿僞瑋瑜誘齋銀疑爾溢奬銓靚
禎淀堤製造趙種罪準誌盡賑察滄彰榮綵綴銃逐萃瑃
翠聚置寢稱誕奪態通透頗飽祕限閑赫熒豪瑚魂鉷華
禍惶熏僖

 획의 글자들

價稼駕葛慷漑慨槪儉劍慶儆橄稿穀課郭慣寬廣嬌
銶窮逵葵劇槿畿腦緞談踏德稻墩樂落瑯諒樑慮閭黎
練魯論樓漏劉瑠輪凜履瑪漠萬慢賣模暮摸廟墨盤磐
髮輩罰範靳腹複鋒賦敷墳寫賜賞箱緒署奭嬋墡葉數

誰 熟 醇 諄 陞 審 樂 養 漁 語 演 熟 閱 葉 燁 曄 塋 影 瑥 緩 搖 慾
瑢 憂 郵 院 緯 衛 慰 闈 儀 誼 頤 逸 磁 暫 樟 暲 腸 葬 著 摘 節 漸
蝶 鋌 除 調 趙 肇 週 駐 儁 增 摯 鋕 稷 進 陣 震 質 徵 慭 廠 陟 踐
賤 請 締 樞 衝 趣 醉 層 齒 漆 墮 彈 歎 篇 編 幣 廢 陛 弊 葡 褒 暴
漂 標 漢 墟 瑩 慧 惠 嬅 確 輝 興 嬉 熙 禧

16 획의 글자들

諫 墾 鋼 彊 蓋 憩 潔 憬 暻 錕 過 舘 龜 窺 橘 瑾 錦 機 錤 琪 錡
冀 諾 壇 達 潭 糖 道 導 都 陶 篤 暾 潼 遁 曆 歷 憐 璉 盧 錄 賴 龍
陵 璃 澲 霖 謀 穆 撫 默 憫 潘 餠 憤 憑 璇 醒 燒 輸 遂 橚 錞 餓 鴨
嶪 餘 燃 燕 豫 叡 壅 蓉 遇 運 運 謂 違 儒 遊 潤 融 陰 凝 潛 璋 緯
錚 錢 戰 整 靜 鋌 諸 潮 澍 憎 蒸 陣 縝 潗 輯 錯 選 澈 撤 諦 樵 鍾
築 蓄 賰 熾 親 擇 罷 播 澎 遍 陷 憲 縣 衡 螢 澔 樺 橫 曉 勳 噫 熹
憙 羲 禧

17 획의 글자들

懇 瞰 講 檀 據 鍵 擊 檄 激 遣 謙 擎 璟 階 館 購 鞠 磯 磯 濃 檀
鍛 擔 澹 隊 鍍 蹈 獨 瞳 膽 螺 蓮 聯 鍊 濂 嶺 陸 募 懋 彌 璞 繁 膚
嬪 濱 謝 蔘 霜 償 鮮 禪 燮 聲 遡 遜 穗 雖 隋 瞬 膝 獄 壓 陽 襄 憶
檍 輿 營 擁 遙 謠 優 隅 蔚 遠 轅 應 謐 蔣 齊 績 點 靖 操 燥 鍾 縱
駿 甑 璇 燦 蔡 瞻 燭 總 聰 醜 鄒 寢 蟄 濁 澤 韓 澥 轄 鄕 壕 鴻 璜
澮 檜 壎 徽 戲

18 획의 글자들

擧 鵑 鎌 舊 軀 闕 歸 謹 騎 騏 斷 戴 擡 壽 濫 糧 臨 謨 蕃 壁 馥
雙 檣 曙 膳 繕 鎖 瑟 濕 顔 額 曜 鎔 魏 濡 醫 彝 翼 鎰 爵 雜 適 蹟

轉 濟 遭 澮 鎭 璨 礎 崔 最 蟲 濯 蔽 爀 惠 鎬 濩 環 燻

19 획의 글자들

鏡 鯨 襟 譏 難 譚 膽 鎕 鄧 麗 簾 離 璘 霧 薇 薄 寵 薄 鵬 辭 選 璿 薛 蟾 獸 繩 薪 艶 穩 韻 願 遺 薔 際 疇 尊 贈 證 遲 贊 薦 轍 寵 爆 驗 瀅 穫 橫 闊 繪

20 획의 글자들

覺 遽 警 瓊 黨 騰 羅 藍 齡 露 爐 隣 譜 寶 譬 釋 騷 攘 孃 嚴 譯 耀 議 籍 籍 鍾 鏶 纂 鬪 避 潮 襤 櫶 縣 馨 還 懷 鑛 學 薰 曦

21 획의 글자들

顧 膠 驅 藤 爛 欄 瀾 覽 瓏 飜 辯 續 屬 隨 鶯 藥 躍 瀯 譽 瀷 鐵 覇 驃 鶴 護 顥

22 획의 글자들

鑑 灌 鷗 權 讀 籠 邊 攝 瓔 聽 響 歡 驍

23 획의 글자들

驚 瓘 鑛 蘭 變 鷺 麟 變 纖 髓 巖 驛 體 灘 顯 護

24 획의 글자들

靈 讓 鹽 鷹 臟 瓚

25 획의 글자들

觀 變 纘 廳 灝

26 획의 글자들
讚

27 획의 글자들
驥 鑽

3. 과거의 작명·판별법

　이름을 헤아리는 법은 예로부터 여러 가지 방법이 운위되고 또 부침되어왔다고 본다.

　더욱이 우리나라의 경우, 상대사 적에는 몰라도, 적어도 조선 말기시대까지는 대부분 여성의 이름은 가벼이 다루어지거나 크게 관심두지 않은 가운데 붙여지고 또 불리어졌다.

　그것은 마치 저 유태인의 경우와도 흡사하다 하겠다.

　예를 들어 '여자와 아이를 제하고 모두 5천 명이었더라' 함과 같으니, 〈여자와 아이＝아녀자〉는 아예 숫자에도 넣지 않았던 것이었다.

　기독교가 전래되기 전만 하더라도 여성에게 이름이 없다 보니 '누구의 딸' '무슨 성씨녀' '어디 댁' '누구 어멈' 등으로 만족했을 정도였다.

　그런데도 '하늘은 녹〔먹을 것:복〕이 없는 사람을 내지 않고 땅은 이름 없는 풀을 기르지 않는다'고 했었다. 이름이 중요치 않다는 것이 아니고 유교적 전통으로써 사람 차별〔남·녀〕을 했던 것 뿐이다.

그래서 발전된 하나의 착상(?)이 성자와 이름 첫글자를 각각의 괘로 하여 8로 나눈 나머지 숫자로서 그 길흉을 감별해온 예인데 오래도록 널리 유행되었다〔외자 이름의 경우는 성자와 이름자를 각각의 괘로 하고 각각의 글자를 8로 나눠 나머지 숫자로서 두 괘를 뽑음=예 許 相 … ③ ①〕.

물론 이 하나의 경우만 있었던 것은 아니나, 흥미삼아 비교해 보자는 의미로서 우리의 선인들에게 가장 널리 쓰이던 이 방법을 예시해 본다(기존의 인물이나 또는 자신의 이름 등을 적용하여 해당되는 괘를 찾아 비추어 보자=8에서 모자라는 수는 그 숫자가 곧 괘가 된다). 예 正 … ⑤

〔예〕宣咸 … ① ① … 괘:건위천〔乾爲天〕
  * 9획씩이므로 8로 나누면 상하괘가 모두 ① 이 된다.
〔괘〕왼쪽에 나타낸 부호는 그림으로 표시한 역수 81 괘사의 모양으로 역학을 공부한 분의 이해를 돕기 위해 이를 표시해 둔다.

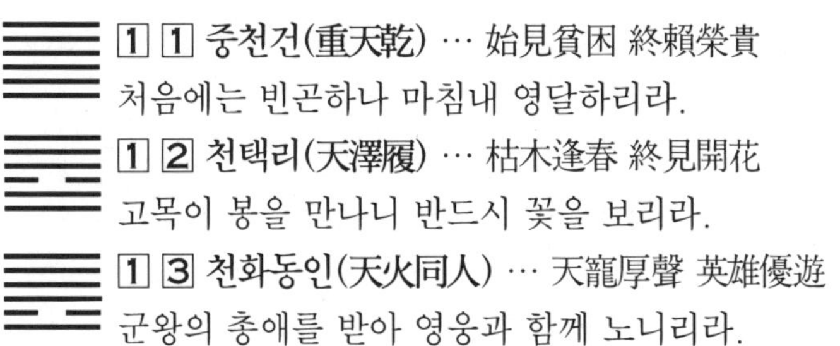

① ① 중천건(重天乾) … 始見貧困 終賴榮貴
처음에는 빈곤하나 마침내 영달하리라.
① ② 천택리(天澤履) … 枯木逢春 終見開花
고목이 봉을 만나니 반드시 꽃을 보리라.
① ③ 천화동인(天火同人) … 天寵厚聲 英雄優遊
군왕의 총애를 받아 영웅과 함께 노니리라.

① ④ 천뢰무망(天雷无妄) … 木馬行時 終有財利
큰 수레로 다니므로 마침내 재물을 얻어오리라.

① ⑤ 천풍구(天風姤) … 身退九級 花落空房
작위가 퇴격하매 내외간 빈방살이가 되리라.

① ⑥ 천수송(天水訟) … 愁心不解 爭訟不和
풀지 못할 근심과 다툼으로 화합이 어려우리라.

① ⑦ 천산돈(天山遯) … 寂寞空山 不숙 高와
깊은 산에 숨어 있으매 고적하게 뒤척이리라.

① ⑧ 천지부(天地否) … 愁見春夜 終無風月
저문 봄밤에 쌓이는 근심으로 그 어둠이 깊으리라.

② ① 택천쾌(澤天夬) … 暗行衣冠 身成名利
은밀하게 도모하매 뜻밖에 성공을 보이리라.

② ② 태위택(兌爲澤) … 碧玉琅杆 丹行江亭
푸른 난간에 배 띄우고 정자의 노래를 부르리라.

② ③ 택화혁(澤火革) … 二十年景 有以飄風
많은 세월이 흐르되 찬 바람이 늦추지 않으리라.

② ④ 택뢰수(澤雷隨) … 安身守義 名譽新風
몸을 살피고 의를 지키니 이름이 새로 높으리라.

② ⑤ 택풍대과(澤風大過) … 鵝鴨獨鳴 日食三?
홀로 우는 비둘기매 세끼를 죽으로써 때우리라.

② ⑥ 택수곤(澤水困) … 有求逢折 霜綠漸深
구하는 바를 얻지 못하매 찬 서리만 가슴에 차리로다.

② ⑦ 택산함(澤山咸) … 唇缺調談 左漏右寒
웃 입술이 터졌으매 바른 말을 이루기 어려우리라.

② ⑧ 택지췌(澤地萃) … 有君寵惠 賞賜無窮
군왕의 사랑과 보호로서 그 상록이 무궁하리라.

③① 화천대유(火天大有) … 日更月新 壽福綿綿

일취월장하매 수복이 면면하리라.

③② 화택규(化澤睽) … 木火無綠 血深如鹿

따스한 날씨를 만나지 못하매 맺힌 고뇌를 풀 수 없으리라.

③③ 중화리(重火離) … 技動不靜 勤身之務

흔들리는 가지와 같아 쉴 여가 없이 바쁘리라.

③④ 화뢰서합(火雷噬嗑) … 修竹榮長 香蓮新開

대가 자라고 연꽃이 발하듯 샛길이 열리리라.

③⑤ 화풍정(火風鼎) … 聰明文章 有雲風光

총명한 문장으로써 아늑한 풍광을 누리리라.

③⑥ 화수미체(火水未濟) … 十年哀病 終身不差

오래 묵은 신병에 끝끝내 쾌차를 얻지 못하리라.

③⑦ 화산여(火山旅) … 二十光風 雲久飛勝

젊은 나이로 풍상을 맞으며 떠돌아다니리라.

③⑧ 화지진(火地晋) … 第一金榜 俊夫餘慶

도장원으로 방을 붙이니 장부의 앞날이 못내 기쁘리라.

④① 뇌천대장(雷天大壯) … 風雲新來 雲氣勝天

구름이 새바람에 드니 눈 추위가 하늘을 찌르리라.

④② 뇌택구매(雷澤歸妹) … 糊口城門 低頭平身

문전 걸식을 하게 되매 허리 펼 날이 없으리라.

④③ 뇌화풍(雷火風) … 一振金聲 陰谷暖氣

징소리 울리고 나니 그늘진 골짜기까지 따스하리라.

④④ 중뢰진(重雷震) … 雍容自得 優遊渡日

긴힌 데서 풀러나니 그윽한 나날을 보내리라.

④⑤ 뇌풍항(雷風恒) … 有財無功 終身不亨

돈이 있으나 공을 얻지 못하매 형통함을 누리지 못하리라.

▤▤ ④⑥ 뇌수해(雷水解) … 長有千仁 仁聲自聞
많은 이 가운데 홀로 우뚝하니 어진 풍문이 사방에 넘치리라.

④⑦ 뇌산소과(雷山小過) … 汚鬼滿林 向人弔問
다섯 귀신이 맴돌아드니 죽은 사람의 문안을 받으리라.

④⑧ 뇌지예(雷地豫) … 才起貌美 事事生新
뛰어난 재주와 수려한 용모로 모든 일에 새 기쁨이 넘치리라.

⑤① 풍천소축(風天小畜) … 合脣切齒 千恨未伸
절치부심하여 노력하는데도 한이 풀리지 않으리라.

⑤② 풍택중부(風澤中孚) … 太行大路 三月菴行
큰 길을 찾아 걸으니 힘든 중에 기대함이 있으리라.

⑤③ 풍화가인(風火家人) … 禁禁淸陰 一家爭春
내외가 푸른 그늘에 화락하니 온 집에 봄이 넘치리라.

⑤④ 풍뢰인(風雷益) … 家門千里 刑到便留
먼 데 있던 횡액이 문에 드니 괴로움이 넘치리라.

⑤⑤ 중풍손(重風巽) … 不願之事 老物與起
원하지 않는 일들이 노년에까지 불거지리라.

⑤⑥ 풍수환(風水渙) … 落花無實 狂風便放
꽃 떨어져 열매마저 없는데 미친 바람 몰아치리라.

⑤⑦ 풍산점(風山漸) … 右脚旣折 右目亦盲
외다리로 걷는 중에 한 눈마저 다치리라.

⑤⑧ 풍지관(風地觀) … 大成千人 仁吉四海
천인을 거느려 성공하매 즐거움이 사해에 넘치리라.

⑥① 수천수(水天需) … 木枯逢春 千里花光
고목에 봄이 드니 꽃빛이 천리에 눈부시리라.

⑥② 수택절(水澤節) … 薰風吟軒 子孫縉紳
훈풍이 들마루에 넘치니 자손까지도 영예가 넘치리라.

⚏ ⚌ ⑥③ 수화기제(水火旣濟) … 風生保位 巨川舟行
바람이 일어도 넘어지지 않으매 큰 강을 유유히 건너리라.

⑥④ 수뢰둔(水雷屯) … 落非英雄 壽福不期
영웅의 자질이 아니라면 가히 수복을 누리지 못하리라.

⑥⑤ 수풍정(水風井) … 身安保居 風塵不侵
몸이 안전한 곳에 처하매 풍진이 침노치 못하리라.

⑥⑥ 중수감(重水坎) … 重遭險巖 魂魄驚散
낭떠러지를 거듭 만나매 혼백이 놀라 흩어지리라.

⑥⑦ 수산건(水山蹇) … 有魚無鱗 有財無功
고기에게 비늘이 없듯이 재산 속에도 공덕이 없으리라.

⑥⑧ 수지비(水地比) … 紫府背衣 天思自得
궁궐에서 조복을 입으니 군왕의 은총을 얻으리라.

⑦① 산천대축(山天大畜) … 老龍得雲 食前方丈
늙은 용이 구름을 얻었다 하나 먹지 못한 장정 같으니라.

⑦② 산택손(山澤損) … 哀龍無聲 水邊落淚
힘 빠진 용이 소리를 발하지 못하매 강변에서도 눈물뿐이리라.

⑦③ 산화비(山火賁) … 靑鳥無春 華盒無風
봄을 만나지 못한 새가 바람 없는 일산 같으리라.

⑦④ 산뢰이(山雷頤) … 柳技一道 山月俳徊
외로운 버들가지에 걸린 달이 가물가물 스러지리라.

⑦⑤ 산풍고(山風蠱) … 身內疾病 墻外寢賊
질병이 몸에 있는 중 도둑이 담을 타 넘으리라.

⑦⑥ 산수몽(山水蒙) … 射之眉間 賣少洞房
눈 맞춘 사람하고 그 젊음을 골방에서 팔아 넘기리라.

⑦⑦ 중산간(重山艮) … 朝後折규 雲落飄風
한낮에 계수나무를 꺾으니 늦바람이 가슴을 채우리라.

☷☶ 7 8 산지박(山地剝) … 一入刑門 豈何壽福
몸이 형문에 드니 그 어찌 수복을 논하리.

8 1 지천태(地天泰) … 高名榜籍 紫府文字
이름이 높게 걸리니 궁궐에서 문장으로 영달하리라.

8 2 지택림(池澤臨) … 鳳臨麟閣 光輝日月
봉황과 기린이 함께 오니 일월이 더욱 밝으리라.

8 3 지화명이(地火明夷) … 江上起樓 心遊自閑
상변에 누각을 세워 앉으니 심신이 느긋하리라.

8 4 지뢰복(地雷復) … 飄雲東亞 暮年得病
사방으로 떠돌던 몸에 늦은 병이 겹치리라.

8 5 지풍승(地風升) … 才學一技 道德文章
재주와 학문이 빼어난 중에 도덕문장을 더하리라.

8 6 지수사(地水師) … 初稼平地 山頭起齊
평지에 심었던 것이 자라 산 높이를 이루리라.

8 7 지산겸(地山謙) … 立身場名 文章喜歡
입신양명하리니 문장으로 기쁨을 이루리라.

8 8 중지곤(重地坤) … 淸香滿當 帝前場名
맑은 향이 집에 넘치니 그 이름이 군왕 앞에 미치리라.

● 덧붙이는 말

거듭 밝히거니와 이름〔姓名〕이란 의복 같은 것이며 나아가 화장품과도 비견되는 것이다. 같은 사람도 좋은 옷에 용모를 잘 가꾸면 확연히 달라보이는 것이다. 그러나 마음과 노력과 정신〔사상, 의지〕도 잘 갖춰야만 그 옷과 화장에 빛이 난다는 것을 기억하자.

좋은 이름 바로 짓기

글쓴이 | 김상묵
펴낸이 | 유재영
펴낸곳 | 동학사

1판 1쇄 | 1997년 8월 25일
1판 13쇄 | 2013년 9월 12일
출판등록 | 1987년 11월 27일 제10-149

주소 | 121-884 서울 마포구 토정로 53 (합정동)
전화 | 324-6130, 324-6131 · 팩스 | 324-6135
E-메일 | dhsbook@hanmail.net
홈페이지 | www.donghaksa.co.kr
www.green-home.co.kr

ⓒ 동학사, 1997

ISBN 89-7190-043-1 03300
* 잘못된 책은 바꾸어 드립니다.